公安学文库·专题研究
总主编：何勤华　杜志淳　杨正鸣
3

中国传统治安思想研究

以“盗贼”为考察对象

王瑞山　著

法律出版社
LAW PRESS·CHINA

总　序

公共安全，是一个社会傍依的柱石。维护公共安全，是社会管理最为重要的目标之一，既需要相关国家机关的专门性工作，也需要民众积极参与。周恩来总理曾经指出“国家安危，公安系于一半”。切实发挥公共安全机关的职能作用，加强公安学的理论研究，丰富公安学的学术成果，打造法治公安，是推进依法治国战略、建设法治中国的重要一环。公安学是一门研究社会科学与自然科学之相关内容的交叉学科和综合学科。就相涉社会科学而言，主要是指研究调整有关国家安全与社会治安秩序的社会关系之行为规律；就自然科学而言，主要涉及各种侦查、检验等的技术手段。应该说，公安学近年来才成为一门独立的学科。2011 年为适应我国高等教育、公安工作快速发展和社会形势不断变化的需要，根据《国家中长期教育改革和发展规划纲要（2010—2020 年）》精神，国务院学位委员会、教育部增列公安学为一级学科（学科代码：0306），公安学的学科建设迎来了重大发展机遇。虽然，作为一级学科的公安学包含的二级学科内容并没有最终确定，但学界普遍认同它应当包括犯罪学、治安学、侦查学、边防管理、禁毒学等二级学科内容。当前，我国各政法院校和公安院校正如火如荼地展开公安学学科建设。中国人民公安大学、中国刑事警察学院已建立起较为完整且成体系的公安学一级学科，二级学科体系也基本建立起来。中国政法大学、华东政法大学、西南政法大学、西北政法大学以及中南财经政法大学等院校，也已在现有公安类专业的基础上，积极筹建公安学一级学科。各省所属的公安院校也都积极开展本科层面的公安学教育，同时开始培育公安学学科建设。这是公安类专业高等教育建立动态调整机制、优化学科结构的一项重要举措，为公安学各专业学士、硕士、博士的学位授予、招生和培养提供了良好的发展平台。

华东政法大学刑事司法学院是全国高等院校中公安类专业办学历史最悠久的单位之一，也是华东地区公安类专业办学层次和水平最高的单位。自1984年起，华政已开展犯罪学专业研究生的培养工作，是国内较早开展公安类研究生教育的政法院校。其后，在刑法学专业中，设置犯罪学、青少年犯罪方向，进一步推进公安学专业理论研究。1996年诉讼法专业中增设刑事侦查专业方向获得批准，2002年在诉讼法专业中设司法鉴定方向。随即，开始招收犯罪学专业博士研究生，2008年开始招收司法鉴定专业博士研究生。由此，华东政法大学刑事司法学院在公安学建设中发挥长期积累的学科优势，整合侦查学、治安学、边防管理等专业力量，并依托司法鉴定与计算机科学与技术（网络安全）等学科作为公安学的重要支撑，形成了较为丰富的理论与实践成果。

为了迎接公安学确立为一级学科后的发展，充分利用现有优势和资源，进一步夯实、建设、发展公安学学科，我们计划出版一套《公安学文库》，第一批书目有《侦查理论前沿问题研究》、《侦查学实务前沿问题研究》、《经济犯罪侦查》、《刑事专案侦查》、《传统侦查制度现代转型》、《证据调查学》、《犯罪现场勘查技术研究》、《侦查学案解》、《特大城市地铁运行安全风险及防范》、

《网络犯罪侦查技术》等数十部专著、教材，力争使公安学成为我校学科建设的优势领域，成为在全国同类高校中具有鲜明的国际化、开放性特色并处于领先水平的公安学学科。

法律出版社沈小英分社长以及责任编辑为本文库的策划、出版付出了辛勤劳动。华东政法大学科研处和发展规划处为本文库的推出进行了指导，司法鉴定中心为本文库的出版提供了经费支持。在此，我们表示诚挚的谢意。当然，对作品中可能存在的缺陷，将全部由我们负责。敬请各位读者给予批评、指正，以便我们在再版时予以改正。

何勤华　杜志淳　杨正鸣

于华东政法大学

2016年5月16日

Contents

目录

中国古代犯罪学(代序)

“犯罪学,顾名思义,是研究犯罪的一门科学。”①它以对犯罪现象的认识为基础,以犯罪原因的揭示为核心内容,以预防犯罪为目标。对犯罪学的历史考察一般是从现代犯罪学产生开始,然而,在中国古代社会里,犯罪治理思想已经很发达。中国社会的早熟已成定论,但古代社会并没有“犯罪”这样的说法,而是“寇”、“奸宄”、“盗”、“贼”等具体犯罪行为,战国魏相李悝立法以“盗”、“贼”二篇规定了当时的犯罪行为。《法经》虽已不存,但张家山汉墓竹简中的《二年律令》有类似的做法。后世社会经济发展,立法技术提升,犯罪类型逐渐细化,“盗”、“贼”在法律条文中的范围逐渐缩小,但“盗贼”一词却成为犯罪的代名词。但是,中国古代社会将犯罪现象、原因及治理的探讨作为“治安”思考的内容。

在古代中国,“治安”是一个“显”词,“治安学”也

---

① 史焕章、武汉主编:《犯罪学概论》,中国政法大学出版社1993年版,第1页。

是一个“显学”。“治安”是指国家政治清明、政权稳定、社会安定，是社会治理的理想状态。自中国有信史以来，无论是秦之前的封建制，还是秦汉至明清的皇权专制制度，历代统治者无不追求其政权的长治久安，天下读书人的正统思想也是习得“治国安邦术”并以“货与帝王家”为最高追求。帝王和臣民的沟通内容也多以天下治安为急务，除了汉初贾谊《陈政事疏》被称为《治安策》为世人熟知外，臣子上述言“治”者充斥史册。隋唐以来，科举试题中策论也多以“治安”为题，士子对陈之策，如白居易在策论中提出“刑礼道迭相为用”的治安思想。中国古代治安人才辈出，治安思想内容丰富，核心就是“治安之理”，①也可称古代社会的治安学，其内容既包括治安之建构，又包括“不安”之排除。“不安”之中，有自然灾害，也有人的行为。后者之中，以“盗贼”为最，从穿窬之盗到窃国大盗，尽在其中，所以，中国古代治安学中包括中国古代犯罪学。

古代先贤对犯罪的论述逻辑上与现代犯罪学无异，也包括犯罪现象、犯罪原因和犯罪防治三部分，不妨以《唐太宗论止盗》为例。② 唐太宗李世民曾从经济条件和人的心理来分析盗窃这个常见的犯罪现象，他认为盗窃之所以发生，是由“赋繁役重，官吏贪求”导致盗窃者的“饥寒切身”，进而“不暇顾廉耻”，才实施了盗窃，所以，他认为“朕当去奢省费，轻徭薄赋，选用廉吏，使民衣食有余，则自不为盗”。唐太宗的见解很符合当时农业社会的实际，取得了很好的治理效果。唐兢称赞贞观之治“商旅野次，无复盗贼，囹圄常空，马牛布野，外户不闭”。③ 这句话不仅说明唐太宗时期社会治安治理取得了很好的效果，也可以看出，“盗贼”多少是衡量一个社会治安好坏的重要指标。

目前犯罪学著作中，对中国古代有关犯罪的思想介绍得不多，且多为一些思想家关于犯罪论述的笼统介绍，缺乏“符合现代犯罪学”框架的内容梳

① (宋)黄伦:《尚书精义·洛诰》。

② 《资治通鉴·唐太宗论止盗》。

③ 《贞观政要·政体第二》。

理。其实,一些犯罪原因理论可以与现代犯罪学相媲美,如儒家荀子与法家思想家关于人性趋利避害的论断与古典犯罪学的功利主义假设,墨家论环境对人的影响与学习理论,儒家的上智、下愚之说与当代犯罪心理学中关于智力与犯罪的理论,等等。一些犯罪预防理论也是如此,孟子论求放心、荀子的化性起伪、董仲舒的教化、王阳明致良知等都是追求人性教化,养性成善,培养公民健全的品格,这与古典犯罪学的教育、犯罪社会学派的社会改良以及依据一般犯罪原理提出的人性健康品格的培养,都强调人的社会化效果。历代思想家对民众经济条件改善以预防犯罪的思想,与默顿的紧张理论对于穷人犯罪有几乎相同的假设。凡此等等,足见中国古代犯罪思想之丰富,它形成的犯罪治理传统对当下中国社会犯罪之应对仍有积极的影响,也是中国犯罪学研究不可缺少的素材。

导　论

在中国传统社会,历代帝王考虑最多的事情莫过于其统治的长治久安,故中国古代史可称为一部治安史。思想也称观念,思想是人们对事物的理性认识,治安思想即是对治安的本质、治安的实现、治安的阻却因素及克服等问题的理性认识。对于治安问题发生原因与对策的思索成为历代统治者和思想家所关注的重要问题。先秦诸子面对礼崩乐坏、战乱频发、盗贼公行、民不聊生的社会现实,从人性、经济、社会、法制等多角度、多层次对社会治安问题进行分析并提出相应的对策,秦汉以降的历代统治者和思想家也对社会长治久安进行了不懈的思考,此中有争论与传承,有创新与发展,并形成独特的中国传统治安文化。本部分拟对现有研究成果进行梳理,廓清进一步研究的进路和框架。

一、中国传统社会治安思想研究的主要成果

中国传统社会治安思想是治安学与法律史学的交叉领域,国内外关于中国古代治安思想的专门研究

为数不多,囿于笔者所见,主要体现在以下几个方面:

一是以“治安思想”为题名的研究成果。从著作来看,以“治安思想”为题名的专门著作只有一本,即《先秦治安思想论稿》(刘挺生著,文汇出版社2000年版),该书对《尚书》、《论语》、《孟子》、《荀子》、《墨子》、《老子》、《庄子》、《商君书》、《韩非子》、《管子》10部先秦著作所蕴含的治安思想进行了考察。更多的中国传统社会治安思想的研究散见于治安史著作,现有治安史著作中涉及中国传统社会治安思想的有《中国治安制度史》(朱绍侯主编,河南大学出版社1994年版)、《中国治安史》(陈鸿彝主编,中国人民公安大学出版社2002年版)、《社会治安防控经略》(金其高著,群众出版社2004年版)、《中国社会治安防控》(金其高著,中国方正出版社2004年版)。《中国治安制度史》在每一章第一节对该时期(或该时期统治阶级)的治安思想(或治安理论)作了概述。该书对治安思想的介绍,除先秦时期对各思想家或思想流派的治安思想进行概括介绍外,秦以降均以不同时期整体治安思想进行概括介绍。《中国治安史》涉及治安思想史与制度史,对治安制度的介绍选择了更为灵活的方式,凸显了不同时期的治安特点,但关于治安思想的研究很少,只涉及个别人物和个别朝代。《社会治安防控经略》和《中国社会治安防控》两书均以专章总结了“中国传统社会治安防控思想”,因两书为同一人所撰,除章节名称有区别外,内容基本相同。从论文来看,在中国学术期刊网以“治安思想”为题名、关键词进行检索,有论文10余篇,除了刘挺生的4篇论文已为其《先秦治安思想研究》收录外,其余主要有《唐代统治阶级的治安思想》(郭绍林,载《唐都学刊》1993年第5期)、《先秦法家治安思想述略》(陈鸿彝,载《江苏公安专科学校学报》1999年第5期)、《明代治安思想的走向和特点》[高晓波,载《宁夏大学学报》(人文社会科学版)2007年第4期]等。

二是中国传统社会犯罪预防思想研究。犯罪是治安问题的主要表现形式,犯罪预防的思想属于治安思想的范畴。郭成伟教授曾对中国古代犯罪治理做出系统考察,他的专著《社会犯罪与综合治理》(中国政法大学出版社

1994 年版)和他主编的《社会控制:以礼为主导的综合治理》(中国政法大学出版社 2008 年版)均有传统社会控制思想的内容,但两书侧重在于制度控制的研究。关于中国传统社会犯罪预防思想的学术论文也比较丰富,以“犯罪预防思想”为题名关键词的论文主要有:《海瑞的犯罪预防思想》(程维荣,载《法学》1987 年第 5 期)、《帛书〈易传〉与帛书〈德行〉中的犯罪预防思想》(崔永东,载《政法论坛》2001 年第 2 期)、《古代犯罪原因及预防思想探析》(刘春荣,载《绥化师专学报》2001 年第 3 期)、《略论朱元璋犯罪预防思想》(张生,载《中央政法管理干部学院学报》2001 年第 5 期)、《〈管子〉犯罪预防思想浅析》(杨永林,载《管子学刊》2003 年第 4 期)、《夏、商、周犯罪预防思想萌芽之考察——以先秦儒家与法家关于犯罪预防思想形成的背景为视角》(贾剑虹、王如春,载《安徽电子信息职业技术学院学报》2005 年第 3 期)、《论朱熹的犯罪预防思想》(郑颖慧,载《池州师专学报》2006 年第 2 期)、《先秦儒家和法家关于犯罪预防思想比较研究》(贾剑虹,安徽大学 2002 年硕士毕业论文)、《〈管子〉犯罪预防思想研究》(刘洪霞,西南政法大学 2007 年硕士毕业论文)、《郭店楚简中的犯罪预防思想初探》(崔永东,中评网,学者社区栏目 2010 年 5 月 4 日发布)、《从出土法律史料看古代预防犯罪思想》(崔永东,中评网,学者社区栏目 2010 年 5 月 4 日发布)等。

还有一些针对具体治安问题的预防思想研究成果,如《简论诸子百家的廉政思想》[赖红卫,载《成都大学学报》(教育科学版)2008 年第 11 期]、《〈管子〉廉政思想探析》[巩曰国,载《山东理工大学学报》(社会科学版)2008 年第 6 期]、《〈论语〉中的富民思想浅析》(董建锋,载《中共山西省委党校学报》2006 年第 3 期)、《简论中国古代富民思想》(林正同,载《中国农史》1997 年第 4 期),等等。这些研究内容都是以消除传统社会治安问题、维护政治稳定和社会安宁为主,也应属于中国传统社会治安思想的内容。

三是中国传统社会警政思想研究。社会治安维护所需要的专业机构和队伍设置和运行的制度是政治制度中警政的内容。① 警政的设计理念自然离不开对社会治安背景的考察,体现着治安思想的内容。现有警政史的研究有:《中国警政史》(万川主编,中华书局2006年版)。② 该书从第二章起,从西周到新中国,每个时代警政内容中均有一部分警政思想。该书除战国至唐朝(包括唐朝)各朝分别以学派或人物来简要介绍警政思想外,而西周、春秋及唐以后各朝代均从整体上简单概括。该书虽把警政思想定义为“关于警政的性质和职能、警政机构设置、警政职权划分、警政措施选用等问题的观点、理论和学说。”③但从警政思想的具体介绍中,与此定义不太吻合,且概括简单。

四是关于中国传统社会“盗贼”的研究。“盗贼”是中国传统社会比较严重的犯罪问题,对其的研究也体现着“盗贼”的治理思想。关于中国传统社会“盗贼”问题的研究也不多,只见到两本关于“窃盗”的著作,即《窃贼的历史》(郭佑、青禾著,中国文史出版社2006年版)、《窃盗史》(王绍玺著,上海文艺出版社2008年版),前者为通俗社会史,文艺色彩较浓;后者重在介绍窃盗的发展流变和不同时期的治盗法律,对于资料的检索有一定的借鉴价值,但仅限于窃盗。关于中国传统社会“盗贼”的学术论文较为丰富,如《“盗贼”与“寒士”》(刘柏林,载《黄石师院学报》1983年第4期)、《中国古代“盗贼”称谓考》[甄岳刚,载《首都师范大学学报》(社会科学版)1992年第6期]、《中国古代法中的盗贼犯罪与狭义行为》(李放,载《理论界》2008年第4期)、《先秦盗罪考》(柳正权,载《法学评论》2002年第4期)、《试论秦汉“群盗”》(宋微,东北师范大学2010年硕士毕业论文)、《五代“盗贼”简论》(曾国富,载《湛江

---

① 《中国图书馆分类法》(第4版)中将“警政(D691.6)”列在“清及清以前的政治(D691)”目录下,都属于“政治制度史(D69)”的范畴。

② 根据该书第19页关于“警政”的释义,即“所谓警政,是指按照统治阶级意志所规范的,由国家警察机构具体实施的,围绕维护国家安全和社会治安秩序等内容展开的一系列管理活动”。

③ 万川主编:《中国警政史》,中华书局2006年版,第10页。

师范学院学报》2009 年第 2 期)、《论北宋“盗贼”重法》[郭东旭,载《河北大学学报》(哲学社会科学版)2000 年第 5 期]、《略论北宋“盗贼重法”制度》(王晓勇,载《中州学刊》2002 年第 6 期)、《北宋“盗贼重法”解析——兼论“刑乱国用重典”的法律传统》(章深,载《开放时代》2005 年第 1 期)、《〈夷坚志〉与宋代“盗贼”》[李剑国、赵爱华,载《南开学报》(哲学社会科学版)2010 年第 5 期]、《明清时期乌镇盗匪问题研究》(赵翎,华中师范大学 2009 年硕士毕业论文)、《刁、奸、盗、贼、匪——对〈清实录〉中民众称谓话语的计量分析》(王志明,载《黑龙江史志》2008 年第 24 期)等,上述研究主要是关于“盗贼”现象的历史学、法学研究,其中,法学研究较为注重秦汉“盗贼”现象和北宋“盗贼”重法制度。

五是中国传统社会农民起义或民变研究。① 国内历史学界关于农民起义或民变的研究成果较多,通过上海图书馆检索平台,检索到关于中国传统社会农民起义或民变的著作或资料 50 多种,如《晚明民变》(李文治著,中华书局 1948 年版)、《中国农民起义论集》(李光璧著,生活·读书·新知三联书店 1958 年版)、《清代台湾民变研究》(刘妮玲著,台湾师范大学历史研究所 1983 年版)、《历代农民起义史话》(崔高维著,中华书局 1985 年版)、《揭竿而起:中国历代农民起义》(周力著,辽海出版社 1998 年版)、《大帝国的涅槃:中国历代农民起义与王朝更迭的断章》(江上苇、徐旭著,中国友谊出版公司 2007 年版)、《晚清民变研究》(杨湘容著,湘潭大学出版社 2010 年版)、《激变良民——传统中国城市群众集体行动之分析》(巫仁恕,北京大学出版社 2011 年版)等。通过中国期刊网检索,②关于中国传统社会农民起义的学术论文有 413 篇;关于民变的论文有 82 篇,其中多为清末民变的研究。可见对农民起

① 本书认为,民变和农民起义的主要区别在于后者以推翻现有政权为目的,而前者是在现有体制内寻求问题的解决。然而,现有研究成果中,也有人把民变和农民起义等同起来。所以这里只好把以两者为题名关键词的研究成果放在一起来综述。

② 检索时间为 2011 年 8 月 2 日。

义和民变的研究成果比较丰富，这些研究成果或考证、或论述、或叙事，为中国传统社会治安思想研究提供了丰富的背景资料。国外关于中国传统社会农民起义或民变的研究也较多，也多集中在清末时期，有人曾对国外关于清末民初乡村农民起义或民变问题的研究做了梳理。① 所介绍著作多以社会学的视角对清末民初的农民起义或民变进行考察，重点揭示其发生的原因或影响因素，以更清晰地认识当时的中国社会。

另外，中国政治思想史、中国社会思想史、中国法律思想史皆有内容涉及治安思想的相关研究。相对来讲，中国传统社会治安思想的研究比较缺乏，笔者也查阅了北京图书馆编、书目文献出版社 1990 年版的《民国时期总书目》(1911 ~ 1949)，除了一些政治思想史方面的著作，如陶希圣的《中国政治思想史》(1 ~ 4 册)、杨幼炯的《中国政治思想史》等，更无专门论述治安思想方面的著作。新中国成立以后的治安思想史著作除上文所引介外，更无所见。根据徐中玉先生为《先秦治安思想论稿》所作“序”的相关论断，即“这样的梳理工作几十年前虽有人做过一些，但非常粗浅且中断已久”。这说明，在《先秦治安思想论稿》之前治安思想研究状况，在其后，亦缺乏专门、系统、深入的研究。

---

① 樊翠花、王鸿斌：“国外关于清末民初乡村民变问题的研究述评”，资料来源：http://www.3hresearch.com/ShowArticle.asp? ArticleID = 3001。该文所引介国外成果中，涉及清朝(1911 年辛亥革命以前)的主要成果有《中华帝国晚期的冲突与控制》(*Conflict and Control in Late Imperial China*)、《挑战天意：中国的社会抗议和国家权力》(*Challenging the mandate of Heaven: social protest and state power in China*)、《华北的叛乱者与革命者(1845 ~ 1945)》(*Rebels and Revolutionaries in North China*, 1845 ~ 1945)、《长江下游地区的地租、赋税与农民的反抗斗争：1840 ~ 1950》(*Rents, taxes and peasant resistance: the lower Yangzi region*, 1840 ~ 1950)、《清王朝的衰落与叛乱的根源》、维·富尔著《中国江苏省的地方政治动乱(1870 ~ 1911 年)》(*Local Political Disturbances in Kiangsu Province, China*, 1870 ~ 1911)、安格斯·马克唐纳德的《乡村革命的城市根源：1911 ~ 1927 年中国湖南的精英与大众》、马克斯的《华南的农民协会和农民起义——海丰县社会变迁史(1630 ~ 1930)》、法国专家谢诺(*Jean Chesneaux*)的《中国农民运动(1840 ~ 1949)》及其《中国民众运动与秘密会社(1840 ~ 1950)》(*Popular Movements and Secret Societies in China*, 1840 ~ 1950)等。

二、中国传统社会治安思想现有研究成果的特点

首先，从研究进路上来看，现有中国传统社会治安思想研究成果主要有几种形式：一是按照不同朝代的方式，即一般把中国传统社会分为夏、商、西周、春秋、战国、秦、汉、三国、两晋南北朝、隋、唐、北宋、南宋、明、清等若干时期，研究者概括该时期的治安思想。其中，每个时期的治安思想，或是总体概括，或是介绍几个人物的治安思想，虽然是对时代中的主要治安思想进行概括，却是个人思想的汇合、集中。上述著作中《中国古代治安制度史》和《中国警政史》即属于此种，论文中如《明代治安思想的走向和特点》等。二是按照人物或集体的方式，即概括一个人的治安思想，或一个集体的治安思想，这个集体通常是一个思想流派或统治集团。其中，个人往往是思想家、皇帝或官吏，上述所列学术论文题名中已有体现；集体多是学派或统治集团，如《先秦法家治安思想述略》、《唐代统治阶级的治安思想》；在有些著作对一个时代的治安思想的概括中也有体现，如《中国古代治安制度史》将春秋时期治安思想分为"管仲的治安思想"、"子产的治安思想"和"孔子的治安思想"三部分；将战国时期的治安思想概括为儒家的治安思想、道家的治安思想、墨家的治安思想、法家的治安思想；等等。三是按照传统社会中的著作的方式，如《先秦治安思想论稿》每章皆以先秦著作为题，其他诸多学术论文也是如此，如上文所列《〈管子〉犯罪预防思想浅析》、《帛书〈易传〉与帛书〈德行〉中的犯罪预防思想》等。以著作为考察对象，主要出现在先秦一些无法确证其作者或时代的著作，虽著作以某位古人为题名，但其并不一定为该古人所撰，或其中关于该古人的言论并非真实，后人自然不能就一定把该言论或著作所表达的思想安放在这个古人的头上，这里认为还是以著作为考察对象比较客观。可见，现有研究中缺乏对中国治安思想整体上作横向的、"切片"式的研究，即横向考察中国传统社会治安问题原因及对策。

其次，从研究内容上看，主要特点：一是突出了中国传统社会治安思想的

主要元素。教化(或曰德、礼)、刑罚(或曰刑、法)、富民等要素就像是一味味“中药材”,各时期统治集团根据治安形势开出不同的“药方”,以期江山永固、社会安定。例如,西周的“明德慎罚”、“明刑弼教”,秦代的“专任刑罚”,西汉前期的“刑德并举”、西汉中后期“德主刑辅”、东汉的“礼法统一”,三国时期“拨乱之政,以刑为先”,隋朝的“教化和刑律相参为用”,唐时“贵仁义、贱刑罚”,宋时“重惩盗贼”,明时“礼法兼施”,清时“宽严互济”,等等。二是社会治安问题要素管理中集中在对“民”的考察。虽然有多人从人性的角度分析人之为恶的原因,如荀子、韩非子、董仲舒、韩愈、朱熹等,并提出相应的对策(多以教化应对,“化性起伪”),更多的是分析社会治安问题发生的社会原因。囿于中国传统社会生产力低下,社会以自给自足的小农经济为基础,民不聊生会导致诸多社会治安问题,最为典型的就是“盗贼”,所谓“王者之政,莫急于盗、贼”。中国传统社会治安思想中对治安问题原因的揭示即主要考察民不聊生的原因,并提出应对之策,以民为本、爱民、富民,惩治贪腐、打击构成治安思想的重要内容。三是研究内容比较简略,而且没有明确框架和边界。囿于研究成果较少,大部分内容见于制度史的研究,内容较为简略。例如,《中国古代治安制度史》虽对每个朝代的治安思想做了总结,但比较简略,仅作一般考察和概括。《中国治安史》只是在一些章节中零星出现以“治安思想”为题名的内容或相关内容。① 而且现有治安思想研究内容在政治思想中也有反映。如西周的明德慎罚,商鞅的法治思想,孔子的礼治与正名、富民足君、先德后刑,荀子的富国富民,老子的无为,贾谊的以民为本,董仲舒的德刑论,贞观时期的国以民为本等,这些思想在中国政治思想史中皆有论述。② 这对中国传统社会治安思想的深入研究是不利的,如何进行厘清研究的进路,

---

① 其中,第二章第二节“子产的大治安思想与实践”、第四节“商鞅的治安实践与治安思想”;第三章第一节“先秦民本思想的治安学价值”、第四节“兼爱与尚贤:墨子的治安方略”;第七章第二节“唐代的治安思想与治安宣教”。

② 刘泽华著:《中国政治思想史集》(第1卷)(第2卷),人民出版社2008年版。

显得尤为重要。

最后,从分析框架上来看。第一,现有中国传统社会治安思想主要是针对关于治理天下、如何使民安而不乱的对策,但缺乏对治安问题发生的具体背景和原因的考察。随着社会的发展,中国传统社会不同朝代,或者同一朝代不同时期,土地制度、经济政策、统治结构等都可能发生一定的变化,其所出现的治安问题也呈现出不同特点,尽管可能都会导致社会秩序的破坏,甚至政权的颠覆。传统社会中思想家基于一定的社会背景提出的治安策略,并不适合于任何时代,所以考察治安思想的具体背景就尤为重要。第二,对中国传统社会治安思想的分析缺乏明确的框架。传统社会治安的主体是以皇权统治集团,立法、行政、司法集于皇帝和各级行政长官,社会治安与国家政治密不可分,如何把社会治安思想与政治思想、社会思想区分开来,形成专门性的话语,难度较大,所以,现有治安思想研究成果中只是一些与"治"、"乱"、"安"、"危"有关的古人言论的分析,缺乏明晰的分析框架。第三,现有的治安思想研究成果中,《中国古代治安制度史》和《中国警政史》是制度史,对思想的考察是制度考察的先导,然制度是治安实践中的实物,是思想的具体化。所以,两书比较注重思想与实践的联系,所考察的治安思想多集中与制度有关的范围。治安思想转化为治安实践的途径往往是被统治集团采纳,在其治安制度中得以体现,而有些人的治安思想并未进入考察者的视野,如东汉王符、唐朝陆贽、宋朝李觏、清初王夫之等,很少见于前述研究成果。

三、本书研究思路

首先,中国传统社会治安思想的范围。关于古代"治安"的内涵,学术界也有多人通过对古代文本的梳理进行了讨论,一般理解为政治清明、国家和社会安定，[1]也有文本里它被活用，是指为达到治安的社会治理过程和内容，如“治安百姓，主之则也”，[2]即使百姓生活安定。韩非对“治安”的内容有着较为明确的论述，他认为，“今上急耕田垦草以厚民产也，而以上为酷；修刑重罚以为禁斜也，而以上为严；征赋钱粟以实仓库，且以救饥谨、备军旅也，而以上为贪；境内必知介而无所懈，并力疾斗所以禽（通‘擒’）虏也，而以上为暴。此四者所以治安也，而民不知悦也”。[3] 可见，韩非将民应该“悦”的“治安”包括四个方面，即“耕田垦草”来增加百姓收入、“修刑重罚”惩治违法犯罪、“征赋钱粟”来社会救济和军事保障、“并力疾斗”对付外敌。“治安”包括社会经济发展、政治建设、法制建设、社会保障、犯罪惩罚等多个方面。可见，实现“治安”既包括经济发展、政治建设等多个方面的“建设性”内容，也包括应对违法犯罪、灾害事故、外部侵略的法制保障、社会救济和军事保障，范围十分广泛。其实，这些内容都是互相联系的，社会经济的发展和政治清明是实现法制建设、灾害救济、军事保障的基础，后者也是社会经济、政治建设提供安定有序的环境。贾谊的《治安策》（《陈政事疏》）与韩非所论并没有太大的区别，只不过他更加强调当时汉朝面临的政治、经济、法制、军事等方面的危机，具体有诸侯王威胁中央统治、匈奴外患、经济危机、太子教育乏力、重刑罚轻礼义、政制纲常紊乱等内容。在学科分类较为科学细致的今天来看，这种“治安学”实在是太过宽泛，围绕“治安”所建构的知识体系也是非常庞大的。[4]中国传统社会没有今天这么详细的学科分类，这里仅对古代治安实践中以“盗贼”为代名词的违法犯罪问题进行研究。中国古代有“治安”而无“犯

① 金其高教授认为，“社会治安，古代指政治清明、国家昌平、社会安定。治，对乱而言；安，与危相对”。参见金其高著：《社会治安防控经略》，群众出版社2004年版，第16页。熊一新教授认为，“古代的‘治安’有两层含义：一是指稳定国家的政治局势，缓和统治阶级内部的矛盾，防止内哄；二是指安定民众，缓和阶级之间的冲突，维持正常的社会民生，防止社会动乱，保持久远的社会安定”。参见熊一新主编：《治安管理学》，中国人民公安大学出版社2005年版，第2页。

② 《管子·形势解第六十四》。

③ 《韩非子·显学》。

④ 陈宗瑜：“广义治安说——从贾谊《治安策》说起”，载《怀化师专学报》1996年第3期。

罪”,而“犯罪”实为“治安”的核心,所以,这里仍以治安名之,而非冠以中国古代犯罪学。

其次,中国传统社会治安问题研究的分析框架。综观中国传统社会关于治安问题的思考和治理实践,对治安问题的考察分两个方向:一是纵向的,对整个社会的治安问题作战略考察,分析其原因,并提出对策,若是个人或集体从层面的考察所形成的认识,可谓之治安思想;二是横向的,对具体治安问题要素的考察,如一具体治安问题之发生所必需的因子,如行为人、工具、危害结果、被害人等。治安问题的战略考察,有不同的路径。从治安问题发生的先后过程来看,先有治安问题原因,然后有治安问题表现,最后有治安问题对策。这是一般社会治安问题在社会治理中存在的客观状态。学术界也有类似的总结。例如,金其高教授认为,“社会治安研究的内容涉及方方面面,但从根本上说,社会治安研究的基本内容主要分为社会治安问题原因、社会治安问题表现和社会治安问题防治三个部分。”①这里认可将社会治安问题分为上述三部分,但作为治安研究的对象,根据人们认识事物的规律,应该先看到治安问题表现,而不是原因,只有对表现有清楚的认识,并分析该表现发生的原因,才能对症下药,提出治理对策,进行社会治安问题的防治。所以,在治安问题研究中,三者之间的关系应为社会治安问题表现、社会治安问题原因和社会治安问题对策。这也构成治安问题研究的基本分析框架,这在对个人治安思想的研究中较为典型。例如,唐太宗李世民论盗,曰:“民之所以为盗者,由赋繁役重,官吏贪求,饥寒切身,故不暇顾廉耻耳。朕当去奢省费,轻徭薄赋,选用廉吏,使民衣食有余,则自不为盗,安用重法邪!”②该论断针对治安问题“盗”或“盗贼”,分析了原因,并提出对策。当然,中国传统社会中,并非每个关于社会治安问题的论断都如此完整,更多地是集中在治安问题原因的

① 金其高著:《社会治安防控经略》,群众出版社2004年版,第8页。

② 《资治通鉴》卷192,武德九年。

考察,以便提出对策,向决策者建言(如果是皇帝,这种对策的实施更为便当),希求付诸实施。中国传统社会中,社会精英们的这些思考,其实就是治安思想,这些思想有的被当时或后世统治者采纳并实施,指导着治安治理实践。治安问题要素是治安问题发生所必不可少的因子。例如,窃盗行为的发生一般要有窃盗者、窃盗目标(一般为财物)、物主、窃盗的场所、窃盗的时间等。在特定的窃盗行为中这些要素缺一不可。中国传统社会中,关于治安问题要素的认识,主要体现在具体的治安控制实践中,具体包括人口管理(有户口管理、流动人口管理、言论管制等)、特定物品的管理(特定的兵器、官员印信、战马、酒、铸钱、宝钞、盐、铁、茶等)、特定空间管理(宫城、皇陵、桥梁津口、关卡、市场、旅店、公共街区等)、特定时间管理(夜间、节日、天子驾崩等特定期间)、特定事件管理(赌博、结党、丧葬、集会、避讳、屠牛等)等。这与现代治安行政管理的原理是相同的,只不过,随着社会经济的发展,治安问题的内容和表现形式更加复杂多样而已。治安问题要素的管理构成现代治安管理的内容,其实质是预防和控制治安问题的发生。治安思想对治安管理层面起着指导作用,治安管理体现治安思想。所以,对中国传统社会治安思想的研究,必然包括中国传统社会治安管理实践的考察。中国传统社会先贤对于治安问题的研究,包括上述两个方面的内容,循着宏观考察的一般思路,考察治安问题的表现,分析治安问题发生的原因,提出治安对策。这里的考察,就是对先贤的思考内容进行总结,主要包括中国传统社会中思想者对治安问题的表现、原因和对策的认识。其中,对策的考察中,主要结合中国传统社会治安治理的实践。

最后,本书的主要研究内容。本书拟以中国传统社会中的“盗贼”治理为考察对象,探讨其所反映的治安思想。首先应说明的是为什么选择“盗贼”问题的治理,而不是中国传统社会中的其他治安问题。从中国传统社会历代法律规范和相关文献出发,廓清“盗贼”的主要表现形式和危害,总结其在中国传统社会治安治理中的核心地位。这也解决了治安学研究的治安问题的表现部分，即治安问题本体研究，为进一步分析其原因和对策奠定基础，也符合上文所提出的治安思想分析框架。接着对中国传统社会中围绕“盗贼”问题的解决所进行原因和对策进行考察，本书拟从人性、民生、官吏、刑罚、治安要素控制五个方面进行总结，每个方面均包括其作为治安问题原因的部分和抑制其作为原因的对策部分。人性方面是从人的心理、生理因素来考察其做出“盗”、“贼”行为的原因和对策。如西方犯罪人类学派从人本身来寻找犯罪原因一样，中国传统社会先哲们对人性角度解释人的行为选择，虽然关于人性善恶的观点不一，但都能得出人之为恶的解释，进而提出扬善抑恶的对策，为统治者提供导民向善的理论依据。民生方面是从人的生存伦理角度来考察民成为“盗贼”的经济原因，如同西方犯罪社会学派提出的社会紧张理论，或因天灾，或因人祸，民陷入生存困境，其结果是弱者转死沟壑，强者转为“盗贼”。先哲们关于民穷而为盗的论述颇多，本书拟通过这些论断总结其富民弥盗的思想和本质。官吏是君王和民众的中间人，君王通过官吏执行符合自己利益的法律和命令来治理民众，即“君不能自治其民，治之者官吏也”。[①] 官吏是治安行政的主体。可官吏不行王命，知法犯法，侵渔百姓，激变良民，又是治安的原因，即“盗寇之生发，固有民穷而为之者，亦有官吏激发而致之者”。[②] 诸多的统治者和思想家都清醒地认识到治吏的重要，并在实践中通过制度设置来抑制官吏成为“盗贼”发生的原因，本书拟探讨治吏安民的思想及其本质。治安要素的控制主要是研究对社会个体，主要是农民的人身控制。因为农民是“盗贼”的主要来源群体，统治者深知民众“能载舟亦能覆舟”的力量，所以，也采取了最为严密的控制措施，把民紧紧束缚在法网之中，以维护自己的统治。

上述内容可能更多的是关于官方如何进行治安的思考，但是，古代官方

---

① 《李觏集·安民策第七》。

② 《大学衍义补》卷137，《遏盗之机》(中)。

力量多集中分布在城市,对广大乡村治安却鞭长莫及,只能通过严厉的刑罚来推行治安联防措施,防范力量主要靠民众自己。古代民众在长期的治安实践中,也积累了丰富的治安防范经验,有人还将其整理成著作流之后世。本书以宋代袁采所著的《世范》为例,分析古代民间治安防范思想,以期管窥之效。

第一章 中国传统社会的“盗贼”问题

社会治安问题是指对治安秩序建构和维护的妨碍因素，主要包括违反法律并对现有社会秩序造成破坏的个人或集群行为，如违法犯罪、违礼行为、自然灾害、人为事故等。只有把社会治安问题抑制在社会发展能够容忍的范围之内，社会经济和人民生活才能有正常的秩序。汉高祖刘邦入秦都咸阳，以关中父老久苦于秦朝苛法，遂“与父老约，法三章耳：杀人者死，伤人及盗抵罪。余悉除去秦法”。[①] 尽管“约法三章”被班固形容为“网漏吞舟之鱼”，[②]但也说明史上最宽简的法亦要规定杀、伤、盗三大类犯罪。根据睡虎地出土的《秦律》和汉初的《二年律令》，“法三章”其实为“盗、贼”二事。换句话说，在当时社会，解决好盗、贼问题，就可维持社会治安，此亦不难理解战国李悝“王

---

① 《史记·高祖本纪》

② 《汉书·刑法志》，该志亦载“三章之法不足以御奸”，丞相萧何“捃摭秦法，取其宜于时者，作律九章。”

者之政莫急于盗贼”的论断。[①] 不仅仅是秦汉之交,纵看中国传统社会的历史,“盗贼”犯罪是历代统治者所面临的最主要的治安问题。上文已述,现有关于传统社会“盗贼”的法学研究侧重于秦汉盗罪行为的考察和宋代“盗贼”重法制度的研究,而缺乏对中国传统社会“盗贼”犯罪的整体把握,这里拟从治安学角度,考察中国传统社会中“盗贼”的主要表现形式和“盗贼”一词在历代思想家和政治家话语体系中的含义,分析其社会危害以及其在中国传统治安思想研究中的地位。

一、中国传统社会的“盗贼”犯罪

“盗”、“贼”都是中国社会中最为古老的犯罪行为。《易经·泰卦》载“不富以其邻”,即不能通过侵害邻人的手段来致富;《易经·小畜》:“有孚挛如,富以其邻”,是说有人因为盗窃了邻人的财产而被拘系囚禁。[②]《易经》是中国古老文化的源头,古人用传神的语言描绘了“盗”的内涵,说明在当时可能还没有“盗”这个字眼,但其行为已经发生了。“贼”是指杀、伤人。荀子曰:“伤良曰谗,害良曰贼。”[③]郑玄注虞书曰:“强取为寇,杀人为贼。”[④]“贼”亦被称为“皋陶之刑”所规定的罪行。据《左传》记载:“己恶而掠美为昏,贪以败官为墨,杀人不忌为贼。《夏书》曰:昏、墨、贼,杀;皋陶之刑也……”[⑤]即夏朝的《禹刑》已载“昏、墨、贼”三种应该处以死刑(“杀”)的犯罪,其中,“贼”,“无变斩击”之谓,[⑥]是指肆无忌惮地杀人,是一种严重破坏社会秩序的行为。

---

① 《晋书·刑法志》。

② 武树臣著:《中国传统法律文化》,北京大学出版社 1994 年版,第 220 页。

③ 《荀子·修身》。

④ 原文中称郑玄为“郑氏康成”。(清)薛允升著:《唐明律合编》,怀效锋、李鸣点校,法律出版社 1999 年版,第 467 页。下文引自该著者仅注明书名和页码。

⑤ 杨伯峻编著:《左传》“昭公十四年”,中华书局 2009 年第 3 版,第 1366~1367 页。下文所引该书仅注明书名、章节和页码。

⑥ 《晋书·刑法志》。

而且，叔向还指出，《禹刑》的这种规定并非“原创”，而是沿袭“皋陶之刑”。[①]《尚书》记载，商王盘庚迁都之前宣布：“乃有不吉不迪，颠越不恭，暂遇奸宄，我乃劓殄灭之，无遗育，无俾易种于兹新邑。”[②]《盘庚》载：“凡民自得罪，寇攘奸宄，杀越人于货。”[③]“寇攘”、“杀”等强盗、贼的行为已明；“奸宄”，《广雅·释诂》云：“窃盗也。”这说明商、周时期的犯罪行为已包括盗、贼行为。

春秋初期，各诸侯国基本上沿袭西周的法律。但是春秋中晚期，随着社会经济、文化的发展，法律制度也作了较大变革，各诸侯国公布了以保护私有财产为中心的成文法。《左传》记载，楚国于楚文王时期制定了“仆区之法”，[④]规定了窝藏之罪，并载“盗所隐器，与盗同罪”，说明“盗”亦是当时一种常见犯罪。例如，张家山汉简《奏谳书》记载鲁国对一般财物盗窃的处罚，即“异时鲁法：盗一钱到廿，罚金一两；过廿到百，罚金二两；过百到二百，为白徒；过二百千，完为倡”。[⑤] 同时，当时对“盗”的用法已超出了一般盗窃财物的范围，还包括贼杀、叛乱的行为。以《左传》中两事可见，一是“（襄公十年，前562年）于是子驷当国，子国为司马，子耳为司空，子孔为司徒。冬十月戊辰，尉止、司臣、侯晋、堵父女、子师仆帅贼以入，晨攻执政于西宫之朝，杀子驷、子国、子耳，劫郑伯以如北宫。子孔知之，故不死。书曰“盗”，言无大夫焉。子西（公孙夏，子驷子。杨伯峻注）闻盗，不儆而出，尸而追盗。盗入北宫，乃归，授甲，臣妾多逃，器用多丧。子产（子国子。杨伯峻注）闻盗，为门者，庀群司，闭府库，慎闭藏，完守备，成列而后出，兵车十七乘。子蟜帅国人

① 《尚书·虞书·舜典》有载可证：“帝曰：‘皋陶！蛮夷猾夏，寇贼奸宄。汝作士，五刑有服。’”参见江灏、钱宗武译注：《今古文尚书全译》，周秉钧点校，贵州人民出版社1992年版，第29页。下文所引该书仅注明书名、章节和页码。

② 《尚书·商书·盘庚中》，第169页。

③ 《尚书·周书·康诰》，第280页。

④ 《春秋左传注》“昭公七年”，第1283～1284页。

⑤ 彭浩、陈伟、[日]工藤元男主编：《二年律令与奏谳书：张家山汉简二四七号汉墓出土法律文献释读》，上海古籍出版社2007年版，第372页。

助之,杀尉止、子师仆,盗众尽死。”[①]显然这是一起叛乱,亦被称为“盗”的行为。二是“(鲁昭公二十年,前522年)秋,盗杀卫侯之兄絷”,[②]此“盗”指卫国司寇齐豹,因其杀公孟(卫侯兄孟絷)为不义之举而被如此称呼。仲尼亦曰:“齐豹之盗,而孟絷之贼。”[③]可见,春秋时,“盗”并不仅是一般的财物窃取,“贼”亦不仅是一般的杀伤,甚至可以包括叛乱行为。战国时期的立法也体现了这一点。

战国时期,社会动荡,各国争战频繁。为了在激烈的动荡和争战中站稳脚跟,各国纷纷通过变法,以求富国强兵,新的法令也揭示了各国统治者对新的生活秩序的总体要求,具体也包括对各种犯罪行为的禁止。赵国颁布了《国律》,[④]魏国有《大府之宪》、[⑤]《法经》,楚国有《宪令》、[⑥]《鸡次之典》,[⑦]秦国则有《秦律》。其中较为典型的是魏国李悝的《法经》,《法经》原书已湮没失传,据《晋书·刑法志》、《唐律疏议》等文献,可以了解其主要篇目和内容。《法经》共有六篇,即《盗》、《贼》、《囚》、《捕》、《杂》、《具》。李悝将《盗》、《贼》两篇放置篇首的原因,《晋书·刑法志》载:“悝撰次诸国法,著《法经》。以为王者之政,莫急于盗贼,故其律始于《盗》、《贼》。”说明惩治“盗、贼”行为是其根本指导思想,以此维护新兴地主阶级的统治及人身财产安全。

《唐律疏议序》高度评价了《法经》对后世法律发展的影响,“周衰刑重,战国异制。魏文侯师于李悝,集诸国刑典,造《法经》六篇:一盗法、二贼法、三囚法、四捕法、五杂法、六具法。商鞅传授,改法为律。汉相萧何,更加悝所造

---

① 《春秋左传注》“襄公十年”,第980~981页。
② 《春秋左传注》“昭公二十年”,第1406页。
③ 同上书,第1413页。
④ 《韩非子·饰邪》。
⑤ 王守谦等译注:《战国策全译》《魏策四》,贵州人民出版社1992年版,第789页。下文所引该书仅注明书名、章节和页码。
⑥ 《史记·屈原列传》。
⑦ 《战国策全译》,《楚策一》,第414页。

《户》、《兴》、《厩》三篇，谓《九章之律》"。[①] 1975 年发掘的湖北云梦睡虎地秦墓竹简所载《秦律》刑事方面的内容，主要有《法律答问》、《盗律》、《贼律》、《捕亡律》、《捕盗律》等。[②] 可见，自《法经》之后，《秦律》、汉《九章律》，皆沿袭前制，将惩治盗、贼之法列于律文篇首。秦朝将杀人分为贼杀、盗杀、擅杀、斗杀、捕杀等，其中，贼杀指故意杀人，盗杀是因盗杀人，盗、贼二罪在此结合，危害较大。结合沈家本所考和出土汉简，《九章律》中《盗律》有九目：劫略、恐猲、和买卖人、持质、受所监、受财枉法、劫辱强贼、还赃畀主、贼伤。《贼律》有十目：大逆不道、欺谩、诈伪、逾封、矫制、贼伐树木、杀伤人畜产、诸亡印、储峙不办、盗章。[③] 司马迁记载秦始皇夜出逢盗兰池，当场令"武士击杀盗，关中大索二十日"，[④]这里的"盗"指的是刺客。足见当时文本中"盗"的外延较大，"盗律"与"贼律"两者规定的内容也有互相交叉的部分，后世或言"盗"，亦有"盗贼"的意思。

三国时，魏文帝命陈群等制定新律，在《盗律》、《贼律》之前新增加了具有刑法总则性质的《刑名》篇，晋代沿而不改，北齐时期，虽将《盗贼律》列于第八，但在律文首篇《名例律》中新列了重罪十条，其名称依次为：一曰反逆，二曰大逆，三曰叛，四曰降，五曰恶逆，六曰不道，七曰不敬，八曰不孝，九曰不义，十曰内乱。其犯此十者，不在八议论赎之限。另外，北齐律又将《贼》、《盗》两篇合为一起，命名《贼盗律》，后周改为《劫盗律》。隋《开皇律》又改为《贼盗律》，唐律因之。

---

① 至于此说中萧何在《法经》六篇上增加户、兴、厩三篇，并非萧何创立，"增加不等于创新，这点经出土简牍证实更可以确信。《睡虎地秦墓竹简·为吏之道》末尾附抄有两条魏国律文，其一即为《魏户律》，年代为魏安釐王二十五年（前 252 年）；《秦律十八种》出有《厩苑律》律名，《内史杂》律文中则称'《厩律》'。这说明在萧何所增的三篇律名中，至少户、厩律已先萧何定律而存在。……因此所谓《九章律》，实际应是继承、'捃摭'秦律的产物，在律名与结构上均无重大改变。"参见张晋藩总、徐世虹主编：《中国法制通史》（第 2 卷战国秦汉），法律出版社 1999 年版，第 241 页。下文所引该书仅注明书名和页码。

② 《中国法制通史》（第 2 卷战国秦汉），第 47 页。

③ 同上书，第 244 页。

④ 《史记·秦始皇本纪》。

隋朝建立后，在《名例律》中继承北齐律中的“重罪十条”，置“十恶”之罪名，稍区别于北齐律，取消了“降”，增加了“不睦”，一曰谋反，二曰谋大逆，三曰谋叛，四曰恶逆，五曰不道，六曰大不敬，七曰不孝，八曰不睦，九曰不义，十曰内乱。

唐律沿承隋律，“十恶”条以及《贼盗律》（第17卷至第20卷中，共54条）中皆是关于防止和惩治盗贼犯罪的法律。《唐律》对其后世立法影响深远。“历代之律存于今者唯《唐律》，而古今律之得其中者亦唯《唐律》，谓其尚得三代先王之遗意也。”①《唐律》是中国现存历代法典的模型。② 五代虽法令废弛，酷刑迭出，但法律编制仍沿袭唐律。“宋法制因唐律、令、格、式，而随时损益则有编敕。”③“《唐律》在《大明律》中仍然适用者，占61%以上。”④《大明律》以名例、吏、户、礼、兵、刑、工七篇构成，刑律篇第一部分为“贼盗”，计28条。《大清律例》篇目结构与《大明律》相同。

中国传统社会历代刑事立法中，“盗”、“贼”二律随着社会经济的发展和立法技术的完善，范围逐渐缩小，内容也趋明确。秦汉至唐宋时期，“盗”、“贼”二律变动不大，伤人罪在秦汉为《贼律》部分，在《唐律》为《斗讼律》部分，伤害律逐渐与杀人律分离，亦为《宋刑统》沿用；《明律》以六部分篇，杀人罪亦析出，为《人命》与《贼盗》（如唐律之盗律）、《斗殴》并列在《刑律》目下。清沿明制，直至清末修律。

二、中国传统社会中“盗贼”的表现形式

根据上述历代法律规定，“盗贼”的表现形式主要有以下几种：

---

① 沈家本著：《汉律摭遗自序》、《历代刑法考》（三），邓经元、骈于骞点校，中华书局1985年版，第1365页。

② 杨鸿烈著：《中国法律发达史》（上），上海书店1990年影印版，第344页。

③ 《宋史·刑法志》。

④ 钱元凯：“《大明律》和前朝的法典有何关系？”，载陈鹏生主编：《中国古代法律三百题》，上海古籍出版社1991年版，第90页。

一是窃盗。根据《二年律令·盗律》的规定，盗赃价值六百六十钱，黥为城旦舂。六百六十到二百廿钱，完为城旦舂。不盈二百廿十到百一十钱，耐为隶臣妾。不盈百一十钱到廿二钱，罚金四两。不盈廿二钱到一钱，罚金一两。[①] 这条律基本承自秦律，《睡虎地秦墓竹简·法律答问》载，士伍甲盗窃，窃得赃物时价一百一十钱，吏将甲处以耐刑，问甲及吏何论？甲当黥为城旦；吏当论失刑罪。[②] 另《汉书·陈万年传》附《陈咸传》注引如淳曰："律，主守而盗直十金，弃市。"即按照当时刑律，监守自盗价值十金的应处于弃市。《唐律》中《贼盗律》"诸窃盗"条"疏议曰：窃盗人财，谓潜形隐面而取"。[③] 窃盗若今日之盗窃，古代也有像今天一样称为"偷"的，如南朝法律规定："主守偷五匹，常偷四十匹"处以死刑。[④] 从《唐律》来看，盗窃种类繁多，有盗皇室和各级官府及仓库、作坊等内的财物；盗私人所有财物；盗祭祀神物、天尊像、佛像；盗禁兵器；盗官私马牛；盗奴婢；盗墓；盗亲属财物；等等。盗窃罪因盗窃物品、物主、地点不同处罚差距较大。如《唐律》规定："盗诸御宝者，绞"，在当时刑等虽低于"斩"，在今天算是极刑，而盗窃普通人财产价值最高刑是加役流；盗窃缌麻、小功亲财物者，减凡人一等；盗窃园陵内的草木就要徒二年半，而盗窃官司马牛而杀者才徒二年半。从"得古今之平"的《唐律》来看，盗窃普通财物帛一尺杖六十，不得财亦笞五十。当然，统治者言出法随，使法律成为具文，如隋文帝杨坚治盗，曾发出"三人共盗一瓜，皆弃市"的命令。[⑤]《宋刑统》规定，窃盗赃满五贯（约等于五匹绢）即处死刑。

二是强盗、抢夺。《二年律令·盗律》规定："劫人、谋劫人求钱财，虽未得

---

① 朱红林著：《张家山汉简〈二年律令〉集释》，社会科学文献出版社2005年版，第54页。下文所引该书仅注明书名和页码。

② 《张家山汉简〈二年律令〉集释》，第55页。

③ （唐）长孙无忌著：《唐律疏议》，刘俊文点校，中华书局1983年版，第358页。

④ 《宋书·王弘传》。

⑤ 《隋书·刑法志》。

若未劫，皆磔之；罪其妻子，以为城旦舂。”[①]《唐律》中《贼盗律》“诸强盗”条“疏议曰：强盗取人财”。该条注云：谓以威若力取其财，假有以威胁人，不加凶力，或有直用凶力，不作威胁，而劫掠取财者“先强后盗”谓先加迫胁，然后取财；“先盗后强”，谓先窃其财，事觉之后，始加威力如此之例，俱为强盗。其言“强盗”若今言之抢劫（含盗窃转化的抢劫），以武力相威胁或直接使用武力劫掠财物；或若盗窃后被人察觉而使用武力。《贼盗律》中还规定了“白昼抢夺”条，若今日之抢夺。《明律》则将强盗规定在《刑律一·贼盗》中。统治者对强盗的镇压较为严厉，汉初盗律规定劫而未得或谋劫而未劫，都处以磔刑；《唐律》规定强盗不得财徒二年，得财一尺帛徒三年，十匹及伤人者绞，杀人者斩；《宋刑统》继承周显德五年（958年）七月七日的敕令，对持杖行窃的，不问有赃无赃，均处死。其同行窃贼，内有不持杖者，亦与同罪。《明律》规定强盗不得财也要杖一百、流三千里；但得财者皆斩。[②] 显然宋朝法律对盗罪处罚最为严厉。

三是群盗。群盗是秦汉法律中一个独特的专有名词，但不是罪名，而是“盗贼”的一种表现形式，也是处罚时的一个加重情节。清朝以“匪”、“盗匪”所称呼的犯罪武装团伙与此类似。张家山汉简中《二年律令·贼律》更明确地规定：“盗五人以上相与功（攻）盗为群盗。智（知）人为群盗而通（饮）食馈遗之，与同罪；弗智（知），黥为城旦舂。其能自捕若斩之，除其罪，有赏如捕斩。群盗法（发），弗能捕斩而告吏，除其罪，勿赏。”[③]攻盗，《汉书·郭解传》：“臧命作奸剽攻”，注：攻谓穿窬而盗也。这说明，秦汉律中“群盗”是指五人以上的盗贼群体。同时，明知是群盗而给予饮食的与群盗同罪，成为汉朝法律中另一个法律用语：“通行饮食”。在汉时，为了控制和打击群盗，还制定了

---

① 《张家山汉简〈二年律令〉集释》，第66页。

② 《唐明律合编》，第508页、第531页。

③ 《张家山汉简〈二年律令〉集释》，第59~60页。

“通行饮食群盗”法，并给予极为严厉的处罚，一律“罪至大辟”。[①] 如《汉书》记载，汉武时期，酷吏盛行，民轻犯法，盗贼滋起，大者至数千人，攻城邑，掠库兵，严重破坏了当时的治安秩序。汉武帝派遣光禄大夫范昆、九卿张德等为绣衣持节，发兵平盗，斩首或至万数，并诛通行饮食者。”[②]

群盗是特指五人以上这种群体形式，其罪行则不限于强盗，包括贼、盗所有行为。例如，《二年律令·盗律》载：“群盗及亡从群盗，欧折人枳（肢）、肤体、及令彼跛蹇，若缚守、将人而强盗之，及投书、县（悬）人书，恐猲人以求钱财，盗杀伤人，盗发冢（塚），略卖人若已略未卖，桥（矫）相以为吏，自以为吏以盗，皆磔。”[③]该条规定了群盗殴伤人、强盗、投书（匿名信）、[④]杀人、发塚、略卖人、冒充官吏犯罪等行为。宋朝对“盗贼重法地”中所行敕令规定五人劫盗是重法条件，“元丰敕，重法地分，劫盗五人以上，凶恶者，方论以重法”。[⑤]《唐律》有“共盗”、“共谋强盗”，《明律》有“共谋为盗”，都是为区别谋与行、首与从而设。

秦汉律对群盗的处罚是比一般盗贼严厉，秦简记载亦可佐证，《封诊式·群盗》中“群盗”爰书载“某里士伍戊也，与丁以某时与某里士伍己、庚、辛，强攻群盗某里公士某室，盗钱万，去亡”。戊、丁、己、庚、辛共五人，符合当时法律规定的“群盗”人数。秦《法律答问》载：“害盗别徼而盗。驾（加）罪之。”可（何）谓“驾（加）罪”？“五人盗，臧（赃）一钱以上，斩左止，有（又）黥以为城旦；不盈五人，盗过六百六十钱，黥劓（劓）以为城旦；不盈六百六十到二百廿

---

① 这项法律又称为首匿相坐之法，西汉中期以后，随着礼法结合的发展，成为亲亲相首匿的刑罚原则。汉宣帝发布诏令：“自今子首匿父母，妻匿夫，孙匿大父母，皆勿坐。其父母匿子，夫匿妻，大父母匿孙，殊死，皆上请廷尉以闻。”（《汉书·宣帝纪》）。

② 《汉书·杨仆传》。另《汉书·尹赏传》载：尹赏为长安令时，“部户曹掾史，与乡吏、亭长、里正、父老、伍人，杂举长安中轻薄少年恶子，无市籍商贩作务，而鲜衣凶服被铠扞持刀兵者，悉籍记之，得数百人。赏一朝会长安吏，车数百两，分行收捕，皆劾以为通行饮食群盗”。《汉书·元后传》载：“它部御史暴胜之等奏杀二千石，诛千石以下，及通行饮食坐连及者，大部斩万余人。”

③ 《张家山汉简〈二年律令〉集释》，第61~62页。

④ 《唐律》归于《斗讼律》。

⑤ 《宋史·刑法志》。

钱，黥为城旦；不盈二百廿以下到一钱，(迁)之。求盗比此。”[①]该记载不仅再次说明了当时“群盗”的“五人”标准，且明确了秦律对其处罚与五人以下盗贼的处罚相差较大。唐、明律中，“共盗”本身不够成量刑的条件，而是依参与者行为依“强盗”、“窃盗”条来处罚。《二年律令·捕律》规定：“群盗杀伤人、贼杀伤人、强盗，即发县道，县道亟为发吏徒足以追捕之，尉分将，令兼将，亟诣盗贼发及之所，以穷追捕之，毋敢□界而环(还)。”[②]

四是杀、伤人。秦汉律将杀、伤人多规定在贼律中。《二年律令·贼律》规定：“贼杀人、斗而杀人，弃市”；[③]“贼杀人，及与谋者，皆弃市”；[④]“贼伤人，及自贼伤以避事者，皆黥为城旦舂”。[⑤]《睡虎地秦墓竹简·法律答问》载：“求盗追捕罪人，罪人格杀求盗，问杀人者为贼杀人，且斲(斗)杀？斲(斗)杀人，廷行事为贼。”[⑥]唐律对“贼”的概念没有特别说明，仍沿用其“杀伤人”的概念，可以从所属的罪名看出。《唐律》中的故意杀人犯罪绝大部分(《斗讼律》亦有规定杀人罪，如“主杀有罪奴婢”)规定在《盗贼律》内，如“谋杀人”、“谋杀制使府主等官”等。而伤害罪多规定在《斗讼律》中，如“斗殴手足他物伤”、“殴人折跌支体瞎目”等。《明律》将杀、伤人规定在《刑律二·人命律》、《刑律三·斗讼律》中。对杀人犯罪，自古至今处罚都是极重，秦汉为弃市。依唐律谋杀人者谋而未杀徒三年，已伤者绞，已杀者斩。而依明律，谋杀人，造意者斩，若伤而不死，造意者绞。[⑦]

五是反逆。中国传统社会把谋反、大逆、不道等犯罪亦称为“贼”或“盗贼”。《二年律令》中《贼律》规定，“谋反者，要(腰)斩。其父母、妻子、同产，

---

① 睡虎地秦墓竹简整理小组编：《睡虎地秦墓竹简》，文物出版社1990年版，《释文注释》第93页。下文引该书仅注明书名和页码。

② 《张家山汉简〈二年律令〉集释》，第106页。

③ 同上书，第27页。

④ 同上书，第28页。

⑤ 同上书，第32页。

⑥ 同上书，第28页。

⑦ 《唐明律合编》，第449页、第468～469页。

无少长皆弃市”。[①]《唐律》中《盗贼律》规定了属于“十恶”范围的罪名，如“谋反大逆”、“谋叛”、“口陈欲反之言”、“谋杀期亲尊长”（“恶逆”、“不睦”、“不义”）、“杀一家三人支解人”（“不道”）、“盗大祀神御物”（“大不敬”）、“盗御宝及乘舆服御物”（“大不敬”）等。统治者对反逆罪向来都是处以极刑。唐律对谋反大逆罪的规定，最高刑为斩，父子亦绞，男夫年八十及笃疾免，伯叔父、兄弟之子皆流三千里，不限籍之异同。依明律，凡谋反及大逆，但共谋者，不分首从，皆凌迟处死，祖父、父、子、孙、兄弟及同居之人，不分异姓，及伯叔父、兄弟之子，不限籍之同异，年十六以上，不论笃疾、废疾，皆斩。[②]

当然，中国传统社会法律规范在“盗贼”名目下的行为并不仅限于此，还把一些与“盗贼”相关的犯罪也规定了进来，如《唐律》将“部内容止盗者”（窝藏者）、“略人略卖人”等。

历代文献中对“盗贼”、“盗”、“贼”的使用，有时候意思很明确指向某一种行为，如《老子》言：“不贵难得之货，使民不盗。”[③]孔子曰：“色厉而内荏，譬诸小人，其犹穿窬之盗也与？”子路曰：“君子有勇而无义则乱，小人有勇而无义为盗。”[④]《庄子》载“将为胠箧、探囊、发匮之盗”，[⑤]即指开箱、掏口袋、开柜子的小偷。《周礼》中规定：“掌巡市，而察其犯禁者以其不物者而搏之，掌执市之盗贼以徇，且刑之。”[⑥]这里的“盗”是窃盗之意，如孟、荀所定义：“夫谓非

---

① 《张家山汉简〈二年律令〉集释》，第3页。

② 《唐明律合编》，第446页、第451页。

③ 《老子》第3章。本书所引《老子》皆以王谦之《老子校释》中华书局1984年版为准。

④ 《论语·阳货》。

⑤ 《庄子·胠箧第十》。本书所引庄子除另外说明外，均来自王先谦撰：《庄子集解》；刘武撰：《庄子集解内篇补正》；沈啸寰点校，中华书局1987年版。

⑥ 《周礼·地官·司稽》。根据清朝崔述著《丰镐考语录》、皮锡端著《经学通论》、钱穆著《周官著作年代考》、郭沫若著《周官质疑》、顾颉刚著《周公制礼的传说和周官一书的出现》等均认为《周礼》成书于战国时期。虽然内容上有部分周代史料，但理想化成分比较重，可间接反映战国时期的文化，特别是有关概念的使用。

其有而取之者,盗也”,[①]“窃货为盗”。[②] 然而,更多的是用来指称所有的治安问题。例如,《老子》曰:“法令滋彰,盗贼多有。”[③]《墨子》云:“若使天下兼相爱,国与国不相攻,家与家不相乱,盗贼无有,君臣父子皆能孝慈,若此则天下大治”,这里直接用“盗贼”指代犯罪问题,并指出若盗贼无有,则天下大治,即盗贼之治是天下大治的关键。《韩非子》中论及盗贼是当时立法的重罚对象,即“重一奸之罪而止境内之邪,此所以为治也。重罚者盗贼也,而悼惧者良民也”。[④] 用“盗贼”与“良民”相对应,指称作奸犯科的人。亦有研究者谈及秦朝时对“盗贼”的用法,认为:“秦代对于人民违反封建法禁的行为,统治者称为‘盗贼’,单独的或轻微的犯罪由各级执法官吏施以刑罚,群体的和武装的反抗则要动用军队加以镇压。”[⑤]秦汉以降,文献中“盗贼”(或“盗”、“贼”)的含义变化不大,[⑥]仍来自其原意中的杀、伤、盗窃等,具体含义要看用语环境,或指窃盗,或指强盗,或指造反集团,或指所有治安问题。

当然,古人已认识到,窃盗、强盗、农民起义三者之间没有不可逾越的鸿沟。“夫穿窬不禁,则致强盗;强盗不断,则为攻盗;攻盗成群,必成大奸。”[⑦]“夫盗之起始于里闾,积而至于为大盗则乱天下矣。”[⑧]在一个商品经济始终比较落后、以个体农业生产为主要社会经济基础的社会中,与人身、财产、政权相关的犯罪自然称为其犯罪的最多、最主要部分。对这些犯罪的解决亦基本能维持社会秩序的需要,所以历代以抑制“盗贼”为治安治理的核心内容。

---

① 《孟子·万章下》。

② 《荀子·修身》。

③ 《老子》第57章。王谦之《老子校释》中原文“法物滋彰,盗贼多有”,校曰:“案作‘法令’是也,‘法物’无义。”

④ 《韩非子·六反》。

⑤ 朱绍侯主编:《中国古代治安制度史》,河南大学出版社1994年版,第109页。

⑥ 也有人认为,“盗贼”一词,“随着阶级斗争的发展而变化的,并逐步成为封建统治阶级诬称农民武装起义的代名词。”郭东旭:“论北宋‘盗贼’重法”,载《河北大学学报》(哲学社会科学版)2000年第5期。

⑦ 《后汉书·陈忠传》。

⑧ 《大学衍义补·遏盗之机(上)》。

三、中国传统社会中“盗贼”的危害及影响

中国传统社会“盗贼”频发，严重破坏了社会治安秩序。《左传》载晋国多盗，公元前542年（晋平公时），郑国执政子产出使晋国，使人把宾馆围墙破坏以便停放郑伯之车马，晋国士文伯劝说该地“寇盗充斥”，所以特地修缮宾馆，“高其闬闳，厚其墙垣，以无忧客使”。[①]《左传》也记载了鲁国多盗，季孙氏曾因此质问具有治盗职责的司寇臧武仲为什么不能治盗。[②] 又载“郑国多盗，取人萑苻之泽”。[③] 西汉武帝时，酷吏盛行，民轻犯法，盗贼蜂起，少者几十人、几百人，大者至数千人，攻城邑、掠库兵，十分猖獗。虽然经过数年才抓住几个领头的，但散亡的团伙成员又聚党山川之中，政府无可奈何。[④] 宋苏轼自钱塘移守胶西时所见：“始至之日，岁比不登，盗贼满野，狱讼充斥，而齐厨索然，日食杞菊。”[⑤]这都说明了当时“盗贼”问题之严重。南宋时期，“盗贼”更为严重，金兵过后，盗贼勃兴，《宋史·高宗本纪》是宋代最长的帝王本纪，但基本上都是对“盗贼”的记录，尤其是从建炎元年（1127年）五月李纲诛叛卒周德至绍兴六年（1136年）岳飞平定杨么起义的十年间，几乎就是当时的“盗贼史”。他们有的是与金兵作者的溃兵乘败而乱，有的是军卒不满将帅趁机作乱，有的是自发组织的民间勤王团体，后因皇帝被俘而作乱，有的是不满官军作恶而反抗的义军。面对官军的征剿和招安，他们时而投降，时而复叛，严重地破坏了正常的社会秩序，并时刻威胁者人们的生命和财产安全。元朝“盗贼”之发生更为频繁，世祖“至元二十年，崔彧上疏，谓：‘江南盗贼，相挺而起，凡二百余所。’又至元二十四年诏：‘江南归附十年，盗贼迄今未靖。’世祖至元

---

① 《春秋左传注》“襄公三十一年”，第1186页。

② 《春秋左传注》“襄公二十一年”，第1056～1057页。

③ 《春秋左传注》“昭公二十年”，第1421页。杨伯峻注：取读为聚，人即盗也，谓群盗聚于泽中。

④ 《后汉书·咸宣传》。

⑤ 《苏轼文集·超然台记》。

时如此，其他可知”。①

“盗贼”犯罪手段残忍，严重威胁着社会成员的生命财产安全。“盗贼”严重侵犯了财产私有权和人的生命健康权，在生产力较为低下的小农经济社会，成为威胁民众生存的主要犯罪。“盗贼”贪残，杀人如践蝼蚁，为夺财、色杀人，甚至灭门。东汉王符论曰：“轻薄恶子，不道凶民，思彼奸邪，起作盗贼，以财色杀人父母，戮人之子，灭人之门，取人之贿，及贪残不轨，凶恶弊吏，掠杀不辜，侵冤小民，皆望圣帝当为诛恶治冤，以解蓄怨。”②仲长统描述当时社会治安情况：“盗贼凶荒，九州岛代作，饥馑暴至，军旅卒发，横税弱人，割夺吏禄，所恃者寡，所取者猥，万里悬乏，首尾不救，徭役并起，农桑失业，兆民呼嗟于昊天，贫穷转死于沟壑矣。”③

汉代鲍宣总结当时民不聊生的治安形势，“民有七亡而无一得，欲望国安，诚难；民有七死而无一生，欲望刑措，诚难”。其中，“盗贼劫略，取民财物”是“七亡”之一，“盗贼横发”是“七死”之一。④ 其中尤以群盗为甚，他们敢于杀害长吏，而且难以讨伐，随官兵来去，散而复结：“郡国大姓及兵长、群盗处处并起，攻劫在所，害杀长吏。郡县追讨，到则解散，去复屯结。”⑤

唐武宗会昌年间(841～846年)，地方官杜牧上书宰相李德裕曰：⑥“今长江连海，群盗如麻”，“日杀不辜，水满冤骨”。当时“盗贼”的劫杀分水陆两路：一是水路劫杀，大股盗贼有三船、两船百人、五十人，小股盗贼不减三二十人，他们在江河上劫杀商旅，婴孩不留，而且沉船灭迹，不计其数；二是陆路抢劫，有些盗贼团伙，水路抢劫不方便，碰到草市，就把船只停泊在渡口，上岸抢劫，光天化日，入市杀人取财，还多纵火，行凶后唱棹徐去。有一次，盗贼抢劫

① 钱穆著：《国史大纲》(下册)，商务印书馆1996年版，第662页。

② 《潜夫论·述赦》。

③ 《昌言·损益》。

④ 《汉书·鲍宣传》。

⑤ 《后汉书·光武帝纪》。

⑥ 《全唐文》卷46，《上李太尉论江贼书》。

池州青阳县市，一共杀了六个人，还从中取一人剖开心腹，仰天祭拜。以至于江南江北，所有草市，劫杀皆遍，只有三年内发生两次以上抢劫的，没有五年内不被劫的。

因此，抑制“盗贼”的发生是保障民生的前提条件。宋代欧阳修上疏论“盗贼”问题，认为当时“盗贼”一年多如一年，一伙强如一伙，成为天下的祸患，朝廷必须解决的问题。[①]《元史·武宗纪一》载：“弭盗安民，事为至重，宜即议行之。”明代王阳明在推行“十家牌法”时说，我奉命巡抚这里，只想剪除盗贼，安养小民，所以才推行十家牌法。[②]

“盗贼”的发展会危及统治者的政权。“盗贼”威胁着民众的生存，而民是生产的主体，财政经济的来源，也是兵役、劳役的来源，是政权的基础。民一旦被盗贼侵害，将危害到中国传统社会中统治者的利益源头。同时，民也是“盗贼”的主要来源群体之一，一旦民成为“盗贼”，离开了劳动岗位，也会动摇传统社会的经济基础，使社会秩序陷于混乱。唐贞观十一年(617 年)，侍御史马周上疏陈时政认为，往代以来成败之事，只要有黎庶怨叛，聚为盗贼，国家没有不灭亡的，人主虽欲改悔，也没有重新能安全的。[③] 宋代欧阳修则把“盗贼”问题比外夷的侵略还严重，他认为外夷侵扰如“皮肤之患”，尚可治理，“盗贼者腹心之疾，深可忧”。[④] 李光认为，国家自靖康以来，豪强侵凌，百姓失业，无所得食。贫弱的流亡就食，饿死路边沟壑，强有力的结集为盗，这些人并非本来就有仇恨朝廷的心理，实在是出于不得已。百姓是国家的根本，而贪浊之吏迫使百姓为盗，连年剿除“盗贼”，日削月刻，将危害国家的根本。[⑤] 朱熹亦从历史的角度对“盗贼”现象作了战略的总结，认为“盗贼”是自古以来国家

---

① 《欧阳修全集》卷 100，《奏议》卷 4，《论盗贼事宜札子》。(宋)欧阳修：《欧阳修全集》，李逸安点校，中华书局 2001 年版。下文所引该书皆为此版本。

② 《王阳明全集》卷 1，《知行录之四·公移一》，《十家牌法告谕各府父老子弟》。

③ 《贞观政要·贪鄙第二十六》。

④ 《续资治通鉴长编》卷 141，庆历三年。

⑤ 《宋史·辛弃疾传》。

灭亡的原因。他说：“试观自古国家倾覆之由，何尝不起于盗贼”。[①]《明史》载：“盗贼之祸，历代恒有，至明末李自成、张献忠极矣。”[②]所论皆足警示。历代统治者都不遗余力地抑制这些社会秩序的破坏行为和政权基础的侵蚀行为。尤其是从“群盗”发展到“反逆”。群盗坐大，称王称帝，成为造反集团。例如，隋末群盗蜂起，纷纷扯起大王旗，或称王，或称大丞相，或称可汗，或称公，或称霸王，但史官皆在其姓名前面加“贼”字。《隋史》记载，(隋炀帝大业)十三年(617年)，造反的有“齐郡贼杜伏威”、“勃海贼窦建德”、“贼帅徐圆朗”、“贼帅王子英”、“贼帅李密、翟让等”。[③] 在成王败寇的角逐中，统治者被替代，历史被改写。

所以，“盗贼”问题的多少与严重程度是社会治乱的标志。先秦时期，无论是贤能治国，还是帝王表功，皆以“无盗贼”为主要内容。公元前593年，晋景公任命士会为大傅，“于是晋国之盗逃奔秦”，羊舌职称士会为“善人”。[④]“子产退而为政五年，国无盗贼，道不拾遗，桃枣荫于街者莫有援也。锥刀遗道三日可反，三年不变，民无饥也。”[⑤]商鞅在秦国执政变法，“行之十年，秦民大悦，道不拾遗，山无盗贼，家给人足。民勇于公战，怯于私斗，乡邑大治”。[⑥]秦始皇二十八年(前218年)东行郡县，南登琅邪，作琅邪台，立石刻，颂秦德，明得意，其中之一就是“无寇贼”，即“黔首安宁，不用兵革，六亲相保，终无寇贼”。[⑦] 是否属实，尚且不论，[⑧]但其做法亦说明“无寇贼”是他认为治世成功的一个不可或缺的方面。

---

① 《晦庵先生朱文公文集》卷26,《上宰相书》。

② 《明史·流贼传》。

③ 《隋书·炀帝纪下》。

④ 《春秋左传注》“宣公十六年”,第768页。

⑤ 《韩非子·外储说左上》。

⑥ 《史记·商君列传》。

⑦ 《史记·秦始皇本纪》。

⑧ 因为就在设立该石刻的第二年,“二十九年,始皇东游。至阳武博浪沙中,为盗所惊。求弗得,乃令天下大索十日。”可见当时社会治安并没有像该石刻标榜的那样好。《史记·秦始皇本纪》。

汉政府对郡县进行考课，其中亦有“盗贼”指标，如“秋冬岁尽，各计县户口、垦田、钱谷入出、盗贼多少，上其集（计）簿”。[①] 汉代王充认为，对于官员贤否评价指标中，“盗贼”多寡是其一：“长吏到官，未有所行，政教因前，无所改更，然而盗贼或多或寡，灾害或无或有，夫何故哉？长吏秩贵，当阶平安以升迁，或命贱不任，当由危乱以贬诎也。”[②]

魏晋时也通过考核督责地方治安，每年考核地方治理，三年总计，然后据此对地方官吏进行升迁、罢黜。考课的内容，依其实际政绩而不依其名声，主要以垦田之多少及盗贼发生情况等，如果民众逃亡的，“为得负之计”。[③] 县令（长）负有维护全县社会治安的责任，治理成绩好的可以得到升迁。北魏孝文帝延兴三年（473 年）规定有“县令兼治速迁之制”，县令能静一县劫盗，兼治二县，食其禄；能静二县劫盗，兼治三县，三年迁为郡守。

据《元史·刑法志》记载，元成宗大德五年（1301 年）发布诏令，凡捕获强盗五人的，可给予一官职。捕盗官及具有捕盗义务的人，本境失盗而获他境盗的，可将此功补以往过失。捕获强盗超过五人的，捕盗官升迁可减一资历要求，至十五人可直接升一等，应捕人给予一官，不给赏。治盗不力者则受到相应处罚，如西汉武帝行沈命法，督责甚急；又如曹魏时贾逵为豫州刺史，有感于“长吏慢法，盗贼公行”，到官数月，“考竟其二千石以下阿纵不如法者，皆举奏坐免之”。[④] 对“盗贼”治理的重视，说明了当时“盗贼”问题对社会危害之严重。

中国传统社会中，历代统治多经一治一乱之循环，其伴随的亦是“盗贼”现象的从少到多、从多到乱的过程。历代统治建立之初，往往是经历过战乱，人口大为减少，政府又积极安抚农民，承认农民获得的土地或鼓励农民垦荒，

---

① 《后汉书·百官志》补注引胡广语。

② 《论衡·治期》。

③ 《三国志·魏书·王粲等传》。

④ 《三国志·魏书·刘馥等传》。

流民也很快安定下来，佃户或佣工因较易得到土地而恢复农业，个体农民比重会迅速增加。市场上劳动力减少，地主招佃困难，地主之间可能为招佃而进行的竞争使其对佃户的剥削程度降低。史载，清初年间衡州府，农民或死于战火，或因躲避战争而流亡，仍留在原地耕种的农户较少，地主募佃耕田，许以耕种三年后再商议地租。地主稍加课责，佃户就可能会辞佃，到别处去佃田而耕。地主担心田输汙，不得不听命于佃。①

政府行政机构大为精简，官吏人数有大幅度减少，国家的官禄开支亦随之锐减。地主政权为了缓和阶级矛盾、改善财政收支状况、提高行政效率，往往在新王朝建立之初，实行精简机构的政策。西汉文帝曾因旱蝗“损郎吏员”。② 绿林、赤眉起义之后，光武帝曾经根据当时战乱所造成的户口减少而所置官吏相对过剩的局面，令司隶州牧各实所部省减吏员，并对县、国不足置长吏的进行并合，结果，并掉四百余县，吏职减省九成，“十置其一”。③ 唐初大省内官，凡文武定员只有642名。④

由此可见，国家精简机构的政策，使官僚集团大为缩减，既有助于克服财政危机，也使地主阶级内部瓜分地租的矛盾缓和下来。政府一般也会轻徭薄赋，甚至减免多年赋税，剥削减轻，农民生活比较安定，社会秩序较为安定，“盗贼”问题较少。一些著名的治世典范多出现在这些时期，如文景之治、贞观之治、光武中兴等，治世的主要标志之一，就是刑“措而不用”，其原因是较低的犯罪发生率。汉时，贾山以秦为例，向孝文帝论治乱之道，史称《至言》，称赞文帝时，“刑轻于它时而犯法者寡，衣食多于前年而盗贼少，此天下之所以顺陛下也。”⑤贾山所称颂的就是中国传统社会的治世之一“文景之治”。

① 《古今图书集成·职方典》，《衡州府风俗考》。
② 《汉书·文帝纪》。
③ 《后汉书·光武帝纪》。
④ 《通典》卷19，《职官典》。
⑤ 《汉书·贾山传》。

唐兢称赞贞观之治“商旅野次，无复盗贼，囹圄常空，马牛布野，外户不闭”。①

建立在治世阶段发展成果之上，出现了一些盛世景象，如汉代武帝盛世、唐代开皇盛世、清代康乾盛世等。王朝在盛世之后，一般转而衰败。盛世并不代表着犯罪发生率低，而是国家有能力进行相应的社会控制。例如，汉武帝时期，“盗贼滋起，大者至数千人，攻城邑，掠库兵”。② 隋朝开皇盛世后期，“京市白日，公行掣盗，人间强盗，亦往往而有”。③ 随着社会经济的破坏或国力的耗费，社会控制就慢慢减弱，为“盗贼”的“坐大”提供了机会，社会进入“乱世”。“盗贼”越多，就需要更多的社会控制力量，而支持和实现社会控制需要财力，当现实经济基础无力承担这一需求，农民的基本生存资料亦被剥夺，或因自然灾害导致生存资料缺乏，更多的民进入“盗贼”群体，以求一线生机，则“盗贼”更是不可收拾，社会进入“末世”。晚唐白居易论证当时社会治安问题来自开元盛世后的安史之乱，“洎天宝以降，政教浸微，寇既荐兴，兵亦继起。兵以遏寇，寇生于兵，兵寇相仍，迨五十载”。④ 因为用兵养兵，需要大量财力、人力，随之赋繁役重。虽然政府经常督促农桑生产，但百姓依然面临生存困难；国家耗费无定，虽然一再增加各种财政渠道，仍然入不敷出。由此可见，百姓困乏是因为税重，税重是因为用兵，用兵是因为“盗贼”，“盗贼”是因为朝廷执政有缺。然而，未能从源头上完善政教而希望“盗贼”或外夷之患，没有消除“盗贼”或外患而希望不养兵用兵，就是唐太宗在世也做不到；在养兵用兵的情况下要轻徭薄赋，不薄赋敛而希望百姓安居乐业，就是唐玄宗在世也做不到。⑤

“盗贼”严重破坏了社会治安秩序，它伴随中国传统社会历代王朝的兴衰更替。“盗贼”的有无和多少是治乱兴衰的标志，反映了民的生活状态，是中

---

① 《贞观政要·政体第二》。
② （清）赵翼著：《廿二史劄记》卷3，《两帝捕盗法不同》，凤凰出版社2008年版，第39页。
③ 《隋书·刑法志》。
④ 《全唐文》卷669。
⑤ 同上。

国传统社会治安的晴雨表,“盗贼”问题也成为社会治安的核心。

本章小结

“盗贼”行为包括中国传统社会中最为普遍和最为严重的犯罪行为,其行为的核心目的是为获得别人的东西,包括谋取政权,其中的杀人亦多是财杀。“盗贼”犯罪不仅严重威胁着统治者所建构和维护的社会秩序,还破坏了政权所赖以存在的经济基础,所以都把它作为治安治理的重中之重。“盗贼”的多少是地方官员考课的重要标准,亦是国家治乱的标志,一个王朝的兴衰史亦是该王朝“盗贼”犯罪的发展史,历代王朝没有跳出一治一乱这个怪圈。

考察历代思想家和政治家对“盗贼”问题所作出的探索和治安实践,理论中呈现积极预防的思想,实践中却屡现重典治盗的措施。重典治盗有其一定的历史意义,包括严峻的治安形势和相配套的政治、经济措施,并非仅仅是滥刑、重刑措施和无制约的问责机制。当下治安实践中仍有重刑思想,如1983年以来的“严打”措施,收效甚微,进而提出打防结合。理论上似乎很是合理,但如何防？严防死守,打造“监控”社会,置民于制度和现实的囹圄,追求消极的稳定,还是改革不合理的政治经济制度,抑制社会不公,倡导并实现社会监督,保障民主自由,实现动态、积极的安定。

治安学的立意在于治乱于未乱,考察的范围亦锁定在“盗贼”的预防。依据现代治安学理论,“盗贼”行为的发生,需要具备三个条件,一是行为人欲为“盗贼”的心理动机;二是行为人实施“盗贼”行为的能力;三是行为人实施“盗贼”行为的机会。上述三个方面的因素缺少任何一个,“盗贼”则无法发生。三者亦是“盗贼”发生的原因,其中,最为重要的是动机因素,它是人的行为的决定因素。如果一个没有偷窃动机的人,不可能去实施盗窃行为。“原因研究是社会治安研究最原始、最基本、最重要、最复杂的理论课题。从很大意义上说，解决了社会治安问题原因就解决了社会治安问题。”①先贤们也非常重视对动机形成原因的考察。如墨子言：“圣人以治天下为事者也，必知乱之所自起，焉能治之；不知乱之所自起，则不能治。譬之如医之攻人之疾者然：必知疾之所自起，焉能攻之；不知疾之所自起，则弗能攻。治乱者何独不然？必知乱之所自起，焉能治之；不知乱之所自起，则弗能治。圣人以治天下为事者也，不可不察乱之所自起。”②他以医疾为例强调了研究治“乱”之先要考察“乱”的原因。

沿着这个思路，本书下面几章将对先贤们关于“盗贼”发生原因的分析和对策作力所能及的考察。

---

① 金其高著：《社会治安防控经略》，群众出版社2004年版，第8页。

② 《墨子·兼爱上》。

第二章　养性成善的传统治安思想

善恶往往是对一个人行为和品性的道德评价，然而，在德刑合一的中国传统社会中，这种道德评价往往延伸至法律范围，并成为法律指引人们行为功能的目标。无论是一般的悖德行为，还是犯罪行为，都会被称为恶行。做出恶行者，往往被认为具有恶的品性。先贤们论述和讨论人的本性，判断行为和本性之间的关系，都不可避免地用来解释人为什么会做出恶行，以及人性与治安问题之间在什么情况下存在因果关联。人是治安问题的行为主体，其性格、心理、观念等指导着自己的行为选择，其本性善恶往往决定着其行为之善恶，而对于人性善恶的论证依据又是人之行为善恶。关于人性善恶的论断有多种，代表性的有人性善、人性恶、善恶混、性三品等。无论哪种观点，都要面对人之违法犯罪行为的解释，并提出相应的对策，以维持社会治安秩序。中国哲学史、中国思想史以及几乎所有的各专业领域的传统思想史，如政治思想史、法律思想史、社会思想史、伦理思想史等，都离不开人性思想的考察。关于教化思想的研究也比较丰富，均为本书的研究提供了丰富的材料。这里从治安学的角度，拟对中国传统社会人性与治安问题的关系、影响人性养成的因素、养性成善的策略和途径以及以礼刑结合不同形式的治安理论和实践等进行考察。

一、"盗贼"发生的人性原因

先贤们从人性的角度，对包括"盗贼"在内的各种恶行做出解释，其人性观点不同，对其中的因果关联也有不同的说明。

1. "性善论"

该观点认为社会条件的变化导致人失去善的本心，从而为恶。孟子是"性善论"的倡导者，他认为"人性之善也，犹水之就下也。人无有不善，水无有不下"。[①] 孟子所言性善实则仁义礼智："恻隐之心，人皆有之；羞恶之心，人皆有之；恭敬之心，人皆有之；是非之心，人皆有之。恻隐之心，仁也；羞恶之心，义也；恭敬之心，礼也；是非之心，智也。"而且，"仁义礼智，非由外铄我也，我固有之也，弗思耳矣"。[②] 同时，孟子也看到并肯定了人欲的存在。他说："口之于味也，目之于色也，耳之于声也，鼻之于臭也，四肢之于安佚也，性也，有命焉，君子不谓性也。"[③]他认为这些生理欲望从广义上讲也属于性的范畴，但其满足情况是由命决定的，所以君子不把这些称作性。[④] 孟子认为，人的这些客观存在的生理本性得不到满足，失去了"恒心"，会引发恶的行为，即"民之为道也，有恒产者有恒心，无恒产者无恒心。苟无恒心，放辟邪侈，无不为已"。[⑤]

道家崇尚自然，返璞归真，若以善、恶衡量，在老庄眼里，自然是美善的，

---

① 《孟子·告子上》。

② 同上。

③ 《孟子·尽心下》。

④ 孟子还提到"好色，人之所欲……富，人之所欲……贵，人之所欲……"但并没有对欲望进一步分析。参见《孟子·万章上》。

⑤ 《孟子·滕文公上》。

即性本善。萧公权论庄子,认为"庄近于孟"。① 老子认为人趋利纵欲违反了本善的"道"而带来"恶",即"五色令人目盲;五音令人耳聋;五味令人口爽;驰骋田猎,令人心发狂;难得之货,令人行妨"。② 并强调:"罪莫大于可欲,祸莫大于不知足,咎莫大于欲得。"③但老子所言此"欲"不是人性本然,而是外在的诱惑,如统治者"贵难得之货"使然。④ 庄子和老子一样主张道法自然,反对任何对人性自然的破坏,认为"(盗)跖与曾、史,行义有间矣,然其失性均也"。⑤

孟子"性善论"观点对后世影响较大,尤其宋明理学。张载认为"性于人无不善",⑥但并不否认人欲的存在,如"口腹于饮食,鼻舌于臭味,皆攻取之性也"。⑦ 而且,承认最基本的人欲是合理的,"饮食男女皆性也,是乌可灭"?⑧他认为,人欲依然是恶的源头,治安问题的原因在于不能使人民的欲望得到满足所致,民是因为衣食不足才有满足的欲望而去盗窃,如果民没有获取衣食(衣食充足)的欲望,那么就不会去为盗。所以,假设以奖赏来鼓励你去盗窃你不想要的东西,你必然不会去。

程颐认为:"性即理也。所谓理性是也。天下之理,原其所自,未有不善。"⑨他推崇孟子的观点,认为:"孟子言人性善,是也。……性无不善,而有不善者,才也。性即是理,理则自尧舜至于涂人,一也。"⑩"性字不可一概论","生之谓性"与"天命之谓性"是不相同的,前者指"禀受"(禀性,才),有

① 萧公权著:《中国政治思想史》,新星出版社2010年版,第123页。
② 《老子》第12章。
③ 《老子》第46章。
④ 《老子》第64章。
⑤ 《庄子·天地第十二》。
⑥ 《张载集·正蒙·诚明篇第六》。
⑦ 同上。
⑧ 《张载集·正蒙·乾称第十七》。
⑨ 《二程遗书·第二十二》(上)。
⑩ 《二程遗书·第十八》。

善有恶；后者为“性之理”，是“无不善”的，“善固性也，然恶亦不可不谓之性也”；[①]“才则有善有不善，性则无不善”。[②] 这些不善皆因“欲”。“甚矣！欲之害人也。人为不善，欲诱之也。”[③]在程颐看来，人性之恶源于“欲”。

朱熹认为“人之性皆善”，则用气禀来解释人性之善恶，即“然而有生下来善底，有生下来便恶底，此是气禀不同”。[④] 他还认为人的善之本性为“欲”所蔽则导致恶，“人心本明，天理素具，但为人欲所昏，利害所蔽，故小则伤恩害义而不可开，大则灭天乱伦而不可救”。[⑤] 所以，他认为“人欲者，此心之疾疢，循之则其心私而且邪。私而邪者，劳而日拙，其效至于治乱治安危”。[⑥] 朱熹所说的人欲乃是超出一般生存之上的需求，他举例如“饮食，天理也；要求美味，人欲也”。[⑦]

明代王守仁认为人有随欲逐利之恶，他认为世人有两种爱好：一是“名利物欲之好，私吾之好也，天下之所恶也”；二是“良知之好，真吾之好也，天下之所同好也”。[⑧] 如果从“私吾之好”，“世人之从其名之好也，而竞以相高；从其利之好也，而贪以相取；从其心意耳目之好也，而作以相欺”。[⑨] 而“真吾者，良知之谓也。父而慈也，子而孝也，吾良知之好也”。[⑩] 后者是王守仁心学的核心内容，即人心本有不泯之“良知”，若人人“致良知”，去“心中贼”，则天下若“一家”、若“一身”，[⑪]和谐自然。由此可见，王守仁更若孟子。

---

① 《二程遗书·卷一》。
② 《二程遗书·第十九》。
③ 《二程遗书·第二十五》。
④ 《朱子语类》卷4，《性理一·人物之性气质之性》。本书所引除注明为《宋史·朱熹传》外，均来自(宋)朱熹著：《朱子全书》(全27卷)，上海古籍出版社、安徽教育出版社2002年版。
⑤ 《晦庵先生朱文公文集》卷12，《甲寅拟上封事》。
⑥ 《晦庵先生朱文公文集》卷15，《经筵讲义》。
⑦ 《晦庵先生朱文公文集朱子大全·经筵讲义·大学》。
⑧ 《王阳明全集》卷3，《悟真录·从吾道人记》。
⑨ 同上。
⑩ 同上。
⑪ 《王阳明全集》卷1，《传习录·答顾东桥书》。

清初王夫之亦言人性本善,“仁义礼智”是其根本,即“初生之顷,非无所命也。何以知其有所命?无所命,则仁义礼智无其根也”。[①] 但他更注重人性的后天的养成,他认为,人初生之后,“人之皆可为善者,性也;其有必不可使为善者,习也”;[②]“习与性成者,习成而性与成也”。[③] 而且,人性不是一成不变的,“未成可成,已成可革,性也者,岂一受成型,不受损益也哉”。[④] 即人做出恶行,并非天生的原因,而是后天“习”之所致。

2.“性恶论”

该观点认为人无度量地追求欲望满足而为恶。荀子所论“人性恶”实则是人欲恶,他认为:“人生而有欲,欲而不得,则不能无求。求而无度量分界,则不能不争;争则乱,乱则穷。”[⑤]人“无度量”追求欲望的满足而导致“争”、“乱”,以至于“暴”,成为恶行的原因。

“性恶论”的实质是“欲恶论”,人欲之恶的论者自然非荀子一人。墨子认为,天下之所以混乱,原因在于人们自私而不相爱,他也认为人的行为是为了满足自己的欲望,他说:“利,所得而喜也。为,穷知而悬于欲也。害,所得而恶也”的心理。[⑥] 墨子从人因“不相爱”而亏人利己,[⑦]推演至盗贼行为的发生逻辑认为:“虽至天下之为盗贼者亦然,盗爱其室不爱其异室,故窃异室以利其室;贼爱其身不爱人,故贼人以利其身。此何也?皆起不相爱。”[⑧]墨子所说

---

① 《尚书引义》卷3,《太甲二》。本书所引王夫之著作均来自(清)王夫之著:《船山全书》,岳麓书社1988年版。

② 《读通鉴论》卷10,《三国》。

③ 《尚书引义》卷3,《太甲二》。

④ 《尚书引义》卷3,《太甲二》。

⑤ 《荀子·礼论》。

⑥ 《墨子·经上第四十》。

⑦ 墨子曰:“当察乱何自起?起不相爱。臣子之不孝君父,所谓乱也。子自爱不爱父,故亏父而自利;弟自爱不爱兄,故亏兄而自利;臣自爱不爱君,故亏君而自利,此所谓乱也。虽父之不慈子,兄之不慈弟,君之不慈臣,此亦天下之所谓乱也。父自爱也不爱子,故亏子而自利;兄自爱也不爱弟,故亏弟而自利;君自爱也不爱臣,故亏臣而自利。是何也?皆起不相爱。”《墨子·兼爱上》。

⑧ 《墨子·兼爱上》。

的不相爱即自私自利。

商鞅也认为产生盗贼的原因是民之恶的本性。他说"盗贼"敢于上犯君王的禁令,失去臣民应尽的礼节,直致"名辱而身危"都不停止,都是因为利的缘故。而逐利是民之本性,他这里说的本性既有自然本性,如"饥而求食,劳而求佚,苦则索乐",也有社会性,如"辱则求荣"。① "民之求利,失礼之法;求名,失性之常。奚以论其然也?"②

荀子的学生韩非认为人天生趋利避害,其言曰:"好利而恶害,夫人之生而有也。"③因为人必须以谋取衣食为生,"人无羽毛,不衣则不犯寒;上不属天而下不著地,以肠胃为根本,不食则不能活。是以不免于欲利之心"。④ 所以,"安利者就之,危害者去之,此人之情也"。⑤ 韩非认为人的行为无论善恶,均是根据自身私利出发的,他举例道:善御者王良爱惜马匹是为了更好地驱使它,越王勾践关爱人是为了为他作战,医生为病人吮伤是因为利益所在。做轿子的人希望有人富贵而做棺材的人希望有人死亡,并非是做轿子的善而做棺材的人恶,而是因为利之所在。甚至谋朝篡位的人希望君王死去,并非是因为憎恨君王,而是利在君死。⑥ 而且,民为追逐名利而不避死亡,"利之所在民归之,名之所彰士死之"。⑦

司马迁所论当时的恶少、游侠之所以无视法禁,趋之若鹜地进行杀伤、抢劫、盗墓、私铸币、为人报仇等违法犯罪,"其实皆为财用耳"。⑧《礼记》曰:"刑罚之源,生于嗜欲好恶不节。"⑨人的嗜欲好恶不加节制,造成犯罪,进而为

---

① 《商君书·算地》。
② 同上。
③ 《韩非子·难二》。
④ 《韩非子·解老》。
⑤ 《韩非子·奸劫弑臣》。
⑥ 《韩非子·备内》。
⑦ 《韩非子·外储说左上》。
⑧ 《史记·货殖列传》。
⑨ 《大戴礼记·盛德第六十六》。

刑罚处罚。这说明人之趋利避害的本性可以解释包括犯罪在内的所有行为。

3. “性三品”

汉儒董仲舒为“性三品”观点的提出者，他将人性分为三类，即“圣人之性不可以名性，斗筲之性又不可以名性，名性者，中民之性”。[①] 除却“圣人之性”（类似孔子所谓“上知”）和“斗筲之性”（类似孔子所谓“下愚”），还有“中民之性”。该观点认为“斗筲之性”是无可救药的全恶之性，“中民之性”不能被教化者亦为恶。根据天人合一的观点，董仲舒认为人身有“仁贪之气”，但每个人身上“仁”、“贪”二气的比重不同，所以呈现为性三品，这三品也是三个抽象的模型，圣人有全仁之气，斗筲有全贪之气，中人则二者兼之。[②] 董仲舒还提出了人之“情”，“人欲之谓情”。人若“各从其欲，家自为欲”，则“父不能使子，君不能使臣，虽有城郭，名曰虚邑”。[③] 人之纵情，或曰纵欲，也是社会混乱的原因之一。“所好多则作福，所恶多则作威”，以致“天下相怨”、“天下相贼”的局面。

后世唐韩愈亦言“性三品”，认为“曰性之品有上、中、下三。上焉者，善焉而已矣；中焉者，可导而上下也；下焉者，恶焉而已矣”，[④]“上之性，就学而易明；下之性，畏威而寡罪。是故上者可教，而下者可制也”。[⑤] 宋李觏进一步提出性三品五类之说，认为：“性之品有三：上智，不学而自能者，圣人也。下愚，虽学而不能者也，具人之体而已矣。中人者，又可以为三焉：学而得其本者为贤人，与上智同。学而失其本者，为迷惑，守于中人而已矣。兀然而不学者，为固陋，与下愚同。是则性之品三，而人之类五也”；[⑥]此言“中人之性”与董仲舒所言“中民之性”、韩愈所言“中品之性”所指相同，只不过李觏更进一步

① 《春秋繁露·实性》。
② 《春秋繁露·深察名号》。
③ 《春秋繁露·立元神》。
④ 《全唐文》卷558，韩愈《原性》。
⑤ 同上。
⑥ 《李觏集·礼论第四》。

探讨了中品之性，客观指出，中品之性的发展可善、可中、可恶，尽管结果还是归入性三品之一品。

4.“善恶混”、“有善有恶”论

新莽时期扬雄曰：“人之性也善恶混，修其善则为善人，修其恶则为恶人。”①该论言人性如董仲舒所论兼有“贪仁之气”的中民之性。宋司马光认为扬雄的思想是对孟子和荀子人性论的结合，他论及扬雄之人性善恶混观点，说：“混者，善恶杂处于心之谓也，顾人所择而修之何如耳。修其善则为善人，修其恶则为恶人，斯理也，岂不晓然明白矣哉！如孟子之言，所谓长善者也；如荀子之言，所谓去恶者也。扬子则兼之矣。”②

东汉王充认为“周人世硕”已提出人性“有善有恶”观点，“举人之善性养而致之，则善长；恶性养而致之，则恶长。……宓子贱、漆雕开、公孙尼子之徒亦论情性，与世子相出入，皆言性有善有恶”。③ 王充本人亦接受这一观点，认为人性善恶并非一成不变，善亦可变为恶，而且强调环境对人性的影响。他说：“论人之性，定有善有恶。其善者，固自善矣；其恶者，故可教告率勉，使之为善”、“人之性，善可变为恶，恶可变为善，犹此类也。逢生麻间，不扶自直；白纱入缁，不练自黑。彼蓬之性不直，纱之质不黑，麻扶缁染，使之直黑。夫人之性犹蓬纱也，在所渐染而善恶变矣”。④ 王充还用上、中、下三分法来评论孟子、荀子和扬雄之论，曰：“余固以孟轲言人性善者，中人以上者也；孙卿言人性恶者，中人以下者也；扬雄言人性善恶混者，中人也。若反经合道，则可以为教。尽性之理，则未也。”⑤

孟子等谓“人性善”是指人有向善的本质，善为欲所溺而为恶（宋明理学发展为天理为人欲所蔽而为恶）；荀子等所谓“人性恶”，实则为人欲之恶。两

---

① 《法言义疏五·修身卷第三》。
② 同上。
③ 《论衡·本性》。
④ 同上。
⑤ 《论衡·率性》。

者在解释人之为恶的过程中均集中到人欲的满足这个点上,但孟子言经济条件不够富足,荀子言人的欲望过于放纵,所以其问题解决的途径亦不同。明朝丘濬对孟子性善、荀子性恶作一综合,所言可谓明白,他说:“天下之理二,善与恶而已矣。善者天理之本然,恶者人欲之邪秽。所谓崇敬畏者,存天理之谓也;戒逸欲者,遏人欲之谓也,然用功于事为之著,不若审察于几微之初,尤易为力焉。”[①]“性三品”、“善恶混”、“有善有恶”等观点更为注重后天人性的养成。

二、中国传统社会人性养成的影响因素

从个人方面来看,主要有个人秉赋、个人经济条件和个人对欲望的追求。个人秉赋会影响其接受知识的能力,其所接受的知识(信息)会影响到人的个性的成长。但不同思想流派对于“智”的要求是不同的。儒家思想中推崇“上智”、“不学而能”。孔子没有明确论述人性之善恶,他认为人都是差不多的,即“性相近也,习相远也”,[②]但他也指出两类特别的人群,即“唯上知与下愚不移”。[③] “中人以上,可以语上也;中人以下,不可以语上也。”[④]孔子从人的智力品质上把人分为“上知”、“下愚”和“中人”,而且这种差异也是先天的。智力品质与人的善恶品质没有必然而直接的联系,但智力品质与其接受社会化的程度是有关系的,孔子强调人的后天所“习”,自然也表现在人的行为上,

① 《大学衍义补》卷首《诚意正心之要·审几微(补)》。

② 《论语·阳货》。

③ 《论语·阳货》杨伯峻译注曰:关于“上智”与“下愚”的解释,古今颇有异说。汉书古今人表说:“可与为善,不可与为恶,是谓上智。可与为恶,不可与为善,是谓下愚。”则是以其品质言。孙星衍问字堂集说:“上知谓生而知之,下愚谓困而不学。”则是兼以其知识与品质而言。参见杨伯峻著:《论语译注》,中华书局2009年版,第179页。这里认为孙星衍的解释较为合适,《论语》季氏篇孔子有言:“生而知之者,上也;学而知之者,次也;困而学之,又其次也。困而不学,民斯为下矣!”可见,孔子从人的智力品质上把人分为“上知”、“下愚”和“中人”。“学而知之者”与“困而学之”者为“中人”范畴,前者为中上,后者为中下,这样人以智力品质分四等。《论语·述而》中孔子自言“我非生而知之者,好古,敏以求之者也”,把自己列入“中上”。

④ 《论语·雍也》。

行为之善恶被归因于人性之善恶。上文所引韩愈认为:“上之性,就学而易明;下之性,畏威而寡罪。是故上者可教,而下者可制也。”①宋李觏认为:“上智,不学而自能者,圣人也。下愚,虽学而不能者也,具人之体而已矣。中人者,又可以为三焉:学而得其本者为贤人,与上智同。学而失其本者,为迷惑,守于中人而已矣。兀然而不学者,为固陋,与下愚同。”②先贤强调人的智力水平是从接受教化的角度来的,教化的内容是符合统治者利益的,外化为个人行为也是符合社会规范的。

以老、庄为代表的道家学派,与儒家针锋相对,坚信智性的发展,只会给社会带来沉重的灾难。因此,他们一致认为,只有彻底根除理智的活动,天下才能太平。《老子》明确指出:“智惠出,有大伪。”③因此要根除邪恶,就必须绝学弃智,杜绝人的痴心妄想,消弱人的理智意志,使人过上一种无知无欲、无忧无虑的生活。正是出于这种“反智”立场,道家学派认为,智慧或理智是人犯罪的一个重要根源。要消除犯罪,就必须“无为而治”,摒弃人类凭借智慧而创造出来的一切人为制度与手段,包括刑罚措施。

法家则是主张愚民的,韩非认为“民智之不可用,犹婴儿之心也”;④“明主之国,无书简之文,以法为教;无先王之语,以吏为师;无私剑之捍,以斩首为勇”。⑤ 既然民智不可用,那么针对人民的违法犯罪行为,就只能运用刑罚手段进行强有力的打压,以迫使人民服从统一的领导,从而形成有效的社会秩序。“中国政治思想史上的反智论在法家的系统中获得最充分的发展。无论就摧残智性或压制知识分子而言,法家的主张都是最彻底的。”⑥法家这种“反智”取向所导致的刑罚工具主义观念,深刻影响了中国后世刑法的发展路向。

---

① 《全唐文》卷558,韩愈《原性》。
② 《李觏集·礼论第四》。
③ 《老子》第18章。“惠”通“慧”。
④ 《韩非子·五蠹》。
⑤ 同上。
⑥ 余英时著:《中国思想传统的现代阐释》,江苏人民出版社2003年版,第58页。

个人经济条件对其个性的养成也有较大影响。孔子注意到个人衣食丰足是教化的基础，提出富而后教的观点，说明一个人的个性养成受到经济条件的制约。孔子认为，“贫而无怨难”。[①] 当然，如果一个人安于贫困，自然不会去因追逐富贵违法犯罪，“饭疏食饮水，曲肱而枕之，乐亦在其中”，[②]如颜回“一箪食，一瓢饮，在陋巷”而“不改其乐”，[③]得到孔子的赞许。孟子继承了这一观点，民能足于衣食，就能容易为善。他认为：“若民，则无恒产，因无恒心。苟无恒心，放辟，邪侈，无不为已。及陷于罪，然后从而刑之，是罔民也。焉有仁人在位，罔民而可为也？是故明君制民之产，必使仰足以事父母，俯足以畜妻子，乐岁终身饱，凶年免于死亡。然后驱而之善，故民之从之也轻。”[④]但他严格区分了士与民，就好像孔子区分君子与小人一样，强调了士的节操，“士穷不失义，达不离道”，[⑤]“无恒产而有恒心者，惟士为能”，[⑥]但是广大的民做不到这点，民没有生存依靠，解决不了衣食生计问题，不能赡养父母，抚养妻子，“惟救死而恐不赡，奚暇治礼义哉”？[⑦] 然而，“无礼义，则上下乱”。[⑧] 这说明孟子已敏锐地意识到了物质生活条件和社会秩序的联系。所以，丰收之年，子弟多有所赖而为善；灾荒之年，子弟多强暴而为恶。即“富岁，子弟多赖；凶岁，子弟多暴，非天之降才尔殊也，其所以陷溺其心者然也”。[⑨] 这时，孟子把社会条件的变化引入人性的变化，同管子所论“仓廪实则知礼节，衣食足则知荣辱”一样。[⑩]

个人对欲望的追求程度会影响个性的善、恶。从诸子关于人性的观点

---

① 《论语·宪问》。
② 《论语·述而》。
③ 《论语·雍也》。
④ 《孟子·梁惠王上》。
⑤ 《孟子·尽心上》。
⑥ 《孟子·梁惠王上》。
⑦ 同上。
⑧ 《孟子·尽心下》。
⑨ 《孟子·告子上》。
⑩ 《管子·牧民》。

中,可以看出人对欲望满足的无度量追求是恶的渊薮。《大戴礼记》云:“凡民之为奸邪、窃盗、历法、妄行者,生于不足;不足,生于无度量也;无度量,则小者偷堕,大者侈靡而不知足;故有度量则民足,民足则无为奸邪、窃盗,历法、妄行者。故有奸邪、窃盗、历法、妄行之狱,则饰度量也。”①不足是相对于欲望的满足而言,其解决途径应当有两种:一是发展生产,即梁漱溟先生所言“向外用力”;二是节制欲望,追求“安贫乐道”、“均”,即“向内用力”。统治中国几千年来的儒家思想选择的是后者。宋明理学把“天理”与“人欲”对立起来,显然是一种极端表现。但儒家并不否认人的正常生活需要的满足。孔子认为人本性是欲富贵、恶贫贱的。他说:“富与贵,人之所欲也,不得以其道得之,不处也。贫与贱,是人之所恶也,不以其道去之,不去也。”②他自己也放言:“富而可求,虽执鞭之士,吾亦为之。如不可求,从吾所好。”③当然,这里的求都是以“道”而行,仅仅依据个人利益而行,不顾“道”的约束,容易招致很多怨恨,即“放于利而行,多怨”。④ 特别是统治者的贪欲往往是“盗贼”发生的原因,如《论语》载:“季康子患盗,问于孔子。孔子对曰:‘苟子之不欲,虽赏之不窃。’”⑤意即言责季康子贪求太过,因而致盗。所以,孔子反对不正当的满足自己的富贵之欲,“不义而富且贵,于我如浮云”。⑥ 宋时功利主义代表人物李觏、叶适、陈亮等主张义利并重,如“愚窃观儒者之论鲜不贵义而贱利。其言非道德教化,则不出诸口矣。然洪范八政,一曰食、二曰货。孔子曰:足食足兵,民信之矣。是则治国之实,必本于财”。⑦ 陈亮提出发展商业以富国裕民,实现“官民一家”、“农商一事”的理想社会,亦考虑从满足民众的各种欲望

① 《大戴礼记·盛德第六十六》。
② 《论语·里仁》。
③ 《论语·述而》。
④ 《论语·里仁》。
⑤ 《论语·颜渊》。
⑥ 《论语·述而》。
⑦ 《李觏集·富国策一》。

来消除人之恶的。

从外在环境来看，主要是个人成长中所感受到的一切。古人素来重视环境对人成长的影响，“孟母三迁”的故事家喻户晓。当然，这个环境主要是人文环境，主要是个体所周围的人和文化氛围。孔子不仅注重人本身的天赋，而且还注重人所处的环境对人品性的影响。孔子答曾子问：“与善人居，如入芝兰之室，久而不闻其香，即与之化矣；与不善人居，如入鲍鱼之肆，久而不闻其臭，亦与之化矣。丹之所藏者赤，漆之所藏者黑，是以君子必慎其所处者焉。”①墨子见染丝者而叹，曰：“染于苍则苍，染于黄则黄，所入者变，其色亦变，五入必，而已则为五色矣！故染不可不慎也！”他进而认为，天子所染决定其贤明与昏暴，舜、禹、汤、武王“所染当，故王天下，立为天子，功名蔽天地。举天下之仁义显人，必称此四王者”；而夏桀、殷纣、周幽王、周厉王四君“所染不当，故国残身死，为天下僇。举天下不义辱人，必称此四王者”。他进一步论道：“非独国有染也，士亦有染。其友皆好仁义，淳谨畏令，则家日益、身日安、名日荣，处官得其理矣，则段干木、禽子、傅说之徒是也。其友皆好矜奋，创作比周，则家日损、身日危、名日辱，处官失其理矣，则子西、易牙、竖刀之徒是也。诗曰‘必择所堪，必谨所堪’者，此之谓也。”②可见，墨子很重视人受周围环境的影响，若当代犯罪学家萨瑟兰所提出的差异交往论。荀子强调环境对人的影响，他说：“蓬生麻中，不扶而直，白沙在涅，与之俱黑。”③“夫人虽有性质美而心辩知，必将求贤师而事之，择良友而友之。得贤师而事之，则所闻者尧、舜、禹、汤之道也；得良友而友之，则所见者忠信敬让之行也。身日进于仁义而不自知也者，靡使然也。今与不善人处，则所闻者欺诬诈伪也，所见者污漫、淫邪、贪利之行也，身且加于刑戮而不自知者，靡使然也。传曰：‘不知

① 《孔子家语·六本》。
② 《墨子·所染》。
③ 《荀子·劝学》。

其子视其友,不知其君视其左右。'"①王安石强调任何人都可以通过后天的环境和教育的习染而产生变异,他认为:"习于善而已矣,所谓上智者;习于恶而已矣,所谓下愚者;一习于善,一习于恶,所谓中人者。"②清初王夫之强调人性的后天因素的影响,他认为:"夫性者,日生则日成业。则夫天命者,岂但初生之顷命之哉?但初生之顷命之,是持一物二予之于一日,俾牢持终身以不失。未成可成,已成可革,性也者,岂一受其成形,而无可损益矣。"③

贾谊肯定了孔子"少成若天性,习惯如自然"的观点,强调后天的培养环境对人品性养成的影响。贾谊引介了古书中记载(青史氏之记)的胎教方式,曰:"古者胎教之道,王后有身,七月而就蒌室,太师持铜而御户左,太宰持斗而御户右,太卜持蓍龟而御堂下,诸官皆以其职御于门内。比三月者,王后所求声音非礼乐,则太师抚乐而称不习。所求滋味者非正味,则太宰荷斗而不敢煎调,而曰:'不敢以侍王太子。'"并举例说:"周妃后妊成王于身,立而不跛,坐而不差,笑而不諠,独处不倨,虽怒不骂,胎教之谓也。"④为了使太子受到胎教,王后的娱乐和饮食都受到礼的制约。贾谊论及太子的培养,曰:"故太子初生而见正事,闻正言,行正道,左右前后皆正人也。习与正人居之不能无正也,犹生长于齐之不能不齐言也;习与不正人居之不能无不正也,犹生长于楚之不能不楚言也。"⑤并以周成王为例,"成王生,仁者养之,孝者襁之,四贤傍之。成王有知,而选太公为师,周公为傅,前有与计,而后有与虑也。是以封于泰山而禅于梁父,朝诸侯,一天下。由此观之,主左右不可不练也"。上述说明,贾谊认识并强调人的成长环境对人的行为有着重要的影响。从现代科学来讲,胎教对婴儿以后成长有一定的影响,重视胎教的思想在当今社会亦流行广泛。宋司马光亦言:"古有胎教,况于已生!子始生未有知,固举

① 《荀子·性恶》。
② 《王临川全集·性说》。
③ 《尚书引义》卷3,《太甲二》。
④ 《新书·胎教》。
⑤ 《新书·保傅》。

以礼,况于已有知? 故慎在其始,此其理也。”①

人性的养成不仅有先天的、内在因素,也有外在的、环境的影响,思想家们围绕这些因素对如何养性成善展开思考。

三、从人性角度设计的治安战略

1. 设礼教化

《礼记》曰:“故礼之教化也微,其止邪也于未形。使人日徙善远罪而不自知也。”②强调了德礼教化的治安预防功能。中国传统社会中,教化治安的思想源远流长,《尚书》已载“民罔迪,不适;不迪,则罔政在厥邦”,③即不经教化民就不会善良,不经教化,在其邦国内就不会有德政。即使有了过错,也要教之,即“又惟殷之迪诸臣惟工,乃湎于酒,勿庸杀之,姑惟教之”。④ 周公也曾向成王建议:“朕教汝于棐民彝,汝乃是不蘉,乃时惟不永哉!”⑤

孔子强调统治者自身的道德,他回答季康子问政,曰:“子为政,焉用杀?子欲善而民善矣。君子之德风,小人之德草。草上之风,必偃。”⑥“为政以德,譬如北辰,居其所,而众星拱之。”⑦他认为统治者如果能施行德政,则会得到民的拥护。他认为用道德来引导人们,用礼义规范来约束民众,而不是用政令引导、用刑罚规范,这样民则不仅有廉耻之心,而且会心悦诚服,社会才能安定,即“道之以政,齐之以刑,民免而无耻;道之以德,齐之以礼,有耻且格”。⑧ 劝告统治者自身行为要符合礼的要求,“其身正,不令而行;其身不正,

① 《温公家范》卷3。
② 《礼记·经解第二十三》。
③ 《尚书·康诰》。
④ 《尚书·酒诰》。
⑤ 《尚书·洛诰》。
⑥ 《论语·颜渊》。
⑦ 《论语·为政》。
⑧ 同上。

虽令不从”。[①]

孟子继承了孔子富而后教的思想，认为在“无饥”的前提下“治礼义”，“谨庠序之教，申之以孝悌之义”。[②]“孝悌”是孟子强调的道德核心，他在回答曹交之问时，认为“人皆可以为尧舜”，因为“尧、舜之道，孝弟而已矣”[③]他还强调个人修身，“尽其心者，知其性也”。[④]如何才能“存心”而使之“勿丧”呢？孟子提出的方法是“寡欲”，即“养心莫善于寡欲”，[⑤]“养心”亦即“存心”。

荀子认为需要多管齐下，方能预防人性之恶。他说：“今人之性恶，必将待师法然后正，得礼义然后治，今人无师法，则偏险而不正；无礼义，则悖乱而不治，古者圣王以人性恶，以为偏险而不正，悖乱而不治，是以为之起礼义，制法度，以矫饰人之情性而正之，以扰化人之情性而导之也，始皆出于治，合于道者也。”[⑥]在荀子提出的三种去恶致善策略中，教化首当其冲，通过教化而“化性起伪”，“涂之人可以为禹”。[⑦]因此，他说：“人之性恶，其善者伪也。”[⑧]相对于君王的教化，学习对于普通民众就很重要，因为人性中原本没有礼义，要通过学和思获得，荀子曰：“今人之性，固无礼义，故强学而求有之也。性不知礼义，故思虑而求知之也。”[⑨]

董仲舒对教化防罪的论述较为完备。他认为性具备向善的质，性本善与外在的善行不是必然的关系。他以禾与米做比来论述性与善之间的关系。他认为，善就像米，性好比禾，禾虽出米，而禾不能称作米。同理，性虽有善质，而性并不能称作善。至于如何来成善，则需要王教，“王教在性外，而性不

---

① 《论语·子路》。
② 《孟子·梁惠王上》。
③ 《孟子·告子下》。
④ 《孟子·尽心上》。
⑤ 《孟子·尽心下》。
⑥ 《荀子·性恶》。
⑦ 同上。
⑧ 同上。
⑨ 同上。

得不遂"，通过王教来成性之善。[①] 他强调教化是统治者对民而为，是单向的，而且与天意相结合，即"天生民性，有善质而未能善，于是为之立王以善之，此天意也。民受未能善之性于天，而退守成性之教于王。王承天意以成民之性为任者也"。[②] "夫上之化下，下之从上，犹泥之在均，唯甄者所为；犹金之在熔，唯冶者之所铸。"[③]通过教化成善，达到"止奸邪"的作用，教化成为防性之恶的"堤防"，"教化行而习俗美"，如果教化废则"堤防"坏，则犯罪会猖獗，以至于刑罚罚不胜罚。[④] 而接受"王教"的智力品质是有差异的，他继承了孔子关于智力品质的思想，人性之恶决定于智力品质，智力品质差的，不能很好地社会化，也就容易违反社会规则，破坏社会秩序。

儒家之德教并不否认刑的功能。孔子曰："不教而杀谓之虐；不戒视成谓之暴；慢令致期谓之贼。"[⑤]荀子也认为仅有教化是不足以止奸，还要有刑罚，即"故不教而诛，则刑繁而邪不胜；教而不诛，则奸民不惩；诛而不赏，则勤属之民不劝"。[⑥] 但荀子更看重教化的作用，所推崇的是"赏不用而民劝，罚不用而民服，有司不劳而事治，政令不烦而俗美"。[⑦] 其主张"明德慎罚，国家既治四海平"。[⑧] 董仲舒继承了孔子的教而后诛的思想，并从天人合一的角度来考察德刑关系，[⑨]他认为"庆赏刑罚之不可不具也，如春夏秋冬不可不备也"。[⑩]儒家认为，刑罚是德的必要补充，即"德教者，人君之常任也，而刑罚为佐助

① 《春秋繁露·实性》。

② 《春秋繁露·深察名号》。

③ 《汉书·董仲舒传》，东汉王符直接使用此观点，如"虽有至圣，不生而智；虽有至材，不生而能"（《潜夫论·赞学》）；"民蒙善化，则人有士君子之心，被恶政，则人有怀奸乱之虑"；"中民之生世也，犹铄金之在炉，从笃变化，唯治所为，方圆薄厚，随熔制尔"（《潜夫论·德化》）。

④ 《汉书·董仲舒传》。

⑤ 《论语·尧曰》。

⑥ 《荀子·富国》。

⑦ 《荀子·君道》。

⑧ 《荀子·成相》。

⑨ 《汉书·董仲舒传》。

⑩ 《春秋繁露·四时之副》。

焉”。[①] 且强调先德后刑，所谓“礼者禁于将然之前；而法者禁于已然之后”。[②] 当然，只有采取各种教的措施以后，才能确认不可救药，从而对其进行惩罚，就像农夫拔去“无用之苗”一样。[③] 所以，“唐虞其仁如天，而不原四罪；姬公友于兄弟而不赦二叔，仲尼之诛少正卯、汉武之杀外甥，垂泪惜法，盖不获已也。故诛一以振万，损少以成多，方之栉发，则所利者众；比于割疽，则所全者大；是以灸刺惨痛而不可止者，以痊病也，刑法凶丑而不可罢者，以救弊也”。[④]

有学者还注意到：“和以往尚德不尚刑的倾向不同，二程（程颐、程颢）高度重视峻法严刑对于封建政权的维系作用。二程说：‘法者，道之用也。’又说：‘凡为政，须立善法。’这集中反映了二程对于法的基本态度。”[⑤]当然，二程并非是主张专任刑罚，而是刑罚与德化并行不悖。程颐认为：“发下民之蒙，当明刑禁以示之，使之知畏，然后从而教导之。自古圣王为治，设刑罚以齐众，明教化以善其俗，刑罚立而后教化行，虽圣人尚德而不尚刑，未尝偏废也。故为政之始，立法居先。”[⑥]以刑防止“昏蒙之狱”，但又重视教化，而且，刑禁仍是作为教化的辅助手段，要达“治化”，只能以“善教”来“移风易俗”。先刑后教，并非是不教而诛。“立法制刑，乃所以教也。盖后之论刑者，不复知教化在其中矣。”[⑦]这时的刑罚功能是“防限”，昏蒙之民不要超过这个“防限”，加之教化，“渐之至化”，刑罚就包含了教化的因素。

2. 设刑威吓

法家主张以刑罚来使人向“善”，建构符合统治者利益的社会秩序，是一种另类的教化，其中亦有其价值追求，不妨称为“法教”。《管子》主张在一定

---

① 《昌言》中。
② 《大戴礼记·礼察第四十六》。
③ 《盐铁论·后刑篇》。
④ 《抱朴子外篇·用刑》。
⑤ 潘恩富、徐余庆：“论二程的刑治与教化思想”，载《复旦学报》（社会科学版）1987 年第 1 期。
⑥ 《周易程氏传》卷 1，《周易上经上·蒙》。
⑦ 同上。

的物质基础上，以法导民向善，“申之以宪令、劝之以庆赏，振之以刑罚。故百姓皆说为善，则暴乱之行无由至矣”。[①]《管子》也强调“刑罚”的预防功能，即“治国使众莫如法，禁淫止暴莫如刑，故贫者非不欲夺富者财也，然而不敢者，法不使也；强者非不能暴弱也，然而不敢者，畏法诛也”。[②]

商鞅提出“壹教”，即“圣人之为国也：壹赏，壹刑，壹教。壹赏则兵无敌，壹刑则令行，壹教则下听上”。[③] 是统一教化内容，把民众统领到一个价值轨道上来，其内容自然不是仁义，而是以奖励农战为中心的法治路径。“观俗立法则治，察国事本则宜。不观时俗，不察国本，则其法立而民乱，事剧而功寡。”[④]设立农战为获得奖赏的唯一途径，利用法的引导功能从正面进行“教化”，建构社会秩序；同时，通过严刑峻法的手段来预防治安问题，即“禁奸止过，莫若重刑，刑重而必得，则民不敢试，故国无刑民”。[⑤]“去奸之本，莫深于严刑”、[⑥]“夫刑者所以禁邪也，而赏者所以助禁也”。[⑦]

韩非否定儒家通过仁义道德来化性成善的方法，认为更多的人“服于势”而“寡能怀于义”，像被天下人尊为圣人的孔子，以仁、义闻名四海，但追随他的人只有七十人。[⑧] 相对于天下众人来说，孔子及其追随者数量也太少，这说明以仁义教化天下人是徒劳无益的。在否定儒家的道德教育的同时，韩非大力倡导以“法”设教，认为以“法”设教才符合人的“自为”、“自私”的本性。“人情者有好恶，故赏罚可用”，所谓人情“好恶”，就是“好利恶害”。韩非和商鞅一样提出严刑峻法来预防人性之恶，以成人性之善的目的。他说：“夫严刑者，民之所畏也；重罚者，民之所恶也。故圣人陈其所畏以禁其邪，设其所

---

① 《管子·权修》。
② 《管子·明法解》。
③ 《商君书·赏刑》。
④ 《商君书·算地》。
⑤ 《商君书·赏刑》。
⑥ 《商君书·开塞》。
⑦ 《商君书·算地》。
⑧ 《韩非子·五蠹》。

恶以防其奸，是以国安而暴乱不起。”①韩非从因人情的角度论证了实施以“法”设教的优越性。韩非主张法教而不用德教，原因是其“事因于世，而备适于事”的观点。② 他认为：“上古竞于道德，中古逐于智谋，当今争于气力。”③所以，“言先王之仁义，无益于治；明吾法度，必吾赏罚者，亦国之脂泽粉黛也。故明主急其助而缓其颂，故不道仁义”。④ 这里没有人性善良的假设，“万民皆知所避就”也不是人所具有的先天自然素质，而是经过严刑峻法诱导而得来的后天产品。

以“法”设教是发挥法的指引功能，引导人们的行为遵守法律规范，从而避免对法律秩序的违反，减少治安问题。与德教相比，都是告诉人们不要违反法律所设定的社会秩序，只不过一个是告诉人们怎样做是值得称赞的，从而去这样做，避免了违法；另一个是告诉人们怎样做会遭到严厉惩罚的，从而不去这样做，避免了违法。

3. 治者无为

中国传统社会中的无为思想首推老庄，汉末魏晋也有无为之观念，特点鲜明的有两种：一是老子的自然无为，以无为达无不为的积极境界；二是王充的宿命无为，以天数决定治乱而否定人事之功的消极境界。这里以前者论之。老子主张“道法自然”，其主张无为实则是不做那些违反“道”的事情，一切顺道而行，则“道常无为而无不为，侯王若能守，万物将自化”。⑤

老子认为统治者要“处无为之事，行不言之教”。⑥ 即圣人以百姓之心为心，以善、信立身化民，得民之善和信，即老子也要求统治之为政以德，其德区别于儒家在于消极与积极。他说：“圣人无心，以百姓心为心。善者吾善之，

① 《韩非子·奸劫弑臣》。
② 《韩非子·五蠹》。
③ 同上。
④ 《韩非子·显学》。
⑤ 《老子》第37章。
⑥ 《老子》第2章。

不善者吾亦善之,得善。信者吾信之,不信者吾亦信之,得信。圣人在天下,怵怵;为天下,浑其心。”[①]老子劝统治者注重“修身”(“修之身,其德乃真;修之家,其德有余;修之乡,其德乃长;修之于国,其德乃丰;修之于天下,其德乃普”),[②]要柔弱不争(“无为而无不为”)、[③]少私寡欲、抱朴守真(“含德之厚者,比于赤子”)。[④] 它以使民众返璞归真为其最终价值目的,同时,也很注重民众自身对道的体悟。类似儒家“明德”,以发现“天命之性”。当然,此寡欲去智皆有范围,即生活之必须,而非享受,若朱熹言“饮食,天理也;要求美味,人欲也”。[⑤]

老子认为,“以智治国,国之贼。不以智治国,国之福”。[⑥] 他认为仁义礼智是反自然的,是虚伪的。统治者不要推崇名、利,不设赏罚,不贵难得之货,以起民之争心。老子曰:“不上贤,使民不争。不贵难得之货,使民不为盗。不见可欲,使民心不乱。”[⑦]庄子甚至提出要毁弃人间难得之货,以止民争,他说:“摘玉毁珠,小盗不起;焚符破玺,而民朴鄙;掊斗折衡,而民不争。”[⑧]对于设赏罚之法,道家认为它是犯罪的原因之一。老子认为:“法令繁多,盗贼多有。”[⑨]庄子也认为:“赏罚而民且不仁,德自此衰,刑自此立,后世之乱自此始矣。”[⑩]因此,有修养的统治者应该通过对“道”的体认,依据自然规律来作为,即“我无为,人自化;我好静,人自正;我无事,人自富;我无欲,人自朴”。[⑪] 庄

① 《老子》第49章。
② 《老子》第54章。
③ 《老子》第37章。
④ 《老子》第55章。
⑤ 《晦庵先生朱文公文集》卷12,《经筵讲义》。
⑥ 《老子》第65章。
⑦ 《老子》第3章。
⑧ 《庄子·胠箧第十》。
⑨ 《老子》第57章。
⑩ 《庄子·天地第十二》。
⑪ 《老子》第57章。

子也说："古之畜天下者，无欲而天下足，无为而万物化，渊静而百姓定。"①

老子提出"愚民"策略，认为只有社会成员返归自然之性，去其智巧，各种违法犯罪才不会发生，社会秩序才能得到良好维护。他说："圣人治：虚其心，实其腹，弱其志，强其骨。常使民无知无欲，使智者不敢为，则无不治。"②"绝圣弃智，民利百倍。绝仁弃义，民复孝慈，绝巧弃利，盗贼无有。"③庄子也强调"天下每每大乱，罪在于好知"，④因为智巧造成的民心动荡是变乱之因，"故君子不得已而临莅天下，莫若无为。无为也，而后安其性命之情"。⑤ "无为"的思想成为中国传统社会道家的思想内核，但这个"无为"的目标是"无不为"，是依靠自然规律这个"看不见的手"来安排人间秩序。那些在"利"、"名"的驱动下所制造的"奸巧"、"盗贼"等治安问题，在"绝圣弃智"、"绝仁弃义"、"绝巧弃利"等"无为"举措下得到消解。

4."刑礼道"综合为用

白居易通过对唐朝中期政治形势的深刻洞察，以极为务实的态度提出了具有现实主义色彩的"刑、礼、道迭相为用"的治安思想，即"臣闻人之性情者，君之土田也，其荒也则薙之以刑，其辟也则莳之以礼，其植也则获之以道。故刑行而后礼立，礼立而后道生，始则失道而后礼，中则失礼而后刑，终则修刑以复礼，修礼以复道。故曰刑者礼之门，礼者道之根，知其门，守其根，则王化成矣"。至于刑、礼、道三者的功能，他说："夫刑者可以禁人之恶，不能防人之情；礼者可以防人之情，不能率人之性；道者可以率人之性，又不能禁人之恶。循环表里，迭相为用。"⑥针对人性善的养成，不是某一种手段就可以解决。其

① 《庄子·天地第十二》。

② 《老子》第3章。

③ 《老子》第19章。"绝仁弃义"，原文作"绝民弃义"，王谦之案："民"字涉上下文"民"字而误。

④ 《庄子·胠箧第十》。

⑤ 《庄子·在宥第十一》。

⑥ 《全唐文》卷671。

实这是儒、道、法融合的结果。道家的无为可以给小民宽松的生存空间,解决人的经济条件;儒家的教化则在人足衣食的基础上方得以实施并取得较好的效果;对于教化的失败者,通过刑禁来吓阻;从而实现人性的善的养成。所以,白居易提出的治安对策亦遵循这一逻辑:“刑之繁省,系于罪之众寡也;教之废兴,系于人之贫富也。圣王不患刑之繁,而患罪之众;不患教之废,而患人之贫。故人苟富,则教斯兴矣;罪苟寡,则刑斯省矣。是以财产不均,贫富相并,虽尧舜为主,不能息忿争而省刑狱也;衣食不充,冻馁并至,虽皋陶为士,不能止奸宄而去盗贼也。若失之于本,求之于末,虽圣贤并生,臣窃以为难矣。”①

结合人性的不同影响因素,对人性善的养成给出了不同的策略,形成不同的治安思想。其中,儒家为代表的德礼教化思想成为中国传统社会的正统思想,通过社会教化和个人的修身实现对道德法律规范的内化和遵守,并对教化失败对象施以刑罚,以维护社会秩序。

四、中国传统社会教化的实施途径

1. 君王教化

在国家层面,统治者通过多种途径推行自己的理念,并尽可能让民众接受这些理念。中国传统社会中,统治者取得政权后,为建构有利于巩固自己利益的统治秩序,首先要确立自己的正统统治地位。“名不正则言不顺,言不顺则事不成,事不成则刑罚不中,刑罚不中则民无所措手足。”②成为正统的儒家思想所推行的是等级伦理教化,其核心内容是“三纲五常”,它为每一个社会成员设定了自己的“名”和行为规范。不光是皇帝“正名”,所有社会成员都要“正名”,明白自己的地位和相应的行为规范,才能“从心所欲而不逾矩”,否

---

① 《全唐文》卷671。
② 《论语·子路》。

则，就会为名分秩序下的社会所不容。民众时时处处必须遵照名分做事，遵照正统的道德行事，约束自身，从而也预防了危害社会治安行为的发生。这种社会整体的约束力量，在运行中也是一种强大的教化力量，使社会成员举手投足均感受到其存在与约束。

在社会治理中，皇帝以身设教，为政以德。历代皇帝在正统的社会宣传中都是完美无缺的，至孝、至德、至善，是遵礼的楷模。臣民应在其感召下遵守其所宣扬和“代言”的道德伦理规范，实现风俗大化，进而实现社会大治。“皇天无亲，惟德是辅；民心无常，惟惠之怀。”①自西周以后所形成的敬天保民思想成为后世儒家的经典内容，上天的眷顾与“天子”的个人德行息息相关，天命只会眷顾“有德之君”，一旦“天子”失德，势必就会影响到王朝的兴衰，“失德之君”最终都会被天遗弃。经董仲舒改造后的儒家思想杂合了阴阳五行的理论，把天灾人祸与皇帝的德行联系起来。发生地震、水灾、农民起义、兵变等天灾人祸时，皇帝往往认为自己德行有失，经常以下“罪己诏”的形式来弥补。“罪己诏”在中国传统社会历史中俯拾皆是，无论是明君，还是闇主，面对异常的自然、社会现象，往往一面采取措施减轻异象带来的损失，一面自行“检讨”。“罪己诏”的前提是皇帝的德行不容有失，这也使皇帝有了“以上化下”的资本，臣民们“不令而行”②也就理所当然。

统治者用榜样激励的方法来鼓励民众遵守其所提倡的伦理规范。树立榜样是道德教化的基本途径，直到当代依然沿用。统治者在国家层面对一些符合其所提倡的行为进行表扬，并大加宣扬。例如，统治者提倡“孝”行。汉朝官员选拔制度中有举“孝廉”，以“孝”或“廉”知名的人做官。后世统治者还制作《二十四孝图》，把所列孝行作为典范推广。再如，历代统治者旌表贤德妇女，为这些女性树立贞节牌坊，“孝子顺孙廉夫节妇旌表闾门”，③并载入

① 《尚书·蔡仲之命》。
② 《论语·子路》。
③ 《魏书·宣武帝纪》。

官方史书。[①] 北魏孝文帝太和十一年(487年)下诏说:“乡饮之礼废,则长幼之序乱。孟冬十月,人闲岁隙,宜于此时,导以德义。可下诸州党里之内,推贤而长者,教其里人父慈、子孝、兄友、弟顺、夫和、妻柔。不率长教者,具以名闻。”[②]宣武帝也在延昌元年(512年)下诏“孝子顺孙廉夫节妇旌表闾门,量给粟帛”。[③] 一个地方是否有孝子贤孙、贞节烈女,也是地方官到任后要查明上报的。不仅旌表“善”行,使之流芳百世,还要把不“善”者贴在历史耻辱柱上,遗臭万年。在官方历史中,既有忠臣传、烈女传,以感召后人;也有佞臣传、流寇传等,以警戒后世。

同时,统治者还实行思想控制。为了保证社会思想的统一,历代统治者严格控制民众的思想。主要是运用打击“异端”和科举笼络两手。从秦始皇的焚书坑儒到明清时期的禁毁书院、文字狱等,无不是为了打击“异端”思想者,实现思想的钳制,使民众不敢违反统治者意志,使其行为符合统治者倡导的“善”。科举考试是隋唐至明清的选士手段,也是笼络士人、安定社会的方法。唐太宗看着新进的进士们鱼贯进入朝堂,得意地说:“天下英雄,尽入吾彀中也!”到明朝,科举考试内容被确定为四书五经,应答越来越追求形式和文采,自明宪宗逐渐形成八股文的应答格式,应考者专心于格式,而轻于反思,不利于思想的活跃和发展。顾炎武认为:“愚以为八股之害,等于焚书,而败坏人材,有甚于咸阳之郊,所坑者但四百六十余人也。”[④]清初统治者明知八股文起不到考察人才的客观效果,但还继续采用,究其原因,康熙一语道破其中奥妙,“非不知八股文为无用,特以牢笼人才,舍此莫属”。[⑤]

2. 学校教化

官办中、高教育是统治者培养人才的地方,亦是统治者实施教化的重点,

---

① 《魏书》卷92,《河东孝女姚氏传》。
② 《魏书·孝文帝纪》。
③ 《魏书·宣武帝纪》。
④ 《日知录》卷16。
⑤ 张晋藩著:《中华法制文明的演进》,中国政法大学出版社1999年版,第552页。

其中以汉以后历代太学最为主要。先贤们强调学校教化，如二程，程颐说："窃以生民之道，以教为本。故古者自家党遂至于国，皆有教之之地。"[①]程颢曰："庠序学校之教，先王所以明人伦，化成天下者也。"[②]中国传统社会的教育自先秦以来私学开放，以孔子为代表的儒家私学提出了德育的目的在于培养有道德的人，以"孝悌"为基础，以"仁"、"礼"为内容，培养"内圣外王"的"士"或"君子"。

到汉朝时，汉武帝接受董仲舒"愿陛下兴太学，置明师，以养天下之士"的建议，设立太学，置五经博士专门讲授儒家经典《诗》、《书》、《礼》、《易》、《春秋》等，培养有德人才。全国范围内尊孔读经，皇帝岁课太学生，"甲科出身的为郎，乙科出身的为吏"。[③] 作为儒学的继承者和发展者，董仲舒把"三纲五常"作为德育的主要内容，不仅把儒家思想意识形态化，而赋予德育以政治性，从而确定了儒家德育思想在中国封建社会德育思想中的主流地位。

进入隋唐时期，儒、佛、道彼此的对立和发展，其结果导致三种思想在哲学上、伦理上的交融。由于隋唐社会的稳定，经济的发展，学校教育制度已经很完备，官学发达，学校齐全。在各级各类学校中都把学习儒家的经典作为主要内容，把经学分为大、中、小三类，大经和中经的五经为分科必修，《孝经》、《论语》则为共同必修科目。儒家的道德教育吸收佛教思想中有利于劝善弭祸、维护统治秩序的内容，形成了以儒学为中心的儒、佛、道相结合的思想新格局。

宋明官学包括国子监和太学等，课程的内容主要是经书，教育中把伦理道德的灌输和训练放在首位，其中《三经新义》是北宋时正统的德育教材。《三经新义》是北宋统治阶级为适应其统治需要而对儒家经书的解说、解答。由于受条件的限制，官学培养的人数有限，且时盛时衰，因此作为私学形式出

---

① 《河南程氏文集》卷 9，《伊川先生文五・为家君请宇文中允典汉州学书》。
② 《河南程氏文集》卷 1，《明道先生文一・论十事札子》。
③ 钱穆著：《中国历代政治得失》，三联书店 2005 年版，第 11 页。

现的书院在当时发挥了相当大的作用,成为对官学的有益补充。书院制定出学规、教约,指出学习的目的就是道德教育和道德修养。学习方法主张从日常行动举止出发,这实际上是儒家“礼教”的具体化。

清代的官学和地方学校基本上承袭了宋明旧制。国子监作为官学分设率性、修道、诚心、正义、崇志与广业六堂练习,教育内容重点是“教本之德行,文以六艺”,教材主要是经史、性理之类书籍。清代的书院亦是一种重要的教育组织,由私办逐渐改为官办,但书院仍重视义理与经世之学。思想家们也注重学校教化的作用,“故治之以本,使小民吉凶一循于礼,投巫驱佛,吾所谓学校之教明而后可也”。①

中国历代均重视儿童教育,从幼儿开始便注意培养符合封建伦理道德的品质、习惯,以“礼”为教。南北朝的颜之推提出“早教”的思想,“人生小幼,精神专利,长成已后,思虑散逸,固须早教,勿失机也”。②“当及婴孩”,“便加教诲”,“比及数岁,可省笞罚”。③程颐为其父代笔致书宇文中允言:“民生八年则入于小学,是天下无不教之民也;既天下之人莫不从教,小人修身,君子明道,故贤能群聚于朝,良善成风于下,礼义大行,习俗粹美,刑罚虽设而不犯,此三代盛治由教而致也。”④明代王守仁的《训蒙教约》指出,“今教童子,惟当以孝、弟、忠、信、礼、义、廉、耻为专务”。⑤至于乡里学校设置,西汉平帝“(元始三年)立官稷及学官。郡国曰学,县、道、邑、侯国曰校。校、学置经师一人。乡曰庠,聚曰序。序、庠置《孝经》师一人”。⑥可见,当时已有比较系统的学校设置。“聚”在南北朝时期逐渐发展为“村”,“村”的功能逐渐增加。北朝的村落有“小学”教育,北魏高祐在太和中曾建议,“县立讲学,党立教学,

① 《明夷待访录·财计三》。
② 《颜氏家训·勉学》。
③ 《颜氏家训·教子》。
④ 《河南程氏文集》卷9,《伊川先生文五·为家君请宇文中允典汉州学书》。
⑤ 《王阳明全集》卷1,《知行录之二·传习录中·训蒙大意示教读刘伯颂等》。
⑥ 《汉书·平帝纪》张晏曰:“聚,邑落名也。”颜师古曰:“聚小于乡。聚音才喻反。”

村立小学”。[①] 隋时李密曾在村中讲学，“伯仲潜归天水，密诣淮阳，舍于村中，变姓名称刘智远，聚徒教授”。[②]

元朝以后乡里设立社学，制五十家为一社，每社设学校一所，择通晓经书者为教师，施行教化，农闲时令子弟入学，读《孝经》、《小学》、《大学》、《论语》、《孟子》。明承元制，各府、州、县皆立社学，以教化为主要任务，教育十五岁以下之幼童；教育内容更包括御制大诰、本朝律令及冠、婚、丧、祭等礼节，以及经史历算之类。清初令各直省的府、州、县置社学，每乡置社学一所，社师择“文义通晓，行宜谨厚”者充补。凡近乡子弟，年十二以上，二十以下，有志学文者，皆可入学肄业，入学者得免差役。社学是当时农村启蒙教育的一种形式，明清两代，社学成为乡村公众办学的形式，带有义学性质，多设于当地文庙。

3. 乡里教化

中国传统社会中，各级地方政府都承担着一定的教化功能，尤其是乡里基层组织，通过教化实现社会秩序的维护。

早在西周时期就有“乡遂”制度，“乡大夫之职，各掌其乡之政教禁令。正月之吉，受教法于司徒，退而颁之于其乡吏，使各以教其所治，以考其德行，察其道艺”。[③] 遂大夫与乡大夫职责相近，“如果将‘六乡’和‘六遂’官之职责相比，我们感到二者有许多方面相类似，但二者因管理区域不同，其职掌也有不同的侧重点。如六乡官吏职责重教化和祭祀，而六遂管理职掌则重农事，这是不能不注意的”。[④] 管子建议统治者要知晓：“国子弟之无上事，衣食不节，率子弟不田弋猎者几何人？男女不整齐，乱乡子弟者有乎？”[⑤]

秦汉时期乡里组织领袖有三老、有秩、啬夫、亭长、游徼等，分工明确，其

---

① 《北史·高祐传》。

② 《隋书·李密传》。

③ 《周礼·地官·乡大夫》。

④ 《中国乡里制度》，第 106 页。

⑤ 《管子·问》。

中三老承担着乡里教化功能。① 关于三老的选任,秦汉继承了先秦时期重视父老年年长德高的传统,即“举民年五十以上,有修行,能帅众为善,置以为三老,乡一人”。② 又如,“县中称美,推为三老”。③ 汉代三老的选任是比较重视德行的,这显然与其教化的职责有关。东汉章帝建元元年(76 年),秦彭为山阴太守,“有遵奉教化者,擢为乡三老,常以八月致酒肉以劝勉之”。④ “后世历代的乡里组织领袖不论名称如何变化,但其职掌基本沿袭秦汉,即教化、司法、赋税、治安,只是侧重点不同罢了。如秦汉时期乡里组织领袖以三老为重,以教化为先,这在秦汉以降各朝代并不多见。”⑤

唐太宗贞观十五年(641 年)废罢乡长之后,乡级组织依然存在:“乡置耆老一人,以耆年平谨者,县补之,亦曰父老。”⑥耆老负责礼仪教化之类的工作,而税收、治安功能归于村里、坊里。经过南北朝时期的社会发展,村在社会管理中发挥着越来越重要的作用。唐代明确规定村设村正,职掌同于坊正,“掌按比户口,课植农桑,检察非违,催驱赋役”。⑦ “隋、唐乡里制度进一步削弱乃至取消了‘乡’级而重视和强化‘里’级,同时加强了县以上政权的权力和对乡里社会的控制。反映了封建君主专制主义统治的强化。”⑧

宋初行“伍保”法。“度乡村远近为伍保,使之力役相助,患难相恤,而奸

① 关于两汉乡里教化的研究非常丰富,有学者 2005 年总结:“学术界对两汉乡里教化较为系统的研究兴起于 20 世纪 80 年代。据不完全统计,20 多年来,学者们已经出版相关著作近 10 部,论文 50 余篇。”20 世纪 80 年代至 90 年代,“研究重点侧重于对两汉乡里教化的主要责任者——三老问题的探讨,并且随着研究的逐渐深化,两汉乡里教化的重要途径之一——养老问题也成为人们关注的焦点,进而诱发了两汉孝观念的研究。”20 世纪 90 年代以后,研究内容全面,“几乎涵盖了后世乡里教化研究的各个层面,如乡里教化的原因、形式,教化理论,教化含义等。”参见董树利:“二十年来两汉乡里教化研究综述”,载《滨州职业学院学报》2005 年第 6 期。

② 《汉书·高帝纪第一》。

③ 《后汉书·樊宏阴识列传》。

④ 《后汉书·秦彭传》。

⑤ 《中国乡里制度》,第 109 页。

⑥ 《通典》卷 33,《职官十五·乡官》。

⑦ 《旧唐书·食货志》。

⑧ 《中国乡里制度》,第 76~77 页。

伪无所容。凡孤茕残废者,责之亲戚乡党,使无失所。行旅出于其途者,疾病皆有所养。乡必有校,暇时亲至,召父老与之语。儿童所读书,亲为正句读,教者不善,则为易置。择子弟之秀者,聚而教之。乡民为社会,为立科条,旌别善恶,使有劝有耻。"①即"伍保"法是以教化为核心,实现乡里自治。宋神宗熙宁九年(1076 年),陕西蓝田的吕大临和吕大防兄弟创立了具有自发性质的民间组织"吕氏乡约",其目的是推动乡里社会的教育、教化及公共福利事业的发展。《吕氏乡约》规定:"在地方上推举年高德劭者一人为都约正,另外推举两位有学行者为约副。每月另选一人为直月。"②后来约正成为保甲长外的乡里组织领袖。"吕氏乡约是地方乡绅自发制定的,其主要目的是彰善瘅恶,用封建宗法思想和儒家伦理纲常,对基层民主实行教化。在吕氏兄弟的倡导和力行下,不仅当时的蓝田地区民风淳朴,而且关中风俗也为之丕变。"③朱熹对《吕氏乡约》十分欣赏,在《吕氏乡约》基础上,撰写了《增损吕氏乡约》,强调了乡约的仪式性和社会教化功能,强化了乡约维护社会秩序的作用。"吕氏乡约将儒家伦理的抽象主张具体化为许多便于操作的行为规范,运用于乡村社会的教化,这是它引起宋明理学家高度重视的首要原因。"④

乡里组织在明代有了更为详细的规定,乡里领袖包括粮长、里长、保甲长、老人、约正等。其中,"老人制度"设于明洪武二十三年(1390 年),诏令:"若欲尽除民间祸患,无若乡里年高有德等,或百人,或五六十人,或三五百人,或千余人,岁终议赴京师面奏:本境为民患者几人,造民福者几人。朕必凭其奏,善者旌之,恶者移之,甚者罪之。"⑤还规定:"老人""不许罢闲吏卒及

① 《宋史·程颢传》。

② 张哲郎:"乡遂遗规——村社的结构",载林语堂:《吾土与吾民》,三联书店 1992 年版,第 205 页。

③ 董建辉著:《明清乡约:理论演进与实践发展》,厦门大学出版社 2008 年版,第 21 页。

④ 同上书,第 27 页。

⑤ (明)朱元璋著:《大诰》,《耆民奏有司善恶第四十五》,参见钱伯城编:《全明文》(第 1 册),上海古籍出版社 1992 年版。

有过之人充任。违者,杖六十。当该官吏,笞四十。”重视“老人”的德行和经验,意在达到教化和正风俗的效果。

明正德以后,明朝统治出现了深刻危机,里甲毁坏,社学失修,民风由淳朴转趋奢华,社会秩序出现了混乱局面。在这种背景下,一些官僚士绅纷纷倡行乡约于乡里、任所,视乡约为教化乡民、维持地方秩序之妙方,致使乡约在各地广为推行。① 明代的乡约是承继宋代乡约而来,但是,与宋代乡约的自治精神不同。明代的乡约进一步与保甲制相结合,并成为一而二、二而一的东西了。② 与宋代相比,明代更为强调约正、副的“公道正直”,约讲、约史“能劝善书”,主要是来调解乡里纠纷,决定乡里自治事宜,也承担着教化功能。这里不妨考察一例。明代王守仁非常重视乡里教化,正德十三年(1519 年)十月,他平定赣南盗贼后,为强化社区管理,亲自制定了著名的《南赣乡约》,乡约的目的是“协和尔民”,要求同约之民,皆宜孝敬父母兄长,教训子孙,和顺乡里,死丧相助,患难相恤,善相劝勉,恶相告戒,息讼罢争,讲信修睦,务为良善之民,共成仁厚之俗。③ 乡约的具体做法是:同约中推年高有德为众所敬服者一人为约长,二人为约副,又推公直果断者四人为约正,通达明察者四人为约史,精健廉干者四人为知约,礼仪习熟者二人为约赞。全约大会是乡约组织的主要工作方式。每月十五日召开一次全约大会,由约长询约众公意彰善纠过,约众必须赴会,“无故不赴者,以过恶书,仍罚银一两公用”。会议内容是奖善纠过,以仪式性行为实践教化事,约长要省谕所有成员,力戒“奢靡相尚”的陋习,务求达到“共兴恭俭之风,以成淳厚之俗”的目标。约长会同约众可调解民事争讼,同约成员出现“投贼复仇”、斗殴不平之事,都由约长公正处理,不听约长裁决者由约长率同约成员报告官府处置。乡约调解虽是软约束,背后有官府撑腰,不听处理者可能遭到官府的强制。这一点与家族对家

① 董建辉著:《明清乡约:理论演进与实践发展》,厦门大学出版社 2008 年版,第 21 页。
② 赵秀玲著:《中国乡里制度》,社会科学文献出版社 1998 年版,第 85 页。
③ 《王阳明全集》卷 1,《知行录之二·公移二·南赣乡约》。

族成员的处理有颇为相似。另外乡约组织对特定事项的社会监督。约长等对社区内的“寄庄人户”、外地客商、本地大户甚至地方官吏、士兵等各种人的行为都要进行监督,不服从约长劝戒的,要“呈官惩治”。①

“清代非常重视乡里教化,乡约成为官方统治乡里的有力工具,因之,清政府对选任乡约正等也有具体规定。”②顺治十六年,正式宣布设立乡约,责成乡约人等,每月朔望日聚集公所,宣讲清世祖的“圣训六谕”。康熙九年(1670年)十月,又颁布“上谕十六条”,要求各省府州县乡村人等切实遵行。雍正二年(1724年)二月初二日,鉴于清康熙“上谕十六条”遵行日久,虑民或怠,遂对十六条详加解释,形成万言《圣谕广训》,刊刻成编,颁行天下。要求直省各州县大乡大村人口稠密之处,俱设立讲约之所,于举贡生员内拣选老成者一人,以为约正;再选朴实谨守者三四人,以为直月。每月朔望,齐集乡之耆老、里正及读书之人,宣读《圣谕广训》,详示开导,务使乡曲愚夫共知鼓舞向善。③清代乡约所继承的只是前代乡约的组织化形式,该组织方式经官方的推动并全面控制,民间性丧失殆尽,被改造成为各种圣谕、圣训的宣讲场所。

4. 家庭教化

家庭是社会的细胞,宗法家庭与家族是中国传统社会的基础,家庭和睦团结,家族之间友好亲善,有助于社会的稳定与繁荣。孟子曰:“天下之本在国,国之本在家,家之本在身。”④历代思想家对修、齐、治、平的解读中,都非常重视“齐家”这个环节,如明代罗伦曰:“何谓齐家?不争田地、不占山林、不尚争斗、不肆强梁、不败乡里、不陵宗族、不扰官府、不尚奢侈、弟让其兄、侄让其叔、妇敬其夫、奴恭其主,只要认得一‘忍’字,一‘让’字,便齐得家也。”⑤在这

① 《王阳明全集》卷1,《知行录之二·公移二·南赣乡约》。

② 赵秀玲著:《中国乡里制度》,社会科学文献出版社1998年版,第90页。

③ 《钦定大清会典事例》卷398,《礼部·风教·讲约二》,《续修四库全书》第804册,上海古籍出版社1995年版,第330页。

④ 《孟子·离娄上》。

⑤ 《戒叔父等书》,转引自《中国家训史》,陕西人民出版社2003年版,第17页。

种“忍让”的思想主导下，一个遵礼守法的人，一个家庭成员互相谦让的家族，当然是天下太平最好基础。如果有家庭成员做不到这些“忍让”怎么办，一般先由家庭（家族）予以训诫、处罚，如能改过自新则善，否则就该官方“出手”了。《宋史·陆九韶传》载：陆家“子弟有过，家长会众子弟责而训之，不改，则挞之；终不改，度不可容，则言之官府，屏之远方焉”。更有甚者，家庭（家族）可以对一些家庭成员违反道德伦理的行为直接处理，如常见于南方的把违反族规的当事人“沉潭”、“沉江”。笔者所居皖北农村也曾有“活埋”违反族规的当事人的事例。这些事件的发生一般被认为是“家丑”，族人不得“外扬”，一切生活照旧。统治者当局一般也采取默许的态度。可谓“家范肃于刑律，乡评严于斧钺”。①

宗法家族制度在中国传统社会承担着重要的教化功能：一方面，家族成员的社会化在家庭塾师、家长（族长）的训导和影响下完成，家族矛盾在家长（族长）的主持下内部化解，防止个人行为偏离社会规范或家族矛盾激化而破坏社会秩序；另一方面，国家也有惩治不法子弟以维护宗法家庭（家族）的稳定与延续，为家庭（家族）权力提供支撑；两者相辅相成。追求天下大治的统治者，限于小农经济的薄弱财力，不能直接完成对每个社会成员的教化，寄希望于每个家庭（家族）也是最为妥当的选择，修齐治平理论在现实治理中也得到最为完美的诠释。

《礼记》把家庭教化的地位提高到国家兴亡的高度，认为：“其家不可教，而能教人者无之。故君子不出家而成教于国……一家仁，一国兴仁；一家让，一国兴让。”②家庭（家族）教化功能的实现是通过家庭教育，家长（族长）对家庭其他成员具有绝对的权威，也承担着家庭成员，特别是子女行为的导师。用儒家纲常训导子弟修齐治平、孝悌力田、忠君报国、清正严慎、宽仁恤民、谦

---

① （同治）《吉安府志·地理志》。

② 《礼记·大学第四十二》。

谨勤劳、节俭和顺，纠正或防范他们的骄、奢、淫、贪、逸、掠、虐、暴等不良情绪，禁止他们奸佞、欺诈、抢劫、偷盗、赌博、寻衅斗殴等违法犯罪行为，还通过耕读等途径进德修身，提高才能，以立业谋生、为官任职、创业垂世。在一些家庭（家族），主要是帝王和知识分子家庭（家族），还形成了特有的家教文化——家训。

据徐少锦和陈延斌两位学者对中国家训的历史研究，中国传统社会家训历史悠久。“萌芽于五帝时代，产生于西周，成型于两汉，成熟于隋唐，繁荣于宋元，明清达到鼎盛并由盛转衰。”①传统家训形式多样，有“家道、家约、家训、家风、家规、家法、家范、家诫、家劝、户规、族规、族谕、庄规、条规、宗式、宗约、公约、祠规、祠约等”。② 他们将家训的基本内容概括为17个方面：③一是孝亲敬长，睦亲齐家；二是治家谨严，勤劳节俭；三是糟糠不弃，寡妇可嫁；四是贵名节，重家声；五是勤政谦敬，安国恤民；六是清廉自守，勿贪勿奢；七是抵御外侮，维护统一；八是依法完粮纳税，严禁乱砍林木；九是立志清远，励志勉学；十是习业农商，治生自立；十一是崇尚科技，贬拒迷信；十二是审择交游，近善远佞；十三是宽厚谦恭，谨言慎行；十四是和待乡邻，善视仆隶；十五是救难济贫，助人为乐；十六是洁身自好，力戒恶习；十七是养生、健身等方面的训导。家训内容的核心是修身、治家、立业，把家庭（族）成员的道德修养置于突出地位，是青年子弟社会化教育的重要组成部分，即“教家立范，品行为先”，④对社会秩序的建构是积极的，也受到统治者的重视，所谓“一家之教化，即朝廷之教化”。⑤ 通过家庭的教化，使家庭成员符合统治者要求的“善”的标准，其行为自然不会与统治者所倡导的社会规范相违背。

---

① 徐少锦、陈延斌著：《中国家训史》，陕西人民出版社2003年版，第2页。下文引该书仅注明书名和页码。

② 同上书，第2页。

③ 同上书，第2~8页。

④ 《孝友堂家训》，转引自《中国家训史》，第14页。

⑤ 《寒松堂集·奏疏》。

5. 倡导个人修身

针对人性之善的养成，除了外在教化之外，统治者还强调个人修身，从社会个体角度强调个人的内在控制。金其高教授将其总结为“修性自防”，他认为“修性自防是依靠通过修身养性形成的自我控制来约束自己的行为，以不作为为防范特征”。① 孔子曰：“我欲仁，斯仁至矣”，②强调“我”的主观性，怎样才能使“我”自觉为“仁”，孔子很注重“修身”，其弟子曾子曰：“吾日三省吾身——为人谋而不忠乎？与朋友交而不信乎？传不习乎？”③孔子强调统治者修身正己，因为“君子之德风，小人之德草。草上之风，必偃”。④ 又言：“上好礼，则民易使也”，⑤所以，“德之不修，学之不讲，闻义不能徙，不善不能改，是吾忧也”。⑥ 孟子强调“尽心”而“知性”，“修身”以“立命”，“得志，泽加于民，不得志，修身见于世。穷则独善其身，达则兼善天下”。⑦

《礼记》云：“古人欲明明德于天下者，先治其国者；欲治其国，先齐其家；欲齐其家者，先修其身；欲修其身者，先正其心；欲正其心者，先诚其意；意诚而后心正，心正而后身修，身修而后家齐，家齐而后国治，国治而后天下平。”⑧通过格物致知，达诚意正心，方具备一个合格人才（君子）所应有的社会修养。所以，“自天子以至于庶人，壹是皆以修身为本”。⑨ “知所以修身，则知所以治人；知所以治人，则知所以治天下国家矣。”⑩欧阳修曰：“不修其身，虽君子而为小人。”⑪修身注重的是道德品行，通过修身，使自己一言一行皆符合社会

---

① 金其高著：《社会治安防控经略》，群众出版社2004年版，第77～78页。
② 《论语·述而》。
③ 《论语·学而》。
④ 《论语·颜渊》。
⑤ 《论语·宪问》。
⑥ 《论语·述而》。
⑦ 《孟子·尽心上》。
⑧ 《礼记·大学第四十二》。
⑨ 同上。
⑩ 《四书章句集注·中庸章句》。
⑪ 《欧阳修全集》，《居士集》卷47，《答李诩第二书》。

道德法律规范的要求,从源头上抑制人的扰乱社会秩序的行为。

朱熹认为修身源于对人的善的天性的认识,人人皆有复性的可能,即“明德”,需要从几个方面:一是依礼求仁。“人有是身,则有耳、目、鼻、口、四肢之欲,而或不能无害夫仁。人既不仁,则其所以灭天理而穷人欲者,将益无所不至。此君子之学所以汲汲于求仁,而求仁之要亦曰去其所以害仁者也。盖非礼而视,人欲之害仁也;非礼而听,人欲之害仁也;非礼而言且动,人欲之害仁也。”①因此,人应该通过求仁来“拔其本,塞其源,克之克之而又克之,以至于一旦豁然,欲尽而理纯”。即“君子之学,所以汲汲于求仁”。② 二是克己复礼。礼是儒家正统思想所信奉和推崇的社会规范,朱熹说:“礼即天之理也,非礼则己之私也。”“礼者,理也,亦言礼之属乎天理,以对己之属乎人欲。”③所以,克己复礼即存天理灭人欲,“克,胜也。己,谓身之私欲也。复,反也。礼者,天理之节文也”。三是居敬。朱熹说:“圣门之学,别无要妙,彻头彻尾,只是个敬字而已”;④“持敬之说,不必多言,但熟味‘整齐严肃’、‘严威俨恪’、‘动容貌,整思虑’、‘正衣冠,尊瞻视’此等数语,而实加工焉。则所谓直内,所谓主一,自然不费安排,而身心肃然,表里如一矣”。⑤ 四是养气。朱熹比较注重人心之清净,人心受物的损害而有欲,到夜晚休息不与外物接触时,“其气稍清,自然仁义之良心却存得些子”。⑥ 因此,人在白天所引起的浊气,就不要等到夜晚,而应该立刻下功夫去克制自己,“克己复礼,惩忿窒欲,令此气常清”。⑦

王阳明提出“致良知”,以“真吾之好”改变“名利之好”,“防非于未萌之先,而克于方萌之际”。⑧ 他注重人的心之“养”,即“人君之心,顾其所以养之

---

① 《晦庵先生朱文公文集》卷77,《克斋记》。
② 同上。
③ 《四书或问·论语或问》。
④ 《晦庵先生朱文公文集》卷41,《答程允夫》。
⑤ 《朱子语类》卷12,《学六·持守》。
⑥ 《晦庵先生朱文公文集》卷39,《答许顺之》。
⑦ 《晦庵先生朱文公文集》卷45,《答杨子直》。
⑧ 《王阳明全集》卷1,《知行录·传习录中·答陆原静书》。

者何如耳？养之以善，则进于高明，而心日以智；养之以恶，则流于污下，而心日以愚；故夫人君之所以养其心者，不可以不慎也”。[①] 而个人修养的关键是“主一”，“主一是专主一个天理”，[②]即一心关注存天理。修养的整个过程就是不断克制自己的过程。王守仁把个人修养作为自我思想控制的重要手段，并将自己的思想与社会规范融为一体，以达理想之社会状态。

“修性自防”是增加个人对社会规范的体认和服从，防止自己的行为违反了社会秩序的要求。梁漱溟先生认为中国传统社会秩序“恒自尔维持，若无假乎强制之力”，是“中国文明一大异彩”，他说：“往古印度文明最使人惊异者，是其宗教出世法之特盛（其成就亦正在此）；近代迄今西洋文明最使人惊异者，是其征服自然利用自然一切科学技术之发达（其成就亦正在此）；旧中国文明最使人惊异者，即是其社会秩序恒自尔维持，若无假乎强制之力。”[③]至于社会秩序如何维持？他“总结说：社会矛盾（剥削及统治），旧日中国所不能无，但它化整为零，以情代势，颇得分解缓和。其秩序，虽最后亦不能无借于国家法律，但它融国家于社会，摄法律于礼俗，所以维持之者，固在其个人其社会之自力，而非赖强制之功”。[④] 所以，提倡“修性自防”符合统治秩序的维护，得到历代统治者的大力推崇。

在中国传统社会治安思想中，从最高统治者到每个社会个体，方法上有说教、有示范、有规劝、有惩戒，形成了一个系统的教化工程，每个社会个体周围像同心圆一样被层层教化之网包围。在这样一个教化体系中，统治者自然希望每个人都能遵守以礼为核心的伦理规范，随心所欲而不逾矩，打造天下大治的清平景象。当然，无论是家庭教化、社区教化，还是帝王教化，都存在失败的可能。对那些不从教化的子女、乡民、臣民，需要对以家法、约法、王法

---

① 《王阳明全集》卷3，《悟真录·外集四·论人君之心惟在所养》。
② 《王阳明全集》卷1，《知行录·传习录上》。
③ 梁漱溟著：《中国文化要义》，上海人民出版社2005年版，第175页。
④ 同上书，第180页。

予以惩戒，教育本人并以儆效尤，为教化推行提供强制力保障，形成德教于前、刑辅于后的治安思想。

五、中国传统社会治安实践中的德刑相悖

德主刑辅是儒家治安思想的核心，是中国传统社会正统的治理理论。它要求统治者治理国家以德礼教化为主，以刑事惩罚为辅。德礼教化的思想上文已述，系从西周的明德慎罚思想发展而来，经孔子阐发，加以经化，对于德刑关系，明确论及："道之以政，齐之以政，民免而无耻；道之以德，齐之以礼，有耻且格。"①至汉董仲舒明确提出"刑者德之辅"。② 后代儒生更是以此为理念，来思考和解决治安问题。随着礼、法的逐渐融合，至唐朝达到顶峰，"德主刑辅"被《唐律疏议》以法律的形式固定下来。这是与唐初统治者的治安思想分不开的，唐太宗李世民认为："古来帝王，以仁义为治者，国祚延长；任法御人者，虽救一时，败亡亦促。既见前王之事，足是元龟。"③《唐律疏议·名例》中明确了"德礼为政教之本，刑罚为政教之用"的思想。《唐律》对"出入人罪"予以处罚，防范司法活动中的舞弊行为。还对死刑案件实行"三复奏"或"五复奏"制度，体现了慎刑思想。宋太祖为缓和阶级矛盾，稳定政权，标榜"仁政"，曾多次更定"窃盗律"和"强盗法"，以减轻"盗罪"的处罚。又定"折杖法"，以杖作为流、徒、杖、笞的代用刑；并立"刺配法"，以贷杂犯死罪；皆有轻刑之意。

明清两朝统治者依然高唱"德主刑辅"。例如，朱元璋曰："礼乐者治平之膏粱，刑政者救弊之药石。"④康熙在颁发《上谕十六条》时就说过："朕惟至治之世，不专以法令为事，而以教化为先。其时人心醇良，风俗朴实，刑措不用，

---

① 《论语·为政》。

② 《春秋繁露·天辨在人》。

③ 《贞观政要·仁义第十三》。

④ 《明太祖实录》卷162。

比屋可封，长治久安，懋登上理。盖法令禁于一时，而教化维于可久。若徒事法令，而教化不先，是舍本而务末也。”后来雍正在颁发《圣谕广训》的序中也称：“书曰每岁孟春遒人以木铎徇于路；记曰司徒修六礼以节民性，明七教以兴民德。此皆以敦本崇实之道，为牖民觉世之模，法莫良焉，意莫厚焉。”乾隆在登基五年后的谕令中总结为：“从来为治之道，不外教养两端。”嘉庆则特颁上谕指出：“从来治民之道，教化为先，国家抚有黎庶，设群有司，专以司牧之任，所以迪牖斯民，俾日兴于善，非第催科断狱即可称为良有司也。”此后道光、咸丰、光绪、宣统时期，亦多次发布相关上谕。①

正如梁漱溟先生所言：“其（中国传统社会。——引者注）组织结构根本寄托在礼俗上，而不著见于法律。法律这样东西，它几乎可说没有。其自古所谓法律，不过是刑律，为礼俗之补充辅助，不得已而用之。传统思想，贵德而贱刑。强制力在中国，是不被尊重的。它只是迫于事实不能不有之，乃至不能不用之，然论其本旨，则是备而不用的。”②

中国传统社会的正统思想是“德主刑辅”，其社会治理所追求的最高境界就是天下大化，刑措而不用，若昔者帝舜用皋陶作士，“明刑以弼五教，而期于无刑”。③ 例如，“周之成康，刑措不用，德及鸟兽”。④ 汉“孝文皇帝即位二十三年……专务以德化民，是以海内殷富，兴于礼义，断狱数百，几致刑措。呜呼！仁哉”！⑤ 唐贞观年间，“由是（贞观元年）至四年，断死刑，天下二十九人，几致刑措”。⑥ 这些都是中国传统社会正统思想所推崇的治世景象，也是礼乐教化发挥到最好效果的状态。

---

① 《清会典事例》卷397～400，礼部“风教”中的相关内容。

② 梁漱溟著：《中国文化要义》，上海人民出版社2005年版，第176页。

③ 《朱熹集》卷14，《戊申延和奏札》。五教即“父子有亲，君臣有义，夫妇有别，长幼有序，朋友有信”。

④ 《册府元龟》卷643，《贡举部·考试》。

⑤ 《史记·孝文本纪》。

⑥ 《贞观政要·刑法第三十一》。

虽然“德主刑辅”的治安思想强调立法宽简、执法公允、司法审慎，但“盗贼”治理实践中，却一直面临严刑峻法。《春秋左传》载有郑国执政大叔严打治盗的案例：“郑国子产死后，大叔为政，不忍猛而宽。郑国多盗，取人于崔苻之泽。大叔悔之，曰：‘吾早从夫子，不及此。’兴徒兵以崔苻之盗，尽杀之，盗少止。仲尼曰：‘善哉！政宽则民慢，慢则纠之以猛；猛则民残，残则施之以宽。宽以济猛，猛以济宽，政是以和。’”①此例虽言宽猛相济，细看则仿若说明治盗应“猛”而不应“宽”。

李悝立法将“盗、贼”居首，反映了当时“盗贼”是主要的治安问题，也言“盗贼”是刑法打击的主要对象。西汉时，刑罚趋于人性化，肉刑得以废除，但“盗贼”并没有受到“优待”。汉武时，酷吏盛行，多以重手治盗闻名，如酷吏传载，严延年任河南太守严刑治盗，被称“屠伯”；尹赏为长安令，筑“虎穴”以“通行饮食群盗”罪惩治群小。然而，酷吏的严厉打击并没有遏制“盗贼”的发生，“民益轻犯法，盗贼滋起。大者至数千人，攻城邑，掠库兵”。② 汉武帝不得已行“沉命法”。

隋文帝杨坚面对“京市白日，公行掣盗”的治安形势，遂行“纠告”之法，结果导致“被陷者甚众”，“帝知之，乃命盗一钱已上皆弃市。行旅皆晏起早宿，天下懔懔焉。此后又定制，行署取一钱已上，闻见不告言者，坐至死。自此四人共盗一榱桷，三人同窃一瓜，事发即时行决。有数人劫执事而谓之曰：‘吾岂求财者邪？但为枉人来耳。而为我奏至尊，自古以来，体国立法，未有盗一钱而死也。而不为我以闻，吾更来，而属无类矣。’帝闻之，为停盗取一钱弃市之法”。③ 唐代治安治理中，酷吏之恶行，骇人听闻，如周兴、来俊臣之流，以告密罗织罪名为能事，臭名昭著，与敢于摧折豪强、不避权贵的汉代酷吏相差甚远。

---

① 《春秋左传·昭公二十年》，第 1421 页。
② 《汉书·酷吏传》。
③ 《隋书·刑法志》。

宋朝对“盗贼”的打击却远远超出《宋刑统》的范围。宋朝“盗贼”频发，始终不断。北宋王朝存续的164年间，共发生大小规模不同的被称为“盗贼”的农民起义200多起。可谓“前贼虽灭，后贼更多”。[①] 统治者的治盗之策选择了重刑，该法行于宋仁宗嘉祐六年（1061年），初在开封府诸县，针对“盗贼”立重法。后宋英宗、宋神宗不断该重法制度适用范围扩大，至宋哲宗元祐四年，在全国24路中已有17路为重法统治地区，重法治盗已成为北宋举国治安治理的基本模式。然而，北宋重法治盗并没有遏制“盗贼”的发生，结果反而是“盗贼”竞相蜂起。宋徽宗大观元年（1107年）宣布“罢重法”。[②]

明清两朝统治者尽管依然高唱“德主刑辅”，但治安实践中明显地体现着严刑峻法。例如，朱元璋不仅强调“乱世用重典”，而且法外严刑。世人皆知的惩治贪吏中的“剥皮填草”，极为严酷。“德主刑辅”所强调的慎刑思想也荡然无存。清朝统治者在“详译明律，参以国制”的思想指导下，《大清律例》几乎将明代刑制全部收录其中，自然包括其严刑峻法。清康、雍、乾三朝迭兴文字狱，株连之广，惩罚之酷，杀戮之众，史所罕见。

结合中国传统社会治安治理的理论与实践，有人总结为“德刑相悖”，即“从宏观上看，德主刑辅和严刑峻法同时作为中国传统社会的社会治安防控大略的主要内容而并存，且两者之间的对立与统一交织成中国传统社会治安防控经略发展的一条主线，贯穿于中国传统社会的全过程。从理论主张与社会治安实践划分，中国传统社会所主张的社会治安防控经略多为德主刑辅，而所实行的时候治安防控经略多为严刑峻法”。[③] 究其原因，一是历代帝王的实用主义倾向，灵活地根据治安形势来调整治安对策。《周礼·秋官·大司寇》中提出：“掌建邦之三典，以佐王刑邦国，诘四方。一曰刑新国用轻典，二曰刑平国用中典，三曰刑乱国用重典。”曹操认为治安策略要依治安形势来选

---

① 《续资治通鉴长编》卷142，庆历三年。

② 《铁围山丛谈》卷1。

③ 金其高著：《社会治安防控经略》，群众出版社2004年版，第67页。

择。他说:“夫治定之化,以礼为首;拨乱之政,以刑为先。”①朱元璋于洪武二十八年(1395年)五月下诏禁止酷刑,其中对其曾经的法外用刑作辩护:“朕自起兵至今四十余年,亲理天下庶务,人情善恶真伪,无不涉历。其中奸顽刁诈之徒,情犯深重,灼然无疑者,特令法外加刑,意在使人知所警惧,不敢轻易犯法。然此特权时措置,顿挫奸顽,非守成之君所用长法。”②他还对皇太孙朱允炆说:“吾治乱世,刑不得不重;汝治平世,刑自当轻,所谓刑罚世轻世重也。”③也许,统治者们从来没真正地把德主刑辅、抑或严刑峻法作为唯一的治安治理思想,而是根据实际需要而定。二是帝王专制的结果。帝王家天下,其权力没有任何制度的约束,恣意妄为,嘴上为民,手下为己,结果必然如此。如西汉宣帝所言:“汉家自有制度,本以霸王道杂之,奈何纯任德教,用周政乎!且俗儒不达时宜,好是古非今,使人眩于名实,不知所守,何足委任!”④

本章小结

人性之恶,实乃人欲之恶。教化、刑罚皆为成性之手段,无分良莠,在于用者。虽然人性观点不同,但对人的社会性的强调是一致的,考察人性善、恶的落脚点亦是人的社会性。如何建构社会,需要对个体的本质进行明确,然后才能建构各种社会制度,以维系人与人之间的秩序。孟子主张“人性善”,各种善的品质外化为各种善的行为,这种善是符合社会秩序需要的,是积极的,是从正面发挥社会秩序下建构功能的。从这个层面来看,孟子之“性善论”类似于西方社会学中的结构功能主义。荀子认为“人性恶”,各种恶的品质外化为各种恶的行为,如争、乱、盗、贼等。这种恶是破坏社会秩序的,是消极的,但是同样要建构社会秩序,这就需要对恶的品质和行为的抑制,通过政

① 《三国志·魏志·高柔传》。
② 《明太祖实录》卷239。
③ 《明史·刑法志》。
④ 《汉书·元帝纪》。

令、教化和刑罚,使人符合“礼”的规范,从而建构和维护社会秩序。从这个层面来看,荀子之“性恶论”若西方社会学中的社会冲突主义。

但从人性出发,来养成善的品质,两种理论所采取的策略也是不同的。“性善论”注重人的“尽心”、“知性”,以及后来理学的“复性”、心学的“致良知”,追求本性的善,是一种回归,是向内用力,有着极大的保守性。因为善对社会秩序的建构是积极的,所以统治者强调教化社会成员成善,防止善被人欲所“陷溺”。当然,这种善的内容是统治者来评价的,符合其利益的则是善的,是值得提倡的,反之是恶的,是要打击的。所以,这种教化是家长式的、专制的。就像父母教育子女,皆认为都是为了子女好,但子女到了一定年龄、有自我认知的时候,往往会反对父母不尊重他(或她)个人的意志。其实父母认为的好往往是从父母的角度来评价的,其中不乏有积极的意义,但子女的意志自由却被完全抹杀,之间没有商量、没有妥协。在三纲五常为核心的礼教规则下,是不容许存在任何的反抗。无论是家庭、社区或是国家,任何的违反者都是被无情打击的。因为善是本来就有的,个人和社会的努力均着眼于“守”善,社会制度的建构亦立足于防。所以,整个治安治理实践也是保守的。这种制度下,当人追逐欲望的满足时,必然要披着“善”的外衣,打着“善”的旗号,形成一种扭曲的矛盾人格,从庶民到君王,无不如此。

相对来讲,“性恶论”承认了社会成员的“恶”性,直接面对各种恶的行为。各种社会制度都是为了抑制恶的行为,包括对恶的品质的矫正,即化性起伪。承认了人的恶的本质,人的争、乱行为成为一种自然状态。若构建社会秩序,则由人的社会性,即“群”、“分”、“礼”来规范人的行为,这些规范的形式是教化、政令和刑罚。这种治安思想中,不回避人性的弱点,不回避现实的问题,是一种开放的、积极的治安观。“性恶论”主张“化性起伪”,从“恶”的起点出发,到“善”的结果,是一种动态的过程。为了建构有序的社会秩序,此处的“伪”则是一种真,是一种符合现实的“真”行为。

在中国传统社会,言教化,其内容固有利于社会建构最基本之内容,如孝、诚、信等，有着维系社会交往的最基本的价值；但从血缘关系发展而来的天人合一理论，使这些理论成为统治者的理论工具，统治者亦努力推行这一符合自己利益的价值观，让民众接受自己的统治。教化的目的不是开启民智，让社会成员在认识世界过程中体验一种精神的自由，而是一种禁锢，民众是被化的对象，无思想自由可言，不能有任何的反思，更不能有任何的反对，否则将被作为大逆不道的异端，被打击、排斥，无论是在家、在国，均无生存空间。

言刑罚，实乃统治者打击对教化违反者的工具，让民众不敢违抗自己的统治。西方古典主义犯罪学派亦主张刑罚威慑，但取公正、及时、必得为刑罚执行理念；中国传统社会中的帝王们以迅速、必得为执行理念，因为公平由帝王自己来评价，有时完全取决于自己的需要，而不需要社会的公正。在正统的人性理论中，把为恶者视为"斗筲之性"、"下品之性"，是顽固不化、无可救药的，所以，统治者口中"刁民"、"顽民"充塞，屠刀挥舞、血流成河，得生者少、见杀者多。

教化与刑罚在治安治理过程中逐渐趋于融合，形成儒表法里的治术。有研究认为，从西汉至东汉前期，儒家教化与刑罚制度统一的一面比较突出，基本能够相辅相成，教化重于刑罚的理论对实践的影响力越来越大。到了东汉后期，有些地方官以儒家伦理道德代替律令科条，于黑暗的政治环境下维护相对的社会稳定，的确收到了一些成效。①其实，不尽如此，无论是教化还是刑罚，都受到人的生存底线的制约，而传统社会中的民众却时常处于生存的困境，这就要求统治者不得不解决民的最基本的衣食问题。汉初黄老思想的成功运用，使与民休息、无为而治等思想也逐渐融合到治安思想中，与儒家的重本抑末、轻徭薄赋的思想相结合，为农民的基本生活提供了保障，奠定了教化的必要前提。白居易言，刑、礼、道迭相为用，所见明了。

① 李学娟："两汉教化研究"，山东大学2009年博士毕业论文。

第三章　足民以安的传统治安思想

经过对人的本性善、恶的分析可见，人对欲望满足的追求而不加节制往往会形成争、夺等违法犯罪的心理动机，如有适当的机会，会做出相应的犯罪行为。所以，统治者要制定相应的社会规范，然后通过教化希望使每个人都知晓并遵守这一规范（家规、族规也体现了这种规范）。这种教化的力量创造了一个“社会秩序恒自尔维持，若无强制之力”的奇迹，被梁漱溟先生称为“中国文明的一大异彩”。然而，人的行为选择还受到生存本能的制约。思考中国传统社会分析“盗贼”之发生，先贤们还注重民的社会经济条件，认为民的贫困是“盗贼”发生的最主要原因。这种贫困不是“一箪食，一瓢饮，居陋巷”，[①]而是饥寒致死的威胁。宋建炎三年（1129 年）给事中胡进修上疏曰：“昔人常谓甑中有麦饭数升，床上有一故絮被，虽仪、秦说之于先，韩、彭驱之于后，不能使之为盗。惟其冻饿无聊，日与死迫，然后忍以父母妻子所仰之身，而弃之于

① 《论语·雍也》。

盗贼。”[①]面临死亡威胁,合法的途径又不能解决生存问题,只有铤而走险。中国传统治安思想中针对贫困引发治安问题这一社会现实提出了诸多对策,在一些关于传统社会政治思想、经济思想的研究中也多有涉及,最为突出的是“民本”、“富民”思想。“民本”思想研究成果甚多,“富民”是民本思想的应有内容。经济思想史中对“富民”思想的研究也较为关注,多见于一些学术论文。笔者拟从治安学角度考察民的经济条件与“盗贼”问题的联系、致民贫困的原因、足民以安的治安思想及本质。

一、贫困是中国传统社会“盗贼”发生的原因

先贤们关于因贫致“盗”的论述颇丰,这里略述之。先秦诸子虽流派各异,但对“盗贼”发生原因的分析却近乎一致。

《管子》曰:“民贫则危乡轻家,危乡轻家则敢凌上犯禁,凌上犯禁则难治也。故治国常富,而乱国常贫。”[②]该论说明因为贫困,民可能会突破“家”、“乡”两个层面的教化和约束,甚至敢于“凌上犯禁”等违礼犯法行为,可谓罪莫大焉。

老子通过对比,揭示当时“人之道”剥削现象与“天之道”相反,即“天之道,损有余而补不足。人之道则不然,损不足,奉有余”。[③] 又曰:“民之难治,以其上有为,是以难治。”[④]由于统治者欲壑难填,对民众剥削无度,造成百姓民不聊生困苦不堪,忍无可忍,往往就会铤而走险,以身试法。

孔子“富而教之”的观点把“富民”作为教化的前提,说明了教化对缺衣少食的民很难达到理想的治安效果。东汉王符解读孔子这一思想,更注重了富则有礼、穷则为盗的联系,他说:“孔子称庶则富之,既富则教之。是故礼义生

① 《鸿庆居士集》卷42,《胡公行状》。
② 《管子·治国》。
③ 《老子》第77章。
④ 《老子》第75章。

于富足,盗窃起于贫穷,富足生于宽暇,贫穷起于无日。”①

孟子注重民的“恒产”对“恒心”的影响,揭示了不法行为发生的动机,即“若民,则无恒产,因无恒心。苟无恒心,放辟邪侈,无不为已”。② 当然,该论所指仅农民而已,士民另当别论:“无恒产而有恒心者,惟士为能。”③

《墨子》与《管子》有类似的论述:“是以其民饥寒并至,故为奸邪,奸邪多则刑罚深,刑罚深则国乱。”④

韩非也认为社会治安问题的发生与人类的生活资料满足程度有关。他说:“古者丈夫不耕,草木之实足食也;妇人不织,禽兽之皮足衣也。不事力而养足,人民少而财有余,故民不争,是以厚赏不行,重罚不用而民自治。”⑤可谓风俗淳厚,仅用社会道德即可维护社会运行,“古者寡事而备简,朴陋而不尽,故有珧铫而推车者。古者人寡而相亲,物多而轻利易让,故有揖让而传天下者。然则行揖让,高慈惠,而道仁厚,皆推政也”。⑥ 但是,随着人口的增多,财物相对减少,尽管人们努力从事劳动,仍然满足不了自己生存需要,于是就发生争夺,造成社会秩序的破坏。他说:“今人有五子不为多,子又有五子,大父未死而有二十五孙,是以人民众而货财寡,事力劳而供养薄,故民争,虽倍赏累罚而不免于乱。”⑦

汉初贾谊论曰:“饥寒切于民之肌肤,欲其无为奸邪盗贼,不可得也。”⑧晁错亦言:“民贫,则奸邪生。贫生于不足,不足生于不农,不农则不地著,不地著则离乡轻家,民如鸟兽。虽有高城深池,严法重刑,犹不能禁也。夫寒之于

① 《潜夫论·爱日》。
② 《孟子·梁惠王上》。
③ 同上。
④ 《墨子·辞过》。
⑤ 《韩非子·五蠹》。
⑥ 《韩非子·八说》。
⑦ 《韩非子·五蠹》。
⑧ 《新书·孽产子》。

衣,不待轻暖;饥之于食,不待甘旨;饥寒至身,不顾廉耻。"①

董仲舒认为,因贫(经济因素)致忧(心理因素)而为"盗"是一般逻辑,他说:"大富则骄,大贫则忧。忧则为盗,骄则为暴。此众人之情也。"②当然,这里并非无可挽救,如果统治者及时施救的话,解穷急愁苦之状,民则乐生避罪,即"富者奢侈羡溢,贫者穷急愁苦;穷急愁苦而上不救,则民不乐生;民不乐生,尚不避死,安能避罪!此刑罚之所以蕃而奸邪不可胜者也"。③

后世持此论者俯拾皆是。唐太宗李世民向来认为犯罪之发生是"风化未洽之咎",但他也认识到"风化"的局限,当民陷于"饥寒切身"的生存困境,就顾不得"廉耻"而"为盗"。④ 唐代武则天时期,狄仁杰上疏言:"方今关东荐饥,蜀汉流亡,江、淮而南,赋敛不息。人不复本,则相率为盗,本更一摇,忧患非浅。"⑤处在晚唐时期的白居易认为:"天下之人,贫困思邪而多罪";⑥"衣食不充,冻馁并至,虽皋陶为士,不能止奸宄而去盗贼也"。⑦ 北宋余靖亦言:"衣食不足,虽尧、舜在上,不能使民不为盗贼。"⑧如果衣食不足,皋陶、尧舜也无法使民不为"盗贼",足见生存问题对社会秩序的制约。张载认为治安问题的原因在于不能足民,不能使人民的欲望得到满足所致,即"欲生于不足则民盗,能使无欲则民不为盗"。⑨ 朱熹指出:"盗贼发端,何尝不生于饥饿?赤眉、黄巾、葛荣、黄巢之徒,其起事可见也。"⑩金世宗曰:"贫穷而为盗贼,盖不得已。"⑪康熙皇帝指出:"朕就根本处言之,若果家给人足,孰肯为盗";"且善良

① (西汉)晁错:《论贵粟疏》。
② 《春秋繁露·度制》。
③ 《汉书·董仲舒传》。
④ 《资治通鉴》卷192,武德九年。
⑤ 《旧唐书·狄仁杰传》。
⑥ 《白居易·止狱刑措》。
⑦ 《全唐文》卷671。
⑧ 《续资治通鉴长编》卷145,庆历三年。
⑨ 《张载集·正蒙·有司第十三》。
⑩ 《晦庵先生朱文公文集》卷26,《上宰相书》。
⑪ 《金史·世宗本纪》。

之民，屡遭水旱，迫于衣食，亦为盗矣”。[①]

上述论断揭示了“盗贼”发生的直接原因是“衣食不足”的贫困状态。吃饭问题得不到解决，“此时再不能向里用力了——再向里用力，为生理所不许”。[②] 解决途径除了外来的救助外，如政府赈灾和大户开粥厂，饥民自己的办法一般只有流亡、乞讨，以求生存，饥民变流民。讨得到自然好，讨不到可能就只有饿死一条道，所谓“转死沟壑”。《后汉书》有载王莽时期破产农民流离失所的悲惨情景：“元元无聊，饥寒并至。父子流亡，夫妇离散。庐落丘墟，田畴芜秽，疾役大兴，灾异蜂起。于是江湖之上，海岱之滨，风腾波涌，更相骀藉。四垂之人，肝脑涂地，死亡之数，不啻太半。”[③]明史专家李洵曾研究明代流民运动，也对流民的去向作出分析，他认为，15 世纪中后叶的明代流民，在流浪过程中，大批因为饥饿、疾病而倒毙途中。[④]

当然，饥民并不甘于饿死流途，忍无可忍时，“奸心竞生，伪端并作矣。小则盗窃，大则攻劫。严刑峻法，不能救也”。[⑤] 南宋王质分析了“饥民为盗”的发生逻辑和本质，这些饥民做“盗贼”并非是为了“大欲”，而是实在没有生存下去的办法，才铤而走险，把自己处于“介乎可生可死之间”，博得一隙生存机会。[⑥] 农民陷于贫困并不意味着一定要去犯罪，在以个体农业为主要经济基础的社会，除了乞讨或入佃，没有商业、工业提供就业机会，就落入生存困境。这种情况在商品经济稍得发展以后就有所不同。例如，唐宋商品经济获得一定的发展，破产农民除了为佃户外，还可以做商贾。南宋叶适描述当时农民破产景象说：“穷苦憔悴，无地以自业，其驽钝不才者，且为浮客、为佣力；其怀

---

① 《清圣祖实录》卷 141。

② 梁漱溟著：《中国文化要义》，上海人民出版社 2005 年版，第 192 页。

③ 《后汉书·桓谭冯衍列传》。

④ 李洵：“明代流民运动——中国被延缓的原始资本积累过程”，载李询著：《下学集》，中国社会科学出版社 1995 年版，第 91 页。

⑤ 《中论·民数篇》。

⑥ 《雪山集》卷 3，《论镇盗疏》。

利强者，则为商贾、为窃盗，苟得旦暮之食不能为家。丰年乐岁，市无贵粜，而民常患夫斗升之求无所从给。”①但随着天灾、苛政、兵祸、盗贼等的侵扰和人口的增加，民成为“盗贼”的可能性大大增加。如辛弃疾所论：“田野之民，郡以聚敛害之，县以科率害之，吏以乞取害之，豪民以兼并害之，盗贼以剽夺害之，民不为盗，去将安之？”②

流民变成“盗贼”，成为流入地的灾难。元末明初的诗人刘崧曾有诗描述淮西凤阳的流民给江西农民带来的危害。诗云：“淮西流民望南徙，掠财昼入南山里。裹枪负梃八十人，拒敌乡民四人死。流民只说江西熟，得食仍嗔食无肉。扶伤救死官不闻，乡民还对流民哭。东家击豕西家牛，撤尾烧火当街头。自言性命如粪土，一死不异淮西州。乡民不怕逢豺虎，共承只怕流民怒。老翁夜出烧纸钱，祈神夜送流民去。从今莫愿多丰年，第一莫旱淮西田。流民不来贫亦好，鸡犬全家永相保。”③贫民成流民，流民成“盗贼”，危害异乡农民，几成魔鬼。然流民本身认为，命薄如纸，大不了一死，哪里都一样，亦不把法律的惩罚放在眼里。所以，在饥民为“盗贼”的逻辑里，有一个获取最大生存机会的博弈。

明代丘濬研究了其之前历代朝廷和大臣的“盗贼”治理理论和实践，总结道：“按盗贼之起，盖有所因也。自秦始皇以来，所以劳民力，苦民心，费民财，戕民命者，非一日矣。民无以为生，举手动足，何者非杀身之地，使有一隙生路，民亦不寻死矣。不得已而死中求生，此胜广之徒所以造乱也。”④民穷有多端，但民穷而无以为生时，“举手动足”皆为“杀身之地”，说明“举手动足”为违法行为，最为可能是获取生存资料的非法之举，然刑罚过于严苛，使这种满足生存的行为成为求死行为，左右是死的前提下，不如拼死一搏，不仅扩大自

---

① 《叶适集·水心别集》卷2，《民事中》。

② 《宋史·辛弃疾传》。

③ （明）刘崧：《槎翁诗集》卷3，《南山谣》，《四库全书》本。转引自王学泰著：《游民文化与中国社会》（上），同心出版社2007年版，第78页。

④ 《大学衍义补》卷136，《遏盗之机（上）》。

己的生存机会，甚至可能会活得更好。“这些脱离了社会秩序的人们，当他们汇成波澜壮阔的洪流时，就会形成巨大的盲目的破坏力量。这些无依无靠挣扎在死亡边缘的人们的力量，可以摧毁一切既定的社会规范，打碎国家机器，推翻强调的皇权专制王朝，在历史上演出一幕幕威武雄壮改朝换代的活剧。”①

二、中国传统社会农民贫困的原因

在中国传统社会，农业科技落后，自然灾害频发，统治者赋繁役重，豪强兼并成风，作为主要经济基础的个体农业脆弱不堪，农民也就极易陷入破产境地。

1. 个体农业经济本身薄弱

中国传统社会中，农民经济基础较为薄弱，风调雨顺的正常年景下，农民也很难过上丰衣足食的日子。战国时期魏国改革家李悝论平籴时谈及当时农民的收支账：“一夫挟五口，治田百亩，②岁收亩一石半，为粟百五十石。除十一之税十五石，余百三十五石。食，人月一石半，五人终岁为粟九十石，余有四十五石，石三十，为钱千三百五十。除社闾尝新春秋之祠用钱三百，余千五十。衣，人率用钱三百，五人终岁用千五百，不足四百五十。不幸疾病死丧之费，及上赋敛，又未与此。此农夫所以常困，有不劝耕之心。”③尽管李悝是为了论述根据每年收成进行平籴以保证民生的重要性，但这笔收入账还是说明了当时农民的生活状态。

晁错描述当时民的生活状况：“今农夫五口之家，其服役者不下二人，其能耕者不过百亩，百亩之收不过百石。春耕、夏耘，秋获、冬藏，伐薪樵，治官

---

① 王学泰著：《游民文化与中国社会》，同心出版社2007年版，第79页。

② 百亩有两种含义：一是大亩，240步，百亩之田合今67市亩；二是小亩，100步，百亩之田合今28.82市亩。此处当为小亩。

③ 《汉书·食货志》。

府,给徭役;春不得避风尘,夏不得避暑热,秋不得避阴雨,冬不得避寒冻,四时之间亡日休息;又私自送往迎来,吊死问疾,养孤长幼在其中。勤苦如此,尚复被水旱之灾,急政暴赋,赋敛不时,朝令而暮当具。有者半贾而卖,亡者取倍称之息,于是有卖田宅、鬻子孙以偿责者矣。"①此时的"五口百亩之家"的个体农民在历史学家眼里可谓是中国传统社会农民的黄金时代。如孙达人言:"秦汉皇朝之所以显得强大,其奥秘就在于这种'五口百亩之家'式的个体农民比之其他皇朝强大;汉武帝以前时期的社会之所以比较繁荣,其奥秘就在于这种'五口百亩之家'的经济状况比之后期要好得多。"②然这样的个体农民依然难以摆脱贫困,后世农民随着土地的减少和人口的膨胀,更是举步维艰。

根据孙达人的研究,秦汉至唐宋阶段,由于还有相当广阔的土地可供开发,农民的土地占有(包括租赁)量,在每经过一次农民战争之后,基本上仍然可以恢复,甚至还能超过前述李悝等所说的"五口百亩之家"。最明显的例子是,汉代人均占地67亩,(合今46.8市亩),故那时占地30亩者算贫民。唐初狭乡每丁授田30亩,而唐太宗知道后还"忧其不给"。到了宋代,佃客之家的一般租地量仍有几十亩。到明清以后,农民的耕地量就越来越少,无论南北大都抵降到10亩以下,而社会上则出现越来越多的无地游民。③ 人均土地的减少一个重要的原因是人口的增加。程颐曰:"天下耕之者少,食之者多,地力不尽,人功不勤,虽富室强宗,鲜有余积,况其贫弱者乎?或一州一县有年岁之凶,盗贼纵横,饥羸满路。"④如果说以前汉唐王朝总是至少要经过大约百年户口才能超过5000万、达到6000万左右的话,那么,从明始,开国皇帝朱元璋在位的第14年就达到了这样的高度,而且,这还是在整个华北和西北早已

① 《论贵粟疏》。
② 孙达人著:《中国农民变迁论》,中国编译出版社1996年版,第117页。
③ 同上书,第109页。
④ 《二程集·河南程氏文集》卷1,《明道先生文一·论十事劄子》。

完全衰落了的情况下达到的。这就无怪乎“人满之患”、“民穷财尽”会成为当时朝野一致的共识。清康熙四十三年(1704 年)春,诏曰:“朕咨访民瘼,深悉力作艰难。耕三十亩者,输租赋外,约余二十石。衣食丁徭,取给于此。幸逢廉吏,犹可有余。若诛求无艺,则民无以为生。是故察吏所以安民,要在大吏实心体恤也。”①清唐甄描述道:“清兴五十余年矣。四海之内,日益困穷。”②

人均土地的减少还源于财产继承制度。《唐律疏议》颁布以后,历代王朝都明令财产和土地必须在诸子之间平均分配。这样一来,连中等富裕的家庭都不易保持其家业。例如,家中有四五顷地的中等偏上的地主(明清两代占田在五百亩以上的大地主极少),如果他有五个儿子,到了儿子一辈,那就成了每人只有一顷的小地主了。清代乾隆年间,四川人李调元的《卖田说》记载了一个农户王泽润的谈话,王家自其祖父以来,置田不下千亩,然而经过三代人的析产,其子孙下降为中小地主、自耕农乃至佃农。③ 若是一二百亩的中小地主,转换的将更快。

个体农民手中的有限土地,还要面对地主、豪强的兼并、掠夺,陷入无“立锥之地”。东周以降,社会组织发生变化,土地制度也随着各国变法或秦的统一纷纷发生变革。秦汉时,大地主及大工商皆极跋扈。④ 董仲舒云所言“富者田连阡陌,贫者无立锥之地”,以至于贫民常衣牛马之衣,食犬彘之食。⑤ 王莽行王田之诏曰:“汉氏减轻田租,三十而税一,常有更赋,罢癃咸出,而豪民侵陵,分田劫假,厥名三十,实什税五也。”⑥仲长统揭示汉末豪强兼并情况,曰:“豪人之室,连栋数百,膏田满野,奴婢千羣,徒附万计。”⑦唐高宗时期,“豪富

① 《清史稿·圣祖本纪》。

② 《潜书·存言篇》。

③ (清)李调元:《卖田说》,载《童山文集补遗》卷1,《丛书集成初编》本。

④ 吕思勉著:《中国制度史》,上海三联书店 2009 年版,第 49 页。书内注:斯时所谓商人者,实为兼营工业之豪民,如煮盐、铁冶之类是也。

⑤ 《汉书·食货志》(上)。

⑥ 同上。

⑦ 《昌言·理乱》。

之室,皆籍外占田”,洛州刺史贾敦颐,检括豪强用地,“获三千余顷,以给贫乏”。[①] 唐中叶以后,藩镇割据,竞行剥民之政,豪强乘之兼并。

宋代统治者推行“不抑兼并”的策略,国家对土地控制逐渐放松,兼并之风盛行。吕思勉先生总结道:历代开国之初,皆略有制民之产之意,如晋之户调、魏之均田、唐之租庸调是也,而宋则无之。又承晚唐、五代大乱之后,故豪强愈以恣睢,贫弱困于无告也。[②] 宋理宗淳祐六年,殿中侍御史兼侍讲谢方叔认为,当时豪强兼并达到极点,朝廷非限民名田不可,这也是救世之道。当时百姓原有良田,皆被贵势之家占有,这些贵势之家年收租米有及百万石者,“以此兼并寖盛”。[③] 朱熹注《孟子》时指出,“此法(此法为孟子所论之井田制。——引者注)不修,则田无定分,而豪强得以兼并,故井地有不钧(应为均。——引者注);赋无定法,而贪暴得以多取”。[④] 他建议推行经界法时总结说:“盖人家田产,只五六年,便自不同,富者贫,贫者富。”[⑤]

在一个土地是最基本生产资料的农业社会,豪强兼并加剧了农民的生存危机,更易濒临破产边缘。正如宋儒程颢论:唐代授田制破坏以后,富者兼并日盛,其田地“跨州县而莫之止”,而“贫者流离饿殍而莫之恤”。[⑥] 元武宗至大二年,平章约苏上言:“江南治平垂四十年,其民止输地税、商税,余皆无与。富室蔽占王民,奴使之者,动辄百千家,有多至万家者。”[⑦]明张居正说:“江南豪家田至七万顷,粮至二万。古者,大国公田三万亩,今且百倍于大国之数。”[⑧]

吕思勉论豪强兼并多在丧乱之际,他认为:“凡天下丧乱之际,必为豪强

① 《旧唐书·贾敦颐传》。
② 吕思勉著:《中国制度史》,上海三联书店2009年版,第320页。
③ 《宋史·食货志》。
④ 《四书章句集注·孟子集注》。
⑤ 《朱子语类》卷109,《朱子六·论取士》。
⑥ 《二程集·河南程氏文集》卷1,《明道先生文一·论十事劄子》。
⑦ 钱穆著:《国史大纲》(下册),商务印书馆1996年版,第780页。
⑧ 《明史·张居正传》。

兼并之时,其故约有数端:田多荒芜,乘机占有,一也;贫者无以自立,或迫于苛政,弃田而去,亦为豪强所占,二也;乱时民或弃农为兵,田益易荒,三也;暴政恒施于小民,民不得不托庇于豪强,四也;吏治苟简,不能摧抑豪强,或且与之结托,五也。唐中叶以后,盖即其时,宋兴,初未能加以救正,故其农民困苦特甚。”①

2. 频繁的自然灾害

虽然有农业工具的发展和水利技术的不断提高,但中国古代个体农民基本靠天吃饭,抗灾能力较弱。一旦发生水旱自然灾害,则民生大困。而中国传统社会中,自然灾害发生特别频繁。“西欧学者甚有称我国为‘饥荒之国度’(the land of famine)。”②“自汉立国之后技术,即自西历纪元前 206 年至 1936 年,此 2142 年间灾害之总数已达 5150 次,平均每四个月强即罹灾一次。又就旱灾言,凡 1035 次,平均约每 2 年强即罹一次;水灾 1037 次,平均亦每约 2 年强即罹一次。”③“李剑农曾将两汉天灾之见于有关记载的资料作了统计,西汉 214 年中有灾之年 32 年,无灾之年 182 年。其有灾的 32 年中,水灾 7,旱灾 13,旱蝗螟之灾 7,蝗并作 3,霜雪非时之灾 2。此外黄河严重决口 7 次。东汉 195 年中,西汉时代严重的河决未遇。有灾之年 119,无灾之年仅 76。其有灾的 119 年中,水灾 55,风雹之灾 25,旱灾 57,蝗螟之灾 37,三灾并起之年 6,二灾并起之年 31。从这个统计可知,东汉各种灾害大大多于西汉,其旱灾更甚,达到平均 3.42 年发生一次的频率。”④但两汉数字与自汉至民国的数字比较起来,两汉灾情比平均情况要好得多,可见汉以后灾害之频繁。随着土地的不断减少,个体农民能够积累并拥有的财富也很少,抗灾能力较低,成为最不稳定的阶层。有研究认为,小土地所有者、自耕农民在封建社会中又是极

① 吕思勉著:《中国文化思想史九种》(上),上海古籍出版社 2009 年版,第 262 页。
② 邓云特著:《中国救荒史》,上海书店 1984 年版,第 1 页。
③ 同上书,第 51 页。
④ 孙达人著:《中国农民变迁论》,中国编译出版社 1996 年版,第 127 页。

不稳定的阶层,任何一个很小的振荡都可能使他丧失那块很小的土地。"千年田换八百主",首当其冲者就是自耕农,偶然的天灾人祸都会给他们带来严重的打击,他们每日每时还会受到地主豪强的排挤。[①]

灾害造成大量的农民背井离乡,走上流亡之路。大量的流动人口也是治安问题的渊薮,成为"盗贼"的滋生群体。新莽时期,费兴曰:"连年久旱,百姓饥穷,故为盗贼。"[②]北宋余靖亦言:"若水旱之后,盗贼滋长,世之常也。"[③]宋苏轼散文中记述了他"自钱塘移守胶西"所见:"始至之日,岁比不登,盗贼满野,狱讼充斥,而齐厨索然,日食杞菊。"[④]清康熙帝也认为:"且善良之民,屡遭水旱,迫于衣食,亦为盗矣。"[⑤]由灾致饥,由饥致盗,理已明矣。

3. 统治集团的盘剥

相对于自然灾害来说,以皇帝为首的统治集团的剥夺是民众贫困的重要原因之一。《老子》云:"民之饥者,以其上食税之多,是以饥。"[⑥]民之所以陷入饥饿的境地,是因为统治者索取太多。墨子认为民贫的原因是当时统治者"厚作敛于百姓,暴夺民衣食之财"。统治者用搜刮来的民脂民膏"为宫室","为靡曼之衣","为美食","饰舟车"。[⑦] 墨家把"劳者不得息"看作人民的三大灾难之一,[⑧]"今天下為政者,其所以寡人之道多,其使民劳,其籍敛厚,民财不足,冻饿死者,不可胜数也"。[⑨] 他甚至认为当时不少封建国家覆灭的原因之一就是由于"百姓苦劳役"所致。[⑩] 西汉董仲舒认为脆弱的经济收入,"重以贪暴之吏,刑戮妄加,民愁亡聊,亡逃山林,转为盗贼,赭衣半道,断狱岁以

---

① 王学泰著:《中国流民》,中华书局(香港)有限公司 1992 年版,第 19 页。
② 《汉书·王莽传下》。
③ 《续资治通鉴长编》卷 141,庆历三年。
④ (宋)苏轼撰:《苏轼文集·超然台记》,孔凡礼点校,中华书局 1986 年版,第 351 页。
⑤ 《清圣祖实录》卷 141。
⑥ 《老子》第 75 章。
⑦ 《墨子·辞过》。
⑧ 《墨子·非乐上》。
⑨ 《墨子·节用上》。
⑩ 《墨子·鲁问》。

千万数”。[①] 汉元帝时，贡禹上书，论及汉武帝时“天下奢侈，官乱民贫，盗贼并起，亡命者众”。[②] 东汉王符曰：“郡县所以易侵小民，而天下所以多饥穷也。”[③]

唐太宗李世民认为，“赋繁役重”是民饥寒的原因之一。[④] 唐德宗时期，因征兵、养兵政府不得不采取“加征”、“别配”、“率贷”等征收手段。“一人征行，十室资奉，居者有馈送之苦，行者有锋刃之忧，去留骚然，而闾里不宁矣。”[⑤]晚唐白居易认为，地之生财之力有常，人之可用之财有常数，若朝廷索取越多，则百姓缺少越多，两下此消彼长，有余于此，则不足于彼。如果朝廷索取太多，则会超过当时生产力的承受能力，官有而民乏，民贫困冻馁，而致奸邪盗贼。[⑥]

宋司马光认为，士农工商“四民之中，惟农最苦”，除了披星戴月的辛勤劳作，但其劳动成果要面临“公私之债”，收割的谷物还未离开打谷场，织好的布帛未下机，以不属于自己；至于当时的新法又称为民众的负累。他说：“青苗则强散重敛，给陈纳新；免役则刻剥穷民，收养浮食；保甲则劳于非业之作；保马则困于无益之费。”[⑦]朱熹言“古者刻剥之法，本朝皆备。”[⑧]

宋代的徭役较以往繁重，原来都是官吏来担当的事情，在宋皆有平民来做，且名目繁多，有主管官物的衙前，课督赋税的里正、户长、乡手书，逐捕盗贼的耆长、弓手、壮丁，听官使令驱使任事的承符、人力、手力、散从。此外，县曹司至押、录，州曹司至孔目官，下至杂职、虞侯、拣、掐等人，各以乡户等第差充，等等。然而，命官、豪强都在免役之列，应役之户多致破产，所以人们争相

---

① 《汉书·食货志》(上)。
② 《日知录集释·贵廉》。
③ 《潜夫论·爱日》。
④ 《资治通鉴》卷192。
⑤ 《全唐文》卷465。
⑥ 《全唐文》卷670。
⑦ 《宋史·食货志》。
⑧ 《朱子语类》卷110,《朱子七·论兵篇》。

以各种手段避役，或卖田以降低自己的户等，或伪造卖田给免役之家的田契，或假装出家，不一而足。为了避免自己的户等上升，土地不敢多耕，骨肉不敢生聚，于是上户越来越少，中下户越来越多，役使频仍照旧，民陷于衣食不足。皇祐中，知州韩琦疏曰："州县生民之苦，无重于衙前。有孀母改嫁，亲族分居，或弃田与人，以免上等，或非命求死，以就单丁，规避百端，苟免沟壑之患。"①治平中，三司使韩降曰："京东民有父子二丁将为衙前役者，其父告其子曰：吾当求死，使汝曹免于冻馁。遂自缢而死。又闻江南有嫁其祖母，及与母析居以避役者。"②吕思勉先生总结道："宋代厉民之政，莫甚于役。"③

元代政府在常赋外，复有"科差"，其额又极重。元太宗时于常赋外加取于民者尚只有丝料、丁税两种，至宪宗时又增包银，世祖时又增俸钞。这时的全科户当出丝一斤六两四钱，包银四两，俸钞一两，丁税粟三石。此等皆两税额外之科差也。④

吕思勉认为，明朝重敛极多，自武宗正德九年（1514 年）建乾清宫，加赋百万，至世宗初年，天下财赋入太仓库者，二百万两有奇。盖自神宗末增赋五百二十万，崇祯初再增百四十万，总名辽饷，至是复增剿饷，先后增赋千六百七十万。⑤ 明丘濬认为自秦始皇以来，中国传统社会的民众一直面临严重的剥削。⑥ 他列举各种横征暴敛，如"汉之告缗算舟车之令，唐之借商税间架之法，宋之经总制钱之类，是皆罔民取利之具，暂行尚不可，况常乎"？⑦

明清时期，胥吏的盘剥更是套在农民脖子上一道绳索，其敲诈勒索，对自耕农的破坏更为严重。《卖田说》记载了农民王泽润的现身说法：计十亩之

---

① 《宋史·食货志》。
② 同上。
③ 吕思勉著：《中国制度史》，上海三联书店 2009 年版，第 324 页。
④ 钱穆著：《国史大纲》，商务印书馆 1996 年版，第 644 页。
⑤ 吕思勉著：《中国制度史》，上海三联书店 2009 年版，第 339 页。
⑥ 《大学衍义补·遏盗之机》（上）。
⑦ 《大学衍义补·贡赋之常》。

田,不足以食十家,又称贷而益之,犹可支也。吾邑地当孔道,征徭俱按粮加派,每亩征银三分,每分加平三分三厘,则一钱矣。虽各家应完,犹可支也。而官府每遇大役,则按粮令乡保加派,每钱加至一两,犹可支也。每岁加派十次、二十次不等,则叠至十两、二十两矣。凡遇过差、公馆、驿马、洒水、门包、长随、书吏、衙役、夫轿,皆于是乎出。而乡约又借官私派,凡自用、置田、修屋、饮食、衣服,亦于是乎出。① 秦晖教授曾总结了中国传统社会每次税制改革农民的负担就加重一次的“黄宗羲定律”,②即清初黄宗羲所论:“或问井田可复,既得闻命矣。若夫定税则如何而后可?曰:斯民之苦暴税久矣,有积累莫返之害,有所税非所出之害,有田土无等第之害。”③

中国传统社会中脆弱的个体农民,在天灾人祸的压力下,不堪重负,极易陷入生存困境。但各个因素对每个时代民的贫困的影响又不是均衡的,如宋朝土地兼并非常严重,但土地撂荒的情况也非常严重。如宋徽宗时有个叫任谅的官员上奏说:“高邮军有逃田四百四十六顷,楚州九百七十四顷,泰州五百二十七顷,平江府四百九十七顷,以六路计之,何可胜数。”④土地抛荒的现象确是触目惊心!而广大民众却视土地为不祥之物,视发展生产为畏途,不敢“多种一桑,多置一牛,蓄二年之粮,藏十匹之帛”,更何况“益田畴,葺庐舍乎!”⑤究其原因就在于可怕的赋役。因为“朝耕尺寸之田,暮入差徭之籍”,又因为“或逃公税”迫使他们转辗逃亡,于是便出现了使宋统治者大作其难的逃亡问题,也才出现了“或析户以分居”,或“献其产于巨室,以规免役”的反常现象。这亦说明,赋役的繁苛在宋代比土地兼并对农民贫困的影响更大。正

---

① (清)李调元著:《卖田说》,载《童山文集补遗》(卷1),《丛书集成初编》本。

② 秦晖:“并税式改革与‘黄宗羲定律’”,资料来源:http://www.chinaelections.org/newsinfo.asp?newsid=30462。

③ 《明夷待访录·田制三》。

④ 《续资治通鉴长编》卷27。

⑤ 《司马温公文集》卷25,《论衙前劄子》。

如秦观所言:“自古盗之所以兴,皆出于仍岁水旱、赋敛横出、徭役数发。”①

三、中国传统社会足民以安的思想

梁漱溟先生在其《中国文化要义》中引介万民一先生的观点论述人类之养、保、安的问题。他认为,人类为生产,一定要改造自然界进行生产,于是生产力从而发展,于是社会从而发展;这固自有理。但此实不过生产问题中之一养的问题而已。人类必以集体而生存,而任何一集体生命,总常要对抗其他集体而保卫自己,否则,便不得生产,此即一保的问题。同时此集体还要时时调整内部,而得安妥,内部不安,亦是不能生存的,此即一安的问题。万民一认为,中国文化之特色,即重在解决安的问题,并且过分地把保和养两问题亦当作安的问题来解决了。“不患寡而患不均”一句话,显然把原属养的问题转移到安的问题上。“中国人这样偏在安上作功夫,而不知对三问题分别处理,其结果当然就在养和保两问题上有很大失败。如人口繁增,即感土地不足以养。一切自然灾害(水旱疫疬)来了,皆无法应付。”②

万民一的这种总结先秦儒家或秦汉以降正统思想是比较恰当的,他们把富民作为教化、安民的前提,而且认为统治者应轻徭薄赋、怀保小民,保证民生,方能维护自己的统治。例如,孔子主张“富民”,但并不认为民富了就自然“知礼节”、“知荣辱”,③就不会犯罪,还需要进行教化。此即著名的“富而教之”的思想,④衣食丰足是民安心接受教化的前提。同时,孔子还认识到“贫而无怨难,富而无骄易”,⑤所以他强调“均”,消除贫富差距,“丘也闻有国有家

---

① 《大学衍义补·遏盗之机》(下)。

② 梁漱溟著:《中国文化要义》,上海人民出版社2005年版,第202页。

③ 《管子·牧民》。

④ 《论语·子路》载:子适卫,冉有仆。子曰:“庶矣哉!”冉有曰:“既庶矣,又何加焉?”曰:“富之。”曰:“既富矣,又何加焉?”曰:“教之。”

⑤ 《论语·宪问》。

者，不患寡而患不均，不患贫而患不安。盖均无贫，和无寡，安无倾”。[①] 孟子继承了孔子的富教原则，他认为先使民“有恒产”，“先定其所利”，使其“仰足以事父母，俯足以畜妻子；乐岁终身饱，凶年免于死亡”。[②] 他所主张的民“不饥”的标准是：“五亩之宅，树墙下以桑，匹妇蚕之，则老者足以衣帛矣。五母鸡，二母彘，无失其时，老者足以无失肉矣。百亩之田，匹夫耕之，八口之家足以无饥矣。”[③]实现这个标准首先要为民治产，在“无失其时”条件下，才能达到“不饥不寒”的温饱状态。但是，这是战国时期的鲁国的八口百亩之家，后世个体农民很难达到这个条件。

荀子仍是主张“富而后教”的思想，即“不富无以养民情，不教无以理民性”。[④] 百姓生活“富”起来，有保障，有劳有逸，才能亲君爱上，对老百姓“演然兼覆之，养长之，如保赤子”，这样才能“奸邪不作，盗贼不起，而化善者劝勉矣”。[⑤] 先养百姓，百姓才能不去犯罪；先养百姓，百姓才能从化，从而不去犯罪，所以君主应当“先修正其在我者”，使民安居乐业，丰衣足食，“然后徐责其在人者，威乎刑罚”，[⑥]即先养后诛。

汉初贾谊在强调民本，他认为：“闻之于政也，民无不为本也。国以为本，君以为本，吏以为本。故国以民为安危，君以民为威侮，吏以民为贵贱。此之谓民无不为本也。”[⑦]进而，他认为足衣饱食的民众不会去作奸犯科，“安民可与行义，而危民易与为非”。[⑧] 所以，“牧民之道，务在安之而已，天下虽有逆行之臣，必无响应之助矣”。[⑨] 如何安民？他强调崇本抑末，“故以末予民，民大

---

① 《论语·季氏》。
② 《孟子·梁惠王上》。
③ 《孟子·尽心上》。
④ 《荀子·大略》。
⑤ 《荀子·富国》。
⑥ 同上。
⑦ 《新书·大政上》。
⑧ 《新书·过秦中》。
⑨ 《新书·大政上》。

贫；以本予民，民大富”。[①]《淮南子》认为：“人之情不能无衣食，衣食之道，必始于耕织，万民之所公见也”；[②]“食者，民之本也；民者，国之本也；国者，君之本也”。[③] 同时，民“不足”也是治安问题的原因。[④] 所以，富民、安民是一国治安的重要基础，即“治国有常，而利民为本”。[⑤]《淮南子》强调：“为治之本，务在于安民；安民之本，在于足用”；[⑥]“衣食饶益，奸邪不生，安乐无事，而天下均平”。[⑦] 无论称《淮南子》为道、为杂，其富民思想则若儒，说明思想家们皆认识到生存问题对人的行为的制约。

汉武时期，诸家合流，儒为正统，民本思想更是得到继承和发扬。例如，汉武帝时期，因不断地发动军事征伐造成财政困窘，武帝把少府的经济收入拿出来，却不敢增加赋税，并转向商业求取财政的缓解。还有均输、平准之法、盐铁官营之法，以及垄断山泽之利以缓解财政压力。但桑弘羊的富民思想却是“抑强养弱”，目标依然是“家给人足”。[⑧] 汉武帝此举显然受儒家民本思想之影响。

汉以后历代亦注重通过养的问题解决安的问题。唐太宗李世民认为“存百姓”才是治世之道、而非“损百姓”以充君王之嗜欲，那种“损百姓以奉其身，犹割股以啖腹，腹饱而身毙”。[⑨] 白居易在《举德选能安业厚生》策中提出两点消除“盗贼”的建议，即“臣闻圣王之去盗贼也，有二道焉”：一是行教化，选择有德、能的人，大力推行教化；二是富民，使民安居乐业，生活富足。[⑩]

张载认为，统治者社会治理的目的在于“足民”，其程度是“无所不足”，这

---

① 《新书·瑰玮》。
② 《淮南子·主术训》。
③ 同上。
④ 《淮南子·齐俗训》。
⑤ 《淮南子·汜论训》。
⑥ 《淮南子·诠言训》。
⑦ 《淮南子·齐俗训》。
⑧ 《盐铁论·错币》。
⑨ 《贞观政要·君道第一》。
⑩ 《全唐文》卷671。

样一来，民则没有什么想要的，犯罪动机发生的因素消除，“盗贼”自然也无从发生。[①] 他十分重视“富民”、“足民”，而且“利民”优于“利国”，对民有利才是真正的有利，对统治者一己之利、对于国之利都不能叫有利。[②] 陆游说：“四境无事，秋稼如云，谁肯为贼？”[③]朱熹继承先儒“民本思想”，指出“盖国以民为本，社稷亦为民而立”；[④]“四海利弊，系斯民之休戚”；[⑤]“理财以养民为本”。[⑥]

明太祖朱元璋认为国家之长治久安与民的贫富休戚相关：“大抵百姓足而后国富，百姓逸而后国安，未有民困穷而国独富安者”，[⑦]而治安保国之道在于“藏富于民”，民富则国安，民贫则国乱，民之贫富与国家治乱休戚相关。[⑧] 明丘濬认为国家欲求治安，富民当其要，“民不穷，而人不犯有司矣”。[⑨] 富民是朝廷为政的主要目标，“朝廷之上，人君修德以善其政，不过为养民而已”。[⑩] 而且，富民养民是社会治理的首要目标，“人君之治，莫先于养民”。[⑪]

清王夫之继承了历史上的民本思想，认为“民者，天下之本也”，[⑫]“长民者，固以保民为道者也。社稷轻而民为重，域外之争夺，尤非其所函矣”。[⑬] 清唐甄认为人君要养民，藏富于民。他说：“立国之道无他，惟在于富。自古未有国贫而可以为国者。夫富在编户，不在府库。若编户空虚，虽府库之财积如丘山，实为贫国，不可以为国矣。”[⑭]

---

① 《张载集·正蒙·有司第十三》。
② 《张载集·张子语录·语录中》。
③ （宋）陆游：《渭南闻记》。
④ 《孟子集注·尽心章句下》。
⑤ 《宋史·朱熹传》。
⑥ 《朱子语类》卷108，《朱子五·论治道》。
⑦ 《明太祖实录》卷250。
⑧ 《明太祖实录》卷176。
⑨ 《大学衍义补·戒滥纵之失》。
⑩ 《大学衍义补·总论朝廷之政》。
⑪ 同上。
⑫ 《四书训义》卷25，《孟子·梁惠王上》。
⑬ 《读通鉴论》卷30，《五代下》。
⑭ 《潜书》下篇上《存言》。

上述可见，万民一先生所言非谬，然中国传统社会并非纯粹将养的问题当作安的问题来解决，特别是历史上的一些以富国强兵为目的的改革家，他们主张富民有安民的考虑，更多的是为了富国强兵。这里以管子、商鞅、韩非、王安石为例略作考察。管子看到了民富对治安的积极影响，即“仓廪实则知礼节，衣食足则知荣辱”，①并且把富民和富国放到同等重要的地位看待，“民富君无贫，民贫君无与富”，②君要“慈于民，予以财；宽政役，敬百姓，则国富而民安矣”。③ 所以，“凡治国道，必先富民。民富则易治也，民贫则难治也。奚以知其然也？民富则安乡重家；安乡重家则敬上畏罪；敬上畏罪，则易治也。……是以善为国者，必先富之，然后治之”。④ 管子论富民更是为君用，“凡牧民者欲民之可御也”，⑤“计上之所以爱民者为用之，故爱之也”。⑥ 可谓，不是无缘无故的爱。原因是“争天下者必先争人”，“凡大国之君尊，小国之君卑。大国之君所以尊者何也。曰：为之用者众也。小国之君所以卑者何也。曰：为之用者寡也。然则为之用者众则尊，为之用者寡则卑，则人主安能不欲民之众为己用也”。⑦ 如桓公问霸政之本，“管子对曰：齐国百姓，公之本也。人甚忧饥而税敛重，人甚惧死则刑政险，人甚伤劳而上举事不时。公轻其税敛则人不忧饥，缓其刑政则人不惧死，举事以时则人不伤劳”。⑧ 这与春秋争霸的历史背景极为吻合。

商鞅变法，设赏任功，“利禄官爵抟出于兵”，⑨使“有功者显荣，无功者虽

① 《管子·牧民》。
② 《管子·山至数》。
③ 《管子·小匡》。
④ 《管子·治国》。
⑤ 《管子·权修》。
⑥ 《管子·法法》。
⑦ 《管子·霸言》。
⑧ 《管子·霸形》。
⑨ 《商君书·赏刑》。

富无芬华”。[①] 同时,“民有余粮,使民以粟出官爵。官爵必以其力,则农不怠”。[②] 把官爵与农战之功挂钩,并堵塞其他获得官爵的途径。他鼓励农业生产,但又强调“家不积粟”,要求农民将粮食交给国家而不是自己拥有。他的目的是富国弱民而非强国富民,“民弱国强,国强民弱。故有道之国务在弱民”。[③]

韩非是法家思想的集大成者,政治上强调富国强兵,所要解决的理论和现实问题是富国而非富民。他说:“富国以农,踞敌恃卒。”[④]韩非推行农战政策的目的是积蓄称霸天下的力量。他说:“既蓄王资而承敌国之亹,超五帝,侔三王者,必此法也。”[⑤]

王安石认识到“官乱于上,民贫与下,风俗日以薄,才力日以困穷”,[⑥]欲改变宋朝积贫积弱的局面,使国家富裕,其途径首先要富民,“理财用,务富安百姓”,[⑦]并认为公卿大夫应当“思所以富民化俗之道,以兴起太平”。[⑧] 但他讲富民是与富国并行的,他反对那些只知富民而不虑及富国的“媚民”思想和做法,因为它会妨害国用,国用不继,最后还是刻剥民众。[⑨] 国家贫穷了,遭殃的还是百姓,此论在当下听起来亦颇为耳熟。

将养的问题归于安的问题来解决,其目的在于求安,并非是真正地解决养的问题,更为注重的是求均,反对求利,所谓“正其谊不谋其利,明其道不计其功”。[⑩] 所以,秦汉以降,承认人的求利正当性的功利主义思想始终没有得到统治者的重用,知识分子并不致力于谋取生产力的发展,所谓“劳心者治

① 《商君书·画策》。
② 《商君书·靳令》。
③ 《商君书·弱民》。
④ 《韩非子·五蠹》。
⑤ 同上。
⑥ 《临川先生文集》卷39,《上时政疏》。
⑦ 《续资治通鉴长编》卷221,熙宁四年。
⑧ 《临川先生文集》卷75,《再上龚舍人书》。
⑨ 《续资治通鉴长编》卷263,熙宁八年。
⑩ 《汉书·董仲舒传》。

人,劳力者治于人”,劳心者务明人事,劳力者责在生产。梁漱溟先生认为,“二千多年来就在这一直不变的划分(劳心、劳力之分)之下,把生产之事(养的问题)划出劳心者注意圈外。然而这一部分人,恰是比较有心思聪明的,又有暇运用其心思聪明的,更且有其工具设备(文字图书等)以助其心思聪明之用的。把生产之事划出他们的注意圈外,就等于划出这伟大优秀民族的意识圈外。因在劳力者们,本是劳力,自少用心;兼以其聪明不高,空暇有限,工具设备缺乏,尽管天天在对付这些事,亦属图然。特别是他们不易超开了眼前需用而用心思,就杜绝了理智之深入与开展,杜绝了科学之路,偶有心得,却绝开不出什么前途”。[①] 社会生产力发展缓慢,而人口不断增长,解决饥饿问题的办法只能是重新划定经界让每个人都有块土地安身立命,从皇帝到农民都要节约,有困难大家互相帮助。

值得注意地是,富民思想的执行显然受到儒家重义轻利传统的制约。这一点上,南宋浙东学派代表人物陈亮、叶适有着明确的论断。他们不仅也强调富民,更看到富人(犹若今天的中产阶级)的社会稳定功能。首先,他们持有不同于儒家重义轻利的义利观。南宋时期与朱熹有着关于义利之辩的陈亮不讳言利,而且还推出孔子,来批驳俗儒之贵义轻利。他说:“愚窃观儒者之论鲜不贵义而贱利。其言非道德教化,则不出诸口矣。然洪范八政,一曰食、二曰货。孔子曰:足食足兵,民信之矣。是则治国之实,必本于财。”[②]作为浙东学派的集大成者,叶适明确表示:“仁人正谊不谋利,明道不计功。此语初看极好,细看全疏阔。古人以利与人而不自居其功,故道义光明。后世儒者行仲舒之论,既无功利,则道义者乃无用之虚语耳。”[③]他主张官员们善于“理财”,而不是搜刮,区分了理财与聚敛的区别,他说,“理财与聚敛异”,聚敛

---

① 梁漱溟著:《中国文化要义》,上海人民出版社2005年版,第209页。

② 《李觏集·富国策一》。

③ (南宋)叶适著:《习学记言序目》(卷23),中华书局1977年版,第324页。

是“取诸民供上用”,理财是“取之巧而民不知,上有余而下不困”。[①] 这与传统儒家一贯的“重义轻利”的思想是有着明显的区别,不是羞于言利,而是直面理财,认真解决保养小民的问题。其次,重视富人的社会稳定功能。陈亮认为,历史上把豪民、商贾看作贫富差距拉大的原因,是社会治理要注意的问题,所以就提出“抑兼并、困商贾”的建议,这是没抓住问题的关键。古者兵民一家,后世兵农分业,一旦有警,民不足以自卫。这时“强宗豪族犹足以庇其乡井”,言富人利用其资财威势,可以庇护乡里;这时“富商大贾出其所有”,也可能应朝廷“仓卒之须”。[②] 鉴于富人、商贾起到的特殊作用,汉高祖徙齐楚大族昭氏、屈氏、景氏、怀氏、田氏五姓于关中,[③]而汉武帝则迁郡国豪杰于茂陵、云陵(师古注曰:云陵当为云阳)。[④] 然而,当世之豪民,“谷无五年之积,镪无巨万之藏”,“商贾之能操其奇赢者盖已如晨星之相望,而平民日以困,货财日以削,卒有水旱,已无足依”。[⑤] 在陈亮看来,一般民众的疾苦自然是关注的,但一反以往儒家对豪民的看法,认为富人具有特定的社会维系功能和治安功能。与陈亮一样,叶适也推崇富人的社会维系作用,并说:“县官不幸而失养民之权,转归于富人,其积非一世也。小民之无田者,假田于富人;得田而无以耕,借资于富人;岁时有急,求于富人;其甚者庸作奴婢,归于富人;游手末作,徘优伎艺,传食于富人。然则富人者,州县之本,上下之所赖也。富人为天子养小民,又供上用,虽厚取赢以自封殖,计其勤劳亦略相当矣。乃其豪暴过甚兼取无已者,吏当教戒之;不可教戒,随事而治之,使之自改则止矣。”[⑥]他认为富人既“为天子养小民”又向政府交纳税收以“供上用”,有功于社会,因而其所得与其“勤劳”相当,故为“州县之本,上下之所赖也”。但对于“豪暴

① 《叶适集·水心别集》卷2,《财计上》。
② 《问汉豪民商贾之积蓄》。
③ 《汉书·高帝纪下》。
④ 《汉书·武帝纪》。
⑤ 《问汉豪民商贾之积蓄》。
⑥ 《叶适集·水心别集》卷2,《民事下》。

过甚”并“兼取无已”的富人，由官吏教戒、惩治。叶适分析认为富人役使穷人的经济原因，“盖富人之所以善役使贫弱者，操其衣食之柄也”。[①] 叶适看到当时，只有部分有“智”“富人”方能与官府周旋以存，原来“可以耕织自营”的中产之民皆已破产，或沦为盗贼，或为冻馁，即“今之所谓富人者，皆以其智足以兼并，与县官抗衡及衣冠势力在耳，若夫齐民中产，衣食仅足，昔可以耕织自营者，今皆转徙为盗贼冻馁矣”。[②] 江浙地区自古就是富裕之地，加上水路交通发达，南宋定都杭州，商品经济得到了很大发展。陈亮看到了商业增加财富的重要性以及农商相互促进的关系，提出“农商一事”，“商藉农而立，农赖商而行”的观点。他公开批判与否定了千百年来一直占统治地位的重农抑商的观念，为明代思想家倡导“农商皆本”思想开了先河。[③]

四、中国传统社会“富民”弭盗的主要途径

历代思想家和政治家从治安的角度，提出了“富民”的策略，主要有以下几个方面。

一是为民制产，即解决农民的土地问题，使耕者有其田。土地问题中，就国家的基本土地制度言，商鞅变法确立的国家授田制度和与之一脉相承的北魏均田制，基本保障了农民的生产条件，也显示了非凡的生命力，分别创造了秦帝国和隋唐帝国的强大文明。唐初仍实行均田制，赋役制度采用租庸调制，直到该制度因土地兼并、账籍混乱而无法执行。唐德宗建中元年由宰相杨炎主导推行两税法。从此，政府授田之制不复实行，民间兼并日盛，最主要的，则是政府为财政收支以及征收手续之方便起见，而牺牲了历史上传统相沿的一项经济理想，即土地平均分配的理想。自两税制推行，政府便一任民间农田之自由转移，失却为民制产的精神。结果自然会引起土地兼并，贫富

① 《叶适集·水心别集》卷3，《官法下》。

② 《叶适集·水心别集》卷11，《经总制钱二》

③ 方如金著：《陈亮与南宋浙东学派研究》，人民出版社1996年版，第176页。

不平等,耕者不能有其田,而奖励了地主的剥削。[①] 所以,土地兼并在中唐以后仿佛进入“黄金时期”。

其实,土地兼并问题从西汉都一直困扰着政府。例如,汉武帝时期,针对豪强兼并,董仲舒提出要解决农民土地问题。他的理想对策是仿古制,“古者税民不过十一,其求易供;使民不过三日,其力易足。民财内足以养老尽孝,外足以事上共税(师古曰:共读曰供),下足以蓄妻子极爱,故民说(师古曰:说读曰悦)从上”。[②] 然而,从汉朝当时的情况来看,很难实行这个想法,随后提出了稍微折中的办法,即“限民名田”,他说:“古井田法虽难卒行,宜少近古,限民名田,以澹不足,塞兼并之路。”[③]但董仲舒并未说明限田的亩数以及具体实行的办法,只是强调应当限制私人占田(名田)。所以,董仲舒此主张,并未付之实行。面对土地兼并,王莽兴致勃勃推行土地改革,把天下土地收归国有,改称“王田”,禁止私人买卖,分配办法仿井田制,实现耕者有其田的理想,结果受阻失败。东汉仲长统、北宋李觏、张载、程颐、程颢等都对土地兼并问题也提出恢复井田的建议。土地兼并问题成了中国传统社会土地制度的一个痼疾,但一直没有解决。

王安石在变法时采用“摧制兼并之术”,如其所说:“然世主诚能知天下利害,以其所谓害者制法而加于兼并之人,则人自不敢保过限之田;以其所谓利者制法而加于力耕之人,则人自劝于耕而授田不敢过限。然此须渐乃能成法。”[④]“宋神宗熙宁五年(1072 年),乃重修定方田法,诏司农以方田均税条约并式,颁之天下。”[⑤]朱熹认为:“田无定分而豪强得以兼并,故地有不均”,[⑥]他

---

① 钱穆著:《中国历代政治得失》,三联书店 2005 年版,第 56 页、第 58 页。

② 《汉书·食货志(上)》。

③ 同上。

④ 《续资治通鉴长编》卷 221,熙宁四年。

⑤ 《续资治通鉴长编》卷 237,熙宁五年。

⑥ 《四书章句集注》,《孟子集注·滕文公章句上》。

推崇孟子“正经界”之说，“经界，谓治地分田，经画其沟涂封植之界也”。[①] 在他任职漳州时，针对“贫者无业有税，富家有业无税”的现象，提出“正经界”，拟通过此举，使“田土狭阔，产钱轻重，条理粲然，各有归著。在民无业去产存税之弊，在官无逃亡倚阁之欠。豪家大姓不容侥幸隐瞒，贫民下户不致偏爰苦楚”。[②] 然遭到大地主反对，未能推行下去，愤然辞职。

南宋功利主义代表人物叶适认为，当时口口声声称爱民的“俗吏”、“儒者”所提出的抑制兼并的措施有小、大两种，小者欲抑夺兼并之家以宽百姓，而大者则欲复古井田之制，使其民皆得其利。至于抑兼并之术，强敏干练之吏肯定会实施的。而井田之制，在近百年之间，儒者只是纸上谈兵，却没有人敢有以向皇上建议的，即使有告皇上也不听。这两种措施，虽然从理论上是说的通的，但都不利于当世之治，为治之道终不在此。[③] 叶适反对“俗吏”之抑兼并，而提出从根本上让“兼并自已”。他提出“因时施智，观世立法”的观点，制定切合实际的制度，解决治理问题。因此，他认为儒者复井田之学可罢，而俗吏抑兼并富人之意可损。只要制定合理的制度，十年之后，就没有太富太贫之民，兼并则不抑而自已，使天下百姓很快得到生养之利，这应该是天子与其群臣急切去做的事情。不然，古代井田之制终不可行，合乎当今情势的制度又不能确立，陷于空谈，天下怎么才能得到治理呢？[④]

张居正的“料田”算是个成功的案例，但成果很难维持。万历六年(1578年)，在张居正直接推动下，户部在全国范围内进行“料田”，目的是清查豪强隐瞒不报的田亩，进而追缴相应赋税。经过清查，检括出80多万亩豪强地主所兼并隐匿垦田，[⑤]这经过这次全国范围内的清丈田亩后，“豪猾不得隐期，里

---

① 《四书章句集注》，《孟子集注·滕文公章句上》。

② 《黄勉斋先生文集》卷100。

③ 《叶适集·水心别集》卷2，《民事下》。

④ 同上。

⑤ 吴慧著：《中国古代六大经济改革家》，上海人民出版社1984年版，第471页。

甲免赔累，而小民无虚粮”，[①]收到一定的积极效果。

二是为政以德，节用裕民。

首先，统治者要节俭、节用，禁止奢侈之风。例如，老子认为“治大国若烹小鲜”，[②]从统治者“无为”的角度，主张“道法自然”，[③]“去甚、去奢、去泰”，[④]减少对民的剥削和掠夺，“无为”而治。墨子提倡节用，他认为古者圣王曾制定节用之法，所有的加费但不能加于民利的事情，圣王是不会做的。[⑤] 他进而提出“节俭则昌，淫佚则亡”的观点。[⑥] 他对统治者征收赋役的标准是，“役，脩其城郭，则民劳而不伤；以其常正，收其租税，则民费而不病”。[⑦] 如果徭役过于繁重，就会耽误农时，妨害农业生产，民不能收获，不仅“民无仰”，而且“君无养”。[⑧] 荀子认为统治者要节用裕民：“足国之道，节用裕民而善臧其余。节用以礼，裕民以政。彼裕民，故多余。”[⑨]要求统治者做到“轻田野之税，平关市之征，省商贾之数，罕兴力役，无夺农时，如是，则国富矣。夫是之谓以政裕民”。[⑩] 明丘濬认为节用是“万世理财之要”。[⑪] 清唐甄认为：“人君能俭，则百官化之，庶民化之，于是官不扰民，民不伤财。”[⑫]

其次，统治者要薄税敛。薄取于民就是给统治者定了一个原则，尽量减轻民的负担，给民留下最可能多的生产、生活资料。孟子说：“易其田畴，薄其税敛，民可使富也。”[⑬]必须按井田制及时对农民易田换土，并减轻赋敛。董仲

---

① 李洵著：《明史食货志校注》，中华书局1982年版，第132页、第178页。
② 《老子》第60章。
③ 《老子》第25章。
④ 《老子》第29章。
⑤ 《墨子·节用中》。
⑥ 《墨子·辞过》。
⑦ 同上。
⑧ 《墨子·七患》。
⑨ 《荀子·富国》。
⑩ 同上。
⑪ 《大学衍义补·制国用·总论理财之道(下)》。
⑫ 《潜书》下篇上，《富民》。
⑬ 《孟子·尽心上》。

舒提出:“盐铁皆归于民。去奴婢,除专杀之威。薄赋敛,省徭役,以宽民力。然后可善治也。”①唐太宗曰:“朕当去奢省费,轻徭薄赋,选用廉吏,使民衣食有余,则自不为盗。”②唐陆贽在其《均节恤百姓六条》中建议统治者节俭、薄敛。“不节则虽盈必竭,能节则虽虚必盈”,“当今之要,在于厚人而薄财,损上以益下。下苟利矣,上必安焉,则少损者,所以招大益也。人既厚矣,财必赡焉,则暂薄者”。③

北宋李觏认为先王成功治理的经验就是“平徭役”,“先王平其徭役,不专取以安之也”。④ 朱熹认为当时统治者对民搜刮过甚。他认为薄赋恤民是“王政之本”,“宁过于予民,不可过于取民”。⑤ 因为“民富,则君不至独贫;民贫,则君不能独富”。⑥ 他曾向孝宗建议国家的急务就是恤民,而恤民本质内容就是“省赋”。⑦ 他引用唐朝宰相陆贽的民本之论,建议“恤民”的执行措施是“宽其税赋,弛其逋负”。⑧

朱元璋从人性出发,认为治民如治水,要顺其性情。“人情莫不好生恶死,当省刑罚、息干戈以保之;莫不厌贫喜富,当重农时、薄赋敛以厚之;莫不好佚恶劳,当简兴作、节徭役以安之。”⑨否则,如果“使之不以其时,用之不以其道,但抑之以威、迫之以力,强其所不欲而求其服从”。⑩

最后,统治者要取民有度。这个度应该是很具体,但又很原则,而且这个度是统治者来定,全靠自觉。例如,管子认为“取于民有度,用之有止,国虽小

① 《汉书·食货志(上)》。
② 《资治通鉴》卷192,高祖武德九年。
③ 《全唐文》卷465。
④ 《李觏集·周礼致太平论·国用第十六》。
⑤ 《朱子语类》卷16,《大学三·传一章释明明德》。
⑥ 《四书章句集注·论语集注·颜渊第十二》。
⑦ 《晦庵先生朱文公文集》卷11,《庚子应诏封事》。
⑧ 同上。
⑨ 《明太祖实录》卷177。
⑩ 同上。

必安。于民无度,用之无止,国虽大必危”。[①] 这里的度是“民不困伤”。明太祖朱元璋认为赋役要“取之有制,用之有节”。[②] 这个节、度是指不困、不劳。[③] 丘濬也认为统治者不能不取于民,不取于民则国家无法存续;但取民也不能太过,取民太过则致民于生存困境。[④]

取民有度,是根据田之所生,而非己之所需,核定税额任田不任用。“中国历史上的田赋制度,直从井田制到租庸调制,全国各地租额,由政府规定,向来是一律平均的。如汉制规定三十税一,唐制则相当于四十税一,这在全国各地,一律平等,无不皆然。但两税制便把这一传统,即全国各地田租按照同一规定数额征收的那一项精神废弃了。在旧制,先规定了田租定额,然后政府照额征收,再把此项收来的田租作为政府每年开支的财政来源,这可说是一种量入为出的制度。但两税制之规定田租额,则像是量出为入的。因当时杨炎定制,乃依照其定制的前一年,即唐代宗之大历十四年的田租收入为标准而规定以后各地的征收额的。”[⑤]旧制“任田”比两税制“任用”要相对科学。黄宗羲反对“赋之于民,不任田而任用,以一时之用制天下之赋”,认为:“吾意有王者起,必当重定天下之赋;重定天下之赋,必当以下下为则而后合于古法也。”[⑥]他主张:“今欲定税,须反积累以前而为之制。援田于民,以什一为则;未授之田,以二十一为则。其户口则以为出兵养兵之赋,国用自无不足,又何事于暴税乎!”[⑦]

同时,统治者要废除杂税。正税之外的杂税才是民众不堪负担的那最后一根稻草。宋李觏认为:“今之赋税,较古则轻,唯诸摊配,大为烦费。”[⑧]南宋

---

① 《管子·权修》。
② 《明太祖实录》卷22。
③ 《明太祖实录》卷172。
④ 《大学衍义补》卷22,《贡赋之常》。
⑤ 钱穆著:《中国历代政治得失》,三联书店2005年版,第56页。
⑥ 《明夷待访录·田制一》。
⑦ 《明夷待访录·田制三》。
⑧ 《李觏集·寄上孙安抚书》。

叶适看到人们的苛捐杂税太重，“尝试以祖宗之盛时所入之财，比于汉、唐之盛时一再倍；熙宁、元丰以后，随处之封桩，役钱之宽剩，青苗之结息，比治平以前数倍；而蔡京变钞法以后，比熙宁又再倍矣……然要之渡江以至于今，其所入财赋，视宣和又再倍矣。是自有天地，而财用之多未有今日之比也”。[①]他建议：朝廷要裁节浪费，减少二分之一以上的开支，以定国家用度；罢去“经总制钱”“今额之半”以及“板账”、“月桩”、“和买”、“折帛”等不正之敛，“黜其旧吏刻削之不可训诲者，而拔用恻祖爱民之人”，[②]对国家因减除杂税及不正之敛所造成的入不敷出，应由皇帝“尽斥内帑封桩以补助之”。[③] 唐甄认为：“人君能俭，则因生以制取，因取以制用，生十取一，取三余一，于是民不知取，国不知用，可使菽粟如水火，金钱如土壤，而天下大治。为君之乐，孰大于是哉！”[④]

三是社会保障。粮食是人类社会的战略物资。自西周时期，统治者已重视粮食储备，并就灾荒建立相应社会保障制度。《礼记》有载：“国无九年之蓄，曰不足；无六年之蓄，曰急；无三年之蓄，曰国非其国也。”[⑤]历代仓储备荒制度延续不衰，名称和具体做法也各有不同。例如，战国时期叫平籴仓；汉代称常平仓；隋代设义仓、社仓；唐代设常平仓和义仓；五代后周设惠民仓；宋代推广惠民仓、广惠仓、丰储仓；明代有预备仓、济农仓；清代州、县设常平仓，市、镇设义仓，乡村设社仓；[⑥]等等。其中，宋代设常平、义仓，乃是借鉴“汉、隋利民之良法，常平以平谷价，义仓以备凶灾”。[⑦]

管子认为国家必须对九种社会成员提供保障，一曰“老老”，二曰“慈幼”，

① 《叶适集·水心别集》卷11，《外稿·财总论二》。
② 《叶适集·水心别集》卷11，《经总制钱二》。
③ 《叶适集·水心别集》卷15，《终论一》。
④ 《潜书》下篇上《富民》。
⑤ 《礼记·王制》。
⑥ 陈良谨主编：《社会工作百科全书》，中国社会出版社1994年版，第43页。
⑦ 《宋史·食货志》。

三曰“恤孤”，四曰“养疾”，五曰“合独”，六曰“问病”，七曰“通穷”，八曰“振困”，九曰“接绝”。其中，第七、八两项针对贫困的民，给予帮助，“通穷”是针对贫穷而无家可归的夫妇和客在他乡的断粮者进行救济，“振困”是在凶荒之年，不光要发粮救济，还要实行宽刑，原谅为求生而犯罪的人。①

墨子曰：“仓无备粟，不可以待凶饥。”②而且，他还提出，要根据农业的丰歉调整官员的俸禄：“岁馑，则仕者大夫以下皆损禄五分之一；旱，则损五分之二；凶，则损五分之三，馈，则损五分之四；饥，则尽无禄。”③

唐陆贽提出设立义仓，以备水旱荒年，并立为常法。“每遇灾荒，即以赈给，小歉则随事借贷，大饥则录奏分颁，许从便宜，务使周济，循环敛散，遂以为常。如此，则蓄财息债者，不能耗吾人；聚谷幸灾者，无以牟大利。富不至侈，贫不至饥，农不至伤，籴不至贵，一举事而众美具，可不务乎。”④“国家以百姓为本，百姓以食为命，故知储蓄最为急务。昨江南灾旱甚，亟遣使振贷，果无流亡盗贼之患。”⑤

宋程颢看到当时大量的游民，“今京师浮民，数逾百万，游手不可赀度；观其穷蹙辛苦，孤贫疾病，变诈巧伪，以自求生，日益岁滋，久将若何”！这些游民是社会治安问题的高发群体，程颢提出要对他们进行救济，即“均多恤寡，渐为之业，以救之耳”。⑥ 朱熹为了赈灾救贫，扶济鳏寡孤独，开设社仓。他将地方上官粮作为贷本，贷给贫困户，以十分之二利息借给农民，春荒出借，秋收偿还。社仓取得良好的成效，后经朱熹拟定《社仓事目》呈请孝宗皇帝批准，颁行南宋各路。

四是安置流民。中国传统社会中，流民问题是历代统治者头疼的大问

① 《管子·入国》。
② 《墨子·七患》。
③ 同上。
④ 《全唐文》卷465，《均节赋税恤百姓六条》。
⑤ 《续资治通鉴长编》卷26，宋太宗雍熙二年(985年)。
⑥ 《二程集·河南程氏文集》卷1，《明道先生文一·论十事劄子》。

题，上文已有提及，饥民变流民，流民则易为"盗贼"，安置流民是预防其成为"盗贼"的重要环节，否则，不仅成为治安问题，更可能发展成政治问题。除了防灾、赈灾的一些荒政外，朝廷还要解决已经发生的流民问题。朝廷对待流民，一般采取招抚的办法，并分给他们土地，有时还资助一些生产资料和生活资料，使他们恢复生产并安居下来。

朝廷对于能够招抚流民的官员予以奖励，并且还将其作为考课政绩的依据。例如，西汉王成任胶东相，"劳来不怠，流民自占八万余口，治有异等之效，其赐成爵关内侯，秩中二千石"。[①] 宋朝还在灾荒年月招募饥民为兵，成为稳定治安和安顿流民的两利之举，南宋吴儆说："饥岁莫急于防民之盗，而防盗莫先于募民为兵"，"桀黠强悍之人既已衣食于县官，而驯制之，则饥民虽欲为盗，谁与倡之？是上可以足兵之用，下可以去民之盗，一举而两得之"。[②]

元明时期流民问题都比较严重。元朝除了设置义仓预防灾荒和灾后赈灾外，还通过政府干预在收成好的地方与遭灾地方之间互相调剂，允许饥民打猎、捕鱼、砍樵，以补不足。明朝对流民的处置，以正统年间（1436～1449年）为界分为两个时期：前期基本实行的措施是发还原籍复承原定职役；后期变为就地附籍或入籍为主。明初规定："监生同各府州县官拘集各里甲人等审知逃户，该县移文差亲邻里甲于各处起取。其各里甲下或有他郡流移者，即时送县官给行粮押赴原籍州县复业。"[③]明宪宗正统元年（1436年）通过新的处置流民办法，"其有不愿归者，令占籍所寓州县，授以地亩，俾供租税"。[④]明末政治腐败，积重难返，最终政权覆灭在流民大军中。

上述德政都是统治者"向内用力"，向自己下手，节衣缩食、轻徭薄赋、量入为出、救济灾荒等措施减少向民的索取，结果是减少统治者的收入。这个

---

① 《汉书·王成传》。
② 《吴文肃公文集》卷2，《论募兵》。
③ 《大明会典》卷19，《户口》。
④ 《明英宗实录》卷21。

是消极的，属于节流，这是与儒家重义轻利的传统相符的，但不利于整个社会生产力的进步。而且重农抑商，仅靠农业来富民、富国，这个是片面的、保守的。其实中国传统社会也有许多“开源”的思想，或者是开源、节流并重的思想，如荀子曰：“下贫则上贫，下富则上富。”“故明主必谨养其和，节其流、开其源，而时斟酌焉。潢然使天下必有余，而上不忧不足。如是则上下俱富，多无所藏之，是知国计之极也。”①

司马迁提倡本末致富，反对“奸富”。他认为“本富为上，末富次之，奸富最下”。对本末致富都是提倡和赞扬的，而把本富列为最上，末富次之，主要是从致富的难易上来考虑的，是说末富比本富来得容易，即所谓“夫用贫求富，农不如工，工不如商，刺绣文不如倚市门，此言末业，贫者之资也”。② 司马迁赞扬的以本末致富的都是一些下层人民，而那些“奸富”即弄法犯奸而富的，大都是些贪官污吏、不法豪强。如《酷吏列传》中的宁成、杜周，《平准书》中的吴王濞，《魏其武安侯列传》中的灌夫等，都是被司马迁称为“奸富”的。

东汉王符认为“务本”是富民的根本措施，即“凡为治之大体，莫善于抑末而务本，莫不善于离本而饰末”。③ 但这里的本并非仅仅是农业，他认为农业、工业、商业各有其本，“凡富民者以农桑为本，以游业为末。百工者以致用为本，以巧饰为末。商贾者以通货为本，以鬻奇为末。三者守本离末则民富，离本守末则民贫”。④ 王符认为应抑制“损民贫国”的“务末”之举，它指出：“故力田所以富国也。今民去农桑，赴游业，披采众利，聚之一门，虽于私家有富，然公计愈贫矣。百工者，所使备器也。器以便事为善，以胶固为上。今工好造雕琢之器巧伪饬之，以欺民取贿，虽于奸工有利，而国界愈病矣。商贾者，所以通物也，物以任用为要，以坚牢为资。今商竞鬻无用之货淫侈之币，以惑

① 《荀子·富国》。
② 《史记·货殖列传》。
③ 《潜夫论·务本》。
④ 同上。

民取产，虽于淫商有得，然国计愈失矣。此三者，外虽有勤力富家之私名，然内有损民贫国之公实。故为政者，明督工商，勿使淫伪，困辱游业，勿使擅利，宽假本农，而宠遂学士，则民富国平矣。"①

黄宗羲否定了儒家把商业作为末作的历史论调，认为工商业和农业一样，应该是社会发展的基础，即"世儒不察，以工商为末，妄议抑之。夫工固圣王之欲来，商又使其愿出于途者，盖皆本也"。② 他提出"崇本抑末"的末，系为佛、为巫、为优倡以及夺技淫巧等不切于民用而货者，这都是耗损、浪费社会财富的。

顾炎武提出的解决贫富悬殊问题的方案，不是"均贫富"，而是让富人适当少剥削一些，使贫者也相对富裕起来（即由政府出面规定私人土地的最高租额），同时国家也要减轻土地税。"既减粮额，即当禁限私租，上田不得过八斗，如此，则贫者渐富，而富者不至于贫。"③也就是既要让贫者足以维持生活，又要让地主不致受多大损害，因为国家田赋的减轻，可在一定程度上弥补因限制私租给地主带来的经济损失。顾炎武认为富人是社会的依靠力量。他说："（富户）其为国任劳，既无事之时，宜加爱惜，况今多事，皆倚办富民，若不养其余力，则富必难保，亦至于贫而后已。无富民何以成邑？宜予于休息，曲加保护，毋使奸人蚕食，使得以其余力赌贫民。"顾炎武认为"此根本之计。"④

本章小结

人得不到满足的需求层次越低，其反抗的强度就越大。生存是人的最低需求，是底线欲望。当民的贫困使民陷入生存困境，求生的欲望就会使其寻

① 《潜夫论·务本》。

② 《明夷待访录·财计三》。

③ 《日知录·苏松二府田赋之重》。

④ （清）顾炎武：《菰中随笔》。

找一线希望，而现有的合法渠道不能为其解决生存问题，那只有借助于非法。非法渠道面临的是统治者的严刑峻法，剥夺生命的处罚使得非法求生者放手一搏的同时，亦注意寻找安全系数较大的做法。在冷兵器时代下，大规模杀伤武器的不发达，使民众借助于群力，这亦是中国传统社会群盗众多的原因。加之中国传统社会中地广人稀、地形复杂，或聚啸山林，或割据一方，历代不绝，甚至到近代亦是一条成功经验。死地求生，触犯法网是无需解释的，对于众多即将失去生命的个体，所有的道德规范和法律制度都没有太多意义。所以，历代统治者对因饥为乱的民众多采取宽容的政策，往往制裁其带头者而赦免其他参与者。中国幅员辽阔、自然灾害多发和官吏的侵渔，民生问题亦连年不断，朝廷穷于应付，却总得不到根本解决，若遇外患，或内政昏暗，这些问题坐大，就会成为改朝换代的根源。

统治者为预防饥民四起，采取为民制产、鼓励农业、轻徭薄赋、抚恤孤寡、赈荒救灾、安抚流民等措施，以期安民，遂成历代常法。是否能得到顺利执行、是否能收到预期效果亦不一定，无论如何总归是积极的。但2000年来的农业发展的主要对策就是开荒增田，即扩大简单再生产；等人多了就是均田、制产，即“不患寡患不均”；再不成就是等有好的年成有余粮积累以备荒年，而在生产力的提高方面收效甚微。

究其原因，是统治者的真正意图在于求安，所以这个“富民”的程度是有限的，问题的解决程度也只能到“足衣食”，即“不寒不饥”。统治者的措施并不是积极改善落后的农业，发展商品经济，解决以几何速度增长的人口压力和相伴的土地压力，真正的改善民生。同时，统治者一面设置科举考试，使垄断知识生产的大量“劳心者”醉心于功名利禄，把精力浪费在“八股文”上，使其安于此道；一面严厉打击不符合正统思想的“异端邪说”，兴起莫须有的文字狱，使大量知识分子不敢过问时事，或远避朝廷，以求己安。高水平的智力、学识远离农业生产的研究，使农业科技发展缓慢。

其实，民真正“富”了也可能不会安，有两种情况：一是他可能让别人不安。中国传统社会中的民,富了之后往往选择是多置田亩,或者买官求贵。多置田产就会使其他民的田亩相对减少,越富就会占据更多的田产。历代豪强侵凌是庶民破产流亡原因之一。为富不仁的社会环境下遭殃的也是百姓。从先贤的一些关于"富"的论断亦可分析证明。例如,孔子虽然承认人对富贵的追求,但一再强调"以其道得之",[①]"不义而富且贵,于我如浮云",[②]说明当时求富不以道,富而不义的社会现实。孟子对于"为富不仁"的批判也反映了当时的现状,他说:"为富不仁矣,为仁不富矣",[③]"富者不仁,仁者好施"。[④]在中国传统社会,贵和富决定着社会结构,权力是立于不败之地的。当道德和法律的规范作用降低的情况下,财富的作用增强,拥有财富者也成为剥削者。二是自己不安。《礼记》云:"富贵而知好礼,则不骄不淫",[⑤]说明当时的富贵者骄而淫的作风,而骄、淫则是招祸之源。这些论断说明了当时富者在道德上却是不足取的,甚至是反道德的。在中国传统思想中,富者不见得就是贵,而贵者就一定富。"夫贵者必富,而富者未必贵也。"[⑥]只富不贵,富就没有保证,司马迁在《史记》中言及许多大富人,虽然这些富人可以比拟王侯,有"素封"之称,但他们的财产还是在官府的控制之下,如果官府想制裁他们,派一官即可解决。如汉景帝时,"济南瞯氏宗人三百余家,豪猾,二千石莫能制,于是景帝乃拜(郅)都为济南太守。至则族灭瞯氏首恶,余皆股栗"。[⑦] 汉武帝时,王温舒捕治豪猾,"大者至族,小者乃死,家尽没入偿臧"。[⑧] 这些所谓的"豪猾",其中自然不免有不法者,但官府灭族收赃,也就不免有夺人钱财之嫌,更给人以财富没有保障的感觉。"社会的认识还是来源于现实,中国古代

---

① 《论语·里仁》。
② 《论语·述而》。
③ 《孟子·滕文公上》。
④ 同上。
⑤ 《礼记·曲礼上第一》。
⑥ 《初学记·富贵》。
⑦ 《史记·酷吏列传》。
⑧ 同上。

的皇家、官府对财富资源的控制,使人们看到的是官家才是财富的资源所有者,也是财富的主宰者。有了财富,没有官府的保护,财富随时都可以被剥夺。”①

① 柏桦、葛荃:“礼刑与富贵:中国古代刑罚的政治观”,载《政治与法律》2002年第4期。

第四章　任官以贤的传统治安思想

在中国传统社会，官吏是君王为治民而设，负有为君守土、安定地方的职责，治理“盗贼”、维护辖区治安是其应尽的义务。汉政府对地方官员进行考课，除了“户口、垦田、钱谷入出”等“GDP”外，就是“盗贼多少”的治安指标。[①] 魏晋时，对官吏“岁课之能”“皆以户率其垦田之多少，及盗贼发兴，民之亡叛者，为得负之计”。[②] 北魏孝文帝延兴三年（473 年）还出台了“县令兼治速迁之制”，[③]县令能使一县劫盗平息，可以兼治二县；能平息二县劫盗的，可以兼治三县，兼治三县三年可迁为郡守。治盗不力者则受到相应处罚，如西汉武帝行沈命法，“盗起不发觉，觉而勿捕满品者，二千石以下至小吏皆死”。[④] 又如汉薛宣“坐西州盗贼群辈，免”；[⑤]曹魏时贾逵被任命为豫州刺史，看

---

① 《后汉书·百官志》补注引胡广语。
② 《三国志·魏书·王粲等传》。
③ 《魏书·高祖纪上》。
④ 《后汉书·咸宣传》。
⑤ 《汉书·恩泽侯表》。

到地方“长吏慢法,盗贼公行”,到官数月,“考竟其二千石以下阿纵不如法者,皆举奏坐免之”。[①] 但有些官吏侵渔小民,驱民为盗,反而成为“盗贼”发生的原因。明儒丘濬总结“盗贼”发生的原因,认为“盗寇之生发,固有民穷而为之者,亦有官吏激发而致之者”;犯法“非迫于不得已,则陷于不自如”;“民之所以为盗,不在朝廷则在官吏”。[②] 张居正认为“盗”本于吏治不修,他说:“广中数年多盗,非民之好乱,本于吏治不清,贪官为害耳。夫官贪则良民不怀,奸民不畏,而盗贼利足以啗之,威足以慑之,何惮而不为盗!”[③]所以“致理之道,莫急于安民生;安民之要,惟在于核吏治”。[④] 一方面是“盗贼”残民害吏,官吏镇盗安民;另一方面是官吏成为民贼,小民为盗杀官。在中国传统社会治安格局中,官、民、“盗贼”形成奇妙的三角关系,先贤们为此做出了不懈的思考,留下来丰富的治安思想。吏治思想及相关研究成果也较为丰富,这些成果多属政治思想史范畴,本书拟从治安学的角度来考察和分析,主要是先贤们关于官吏害民的发生机制和应对思想。

一、不良官吏驱民为“盗贼”

官吏不良、驱民为盗,历代思想家、政治家于此论断极多,不能遍览,可总结为以下几个方面:

一是官吏贪贿,穷人无告,转为盗贼。《左传》载“贪以败官为墨”,并认为这是皋陶之刑,[⑤]可见官员贪墨行为历史之悠久。春秋战国时期已有“乱狱滋丰,贿赂并行”。[⑥] 韩非举例言奸吏中饱私囊的危害,说:“薄疑谓赵简主曰:‘君之国中饱。’简主欣然而喜曰:‘何如焉?’对曰:‘府库空虚于上,百姓贫饿

---

① 《三国志·魏书·刘馥等传》。
② 《大学衍义补》卷137,《遏盗之机(中)》。
③ 《张太岳集》卷30,《答两广刘凝齐条经略海寇四事》。
④ 《张太岳集》卷38,《请定面奖廉能仪注疏》。
⑤ 《左传》“昭公十四年”,第1366~1367页。
⑥ 《左传》“昭公六年”,第1093页。

于下,然而奸吏富矣。'"①汉末左雄在汉顺帝永建初年上疏指陈时弊,言及官吏侵害小民,视民如草芥,且苛求无尽,他说:"髡钳之戮,生于睚眦;覆尸之祸,成于喜怒。视民如寇雠,税之如豺虎……乡官部吏,职斯禄薄,车马衣服,一出于民,廉者取足,贪者充家,特选横调,纷纷不绝,送迎烦费,损政伤民。"②汉末仲长统形容当时吏治混乱情形:"疲驽守境,贪残牧民,挠扰百姓,忿怒四夷,招致乖叛,乱离斯瘼。"③把官吏的贪残行为作为招致四夷叛乱的原因。

隋炀帝杨广"外征四夷,内穷嗜欲,兵革岁动,赋敛滋繁。有司皆临时迫胁,苟求济事,宪章遐弃,贿赂公行,穷人无告,聚为盗贼"。④ 说明当时官吏乱法,贿赂公行,民不聊生,转为"盗贼",成为隋末"盗贼"蜂起的局面。唐太宗李世民与大臣论治盗之策,他认为"官吏贪求"为盗贼发生原因之一。⑤

宋朝冗官为弊,统治者又优待士人,贪污腐败之风有增无减,包拯曰:"贪者,民之贼也。"⑥王安石《上仁宗皇帝书》也极言官吏贪贿、侵民之弊,曰:"故今官大者,往往交赂遗、营赀产,以负贪污之毁;官小者,贩鬻乞丐,无所不为。夫士已尝毁廉耻、以负累于世矣,则其偷惰取容之意起,而矜奋自强之心息,则职业安得而不弛,治道何从而兴乎?又况委法受赂、侵牟百姓者,往往而是也。"⑦朱熹论当时奸吏之害,"今之监司,奸赃狼籍、肆虐以病民"。⑧ 杜范上疏宋理宗言:"今日之病,莫大于贿赂交结之风。"⑨

明朝时腐败更为严重。朱元璋认为:"吏治之弊,莫甚于贪墨",⑩并认为,

---

① 《韩非子·外储说右下》。
② 《后汉书·左雄传》。
③ 《昌言·法诫》。
④ 《隋书·刑法志》。
⑤ 《资治通鉴》卷192。
⑥ 《包拯集》卷3。
⑦ 《临川先生文集·上仁宗皇帝书》。
⑧ 《宋史·朱熹传》。
⑨ 《宋史·杜范传》。
⑩ 《明太祖实录》卷148。

“此弊不革，欲成善治，终不可得”。① “贪官污吏，遍布内外，剥削及于骨髓。”②出身农民的朱元璋对官吏贪墨的危害有着非常切肤之痛，对其重典治贪的举措是一致的。海瑞认为“广寇大都起于民穷”，然而“民穷之故多端，大抵官不得其人为第一之害”，“民间困若日甚一日，第一是官吏贪污”。③

清初顾炎武曰：“无官不赂遗，而人人皆吏士之为矣；无守不盗窃，而人人皆僮竖之为矣。”④唐甄认为官吏虐民甚于盗、寇，其论可谓入木三分，他说：“虐取者谁乎？天下之大害莫如贪，盖十百于重赋焉。穴墙而入者，不能发人之密藏；群刀而进者，不能夺人之田宅；御旅于涂者，不能破人之家室；寇至诛焚者，不能穷山谷而遍四海。彼为吏者，星列于天下，日夜猎人之财，所获既多，则有陵己者负箧而去。既亡于上，复取于下，转亡，转取，如填壑谷，不可满也。夫盗不尽人，寇不尽世，而民之毒于贪吏者，无所逃于天地之间。是以数十年来，富室空虚，中产沦亡，穷民无所为赖，妻去其夫，子离其父，常叹其生之不犬马若也。”⑤雍正皇帝指出：“治平之术唯在察吏”，“从来察吏之道，莫先于奖廉惩贪，盖贪默之风不息，则上亏国课，下剥民膏，其为吏治人心之害者甚大，不止关系钱粮而已”。⑥

二是强取豪夺。中国传统社会中，官吏利用自己的职权，横征暴敛、巧取豪夺、强行夺取民脂民膏的现象屡见不鲜。东汉外戚专权时期，外戚梁冀派遣门客到各地私自登记富家财产，然后以种种“莫须有”的罪名将他们逮捕入狱，以各种难以忍受的严刑酷法严加拷打，逼迫他们缴纳财产赎罪。在严刑酷法的淫威之下，有的人被迫交纳财产，有的人被迫迁徙流浪。东汉宦官之

---

① 《明太祖实录》卷69。
② 《明史·邹缉传》。
③ 《海瑞集》上册《应付册式》。
④ 《日知录集释·言利之臣》。
⑤ 《潜书》下篇上《富民》。
⑥ 《清世宗实录》。

祸惨烈，[①]如刘瑜疏言："中官邪孽，比肩裂土，皆竞立子嗣，继体传爵。或乞子疏属，或买儿市道。又广聚妻室，增筑第舍。民无罪而辄坐之，民有田而强夺之。贫困之民，有卖其首级，父兄相代残身，妻孥相视分裂。"[②]宦官侯览更是丧尽天良："侯览前后夺人宅三百八十一所，田一百一十八顷。起立第宅十六区，皆有高楼池苑，制度宏深，僭类宫省。预作寿冢，石椁双阙，高广百尺。破人居室，发掘坟墓。虏夺良人妻，略妇女。为张俭所奏，览遮截其章，不得上。"[③]朱穆疏言："宦官子弟亲戚，并荷荣任，凶狡无行之徒，媚以求官，恃势怙宠之辈，渔食百姓，穷破天下，空竭小人。"[④]

朱熹指出，"今之监司，奸赃狼籍、肆虐以病民者，莫非宰执、台谏之亲旧宾客"。[⑤] 明神宗时期的御马监陈奉，他时常向人索取，万历二十七年（1599年）二月奉命征荆州店税，兼采兴国州矿洞丹砂及钱厂鼓铸事宜。陈奉兼领数使，骄横暴虐，恣行淫威，鞭笞官吏，剽劫行旅，无恶不作。商民恨陈奉入骨，等到陈奉自武昌抵荆州的机会，商民数千人聚集道路，争相投掷瓦石攻击陈奉。[⑥] 万历二十九年（1601年），苏州织工因反抗宦官孙隆的横征暴敛发生暴动，民变领袖葛成在组织队伍行动前对众人曰："今日之事，为朝廷除民害也，若因以为利，则天下其孰能说之。"[⑦]这样的例子不胜枚举，说明了一些官吏丧失人性的一面。明时政绩卓著的吕坤针对吏治之弊总结道："为政之道，以不扰为安，以不取为与，以不害为利，以行所无事为兴废除弊。"[⑧]此言为洞明之语。

---

① （清）赵翼曰："东汉及唐、明三代宦官之祸最烈，然亦有不同。唐、明阉寺先害国而及于民，东汉则先害民而及于国。"参见赵翼撰著：《廿二史劄记》，凤凰出版社2008年版，第74页。

② 《后汉书·刘瑜传》。

③ 《后汉书·侯览传》。

④ 《后汉书·朱穆传》。

⑤ 《宋史·朱熹传》。

⑥ 《明史·宦官二》。

⑦ （明）陈继儒："吴葛将军墓碑"，载《江苏省明清以来碑刻资料选集》，三联书店1959年版，第416页。

⑧ 《呻吟语·治道篇》。

三是枉法害民。西周时已有“五过之疵”的司法原则,其中的“惟货”即为受财枉法。董仲舒认为盗贼的发生除了民固有的贫困之外,还有“贪暴之吏,刑戮妄加”,以致“民愁亡聊,亡逃山林,转为盗贼,赭衣半道,断狱岁以千万数”。① 汉元帝时,贡禹以汉文帝、汉武帝时期吏治变化,指出武帝时期盗贼并起的原因除了“使犯法者赎罪,入谷者补吏”,还有就是“官乱民贫”。② 王符认为:按正常情况,诉讼是比较容易解决的,社会基层即可解决,“乡亭部吏,足以断决,使无怨言”。③ 贪吏受财枉法,事情就完全不一样了。“正士怀冤结而不得信,猾吏崇奸宄而不痛坐。郡县所以易侵小民,而天下所以多饥穷也。”④郡县侵小民,小民无告。

宋朝统治者尚以文治国,对饥而为盗的民众,除其带头者,其余一般不追究。但地方官吏随意用刑,草菅民命,任意科罚,“不胜其酷”,“非法残民”。⑤宋时对于重刑犯,应交提刑司详覆,或奏请皇帝裁决,州县没有专杀之理,然而州县往往杀之。“是时,州县残忍,拘锁者(州县无权裁决的重刑犯)竟无限日,不支口食,淹滞囚系,死而后已。又以己私摧折手足,拘锁尉砦。亦有豪强赂吏,罗织平民而囚杀之。甚至户婚词讼,亦皆收禁。有饮食不充,饥饿而死者;有无力请求,吏卒凌虐而死者;有为两词赂遗,苦楚而死者。惧其发觉,先以病申,名曰‘监医’,实则已死;名曰‘病死’,实则杀之。至度宗时,虽累诏切责而禁止之,终莫能胜,而国亡矣。”⑥元朝吏部主事贾廷瑞言:“近年以来,府州司县官失其人,奉法不虔,受成文吏,舞弄出入,以资渔猎。愚民冒法,小有词诉,根连株累,动至千百,罪无轻重,即入监禁。百端扰害,不可胜言。”⑦

---

① 《汉书·食货志(上)》。
② 《汉书·贡禹传》。
③ 《潜夫论·爱日》。
④ 同上。
⑤ 《宋史·刑法志》。
⑥ 同上。
⑦ 柯劭忞撰:“新元史刑法志”,载《历代刑法志》,群众出版社1988年版,第501~502页。

四是官吏阻政“忘民”。从小民角度而言，“吏者，民之所悬命也”；[1]从君主的角度来说，“官治者，耳目之制也”。[2] 官吏治民，当有所作为，“凡牧民者，使士无邪行，女无淫事。士无邪行，教也；女无淫事，纠也。教训成俗，而刑罚省，数也”。[3] 官吏欺上瞒下，即使上有仁政，皆不得施于民。汉初陆贾总结历代治乱之经验，其中论及官吏与“天下倾覆”的因果关系，论曰：“人君莫不知求贤以自助，近贤以自辅；然贤圣或隐于田里，而不预国家之事者，乃观听之臣不明于下，则闭塞之讥归于君；闭塞之讥归于君，则忠贤之士弃于野；忠贤之士弃于野，则佞臣之党存于朝；佞臣之党存于朝，则下不忠于君；下不忠于君，则上不明于下；上不明于下，是故天下所以倾覆也。”[4]明太祖朱元璋深知民间疾苦，多次提及元末官吏“不恤民”，告诫臣下：“昔吾在民间时，见州官多不恤民，往往贪财好色，饮酒废事，民间疾苦视之漠然，心实怒之”；[5]“元之将亡，内外诸官皆安于苟且，不修职事，惟日食肥甘，因循度日，凡生民疾苦，政事得失，略不究心”。[6]

清唐甄形象地总结了官吏阻政之状，他说：“以诏令之尊威，上驰于下，下复于上，不待旬月而遍于海内矣。人见其遍于海内，吾见其未尝出于门庭也。盖遍于海内者其文也，未尝出门庭者其实也。虽有仁政，百姓耳闻之而未尝身受之，此非有司之故而奚故哉！溪谷阻车，蒺藜阻足，今之有司，皆溪谷蒺藜也。”[7]又言官吏“忘民”：“谚曰：‘官屋漏，官马瘦。’推而广之，田园庐舍，一官屋也；父兄子弟，一官马也。必不在民，虽田园荒芜，庐舍倾倒，而不一顾也；虽父兄冻饿，子弟死亡，而莫之恤也。凡为官者，视为故然。虽无不肖攘

---

① 《管子·明法解》。
② 《管子·君臣上》。
③ 《管子·权修》。
④ 《新语·资质》。
⑤ 《明太祖实录》卷22。
⑥ 《明太祖实录》卷72。
⑦ 《潜书》下篇上《柅政》。

民之事，而视民若忘，等于草茅。夫攘民之害小，忘民之害大。攘民者不多人，忘民者遍天下，是举天下之民委弃之也。疾不救者日深，至于四海困穷，民无以为生。有天下者其危矣哉!”①所以，他总结道：“天下难治，人皆以为民难治也，不知难治者非民也，官也……论政者不察所由，以为法令之不利于行者，皆梍于民之不良，释官而罪民，此所以难与言治也。”②

官吏贪墨害民、不恤民，会导致民不聊生的后果，良民变“盗贼”亦在情理之中。但民并不是都一下子成为“盗贼”，因为他们一般还没有到衣食无着的地步，往往是存在这种危险。在良民遵律守法到“盗贼”违法犯罪有一个中间环节即民变。明清律设置“激变良民”罪条，规定：“凡牧民之官，失于抚字，非法行事，激变良民，因而聚众反叛，失陷城池者，斩。”③该条既说明了民变与“盗贼”的联系，即民变距“盗贼”一步之遥，也说明了其间区别，民变不反叛，仍是良民。

作为一种民众抗争行为，民变是指“时人对民众暴力反政府行为的指称，无明显褒贬之意”。对其发生原因的分析一般侧重于‘激’，即由于官府的欺压，激起民众的反抗。④“民变与起义的区别在于民变目标的简单直接性，在于民变以解决民众最迫切的生存问题为指归；而起义则是具有特定指向性的政治观点、口号或纲领的政治活动。”⑤民变的发生多为官吏苛政之激发，在明清律中，均设定“激变良民”条。⑥民变采取的集体抗争方式有：“哄闹灌输衙

① 《潜书》下篇上《梍政》。

② 《潜书》下篇上《梍政》。

③ 《大明律·兵律·军政》“激变良民”条；《大清律例》继承了大明律中各种官注，如卷19“兵律·军政·激变良民”条规定：“凡(有司)牧民之官，(平日)失于抚字，(又)非法行事，(使之不堪)，激变良民，因而聚众反叛，失陷城池者，斩!”

④ 郑清坡：“‘民变’话语考论”，载《安徽史学》2007年第1期。

⑤ 同上。

⑥ 《大明律》卷14“兵律·军政·激变良民”条规定：“凡牧民之官，失于抚字，非法行事，激变良民，因而聚众反叛，失陷城池者，斩。”《大清律例》卷19“兵律·军政·激变良民”条规定：“凡(有司)牧民之官，(平日)失于抚字，(又)非法行事，(使之不堪)，激变良民，因而聚众反叛，失陷城池者，斩。”(监候。止反叛而城池未陷者，依守御官抚绥无方，致军人反叛，按汉军律奏请。)

门辱骂官员、至官属请愿、投砖掷瓦、垒石塞县门、阻止官府行动、阻塞交通、罢市、罢考阻考、鼓噪哄闹街巷、焚机罢工等等。"①可见，民变不乏暴力行为，但其背后的群众心态没有政治权力的诉求。

民变历史悠久。例如，东周"国人暴动"为中国民变之滥觞，民众表达对周厉王暴政的不满，虽杀掉了召穆公儿子假冒的"太子"，但民众并没有夺取政权的意愿，所以才有"周召共和"。其中，周厉王招致暴动的原因主要有两种：一是好利，并接受荣夷公的建议行专利，造成与民争利，激起民怨，招致民谤；二是禁谤，他命卫巫监谤，告则杀之，使国人不敢言，道路以目，使民怨不能表达，遂致"相与畔，袭厉王"。② 秦汉至宋元时期，民变的存在空间被专制统治所压缩，民之反抗行为多见于以夺取衣食为目标的"群盗"，"群盗"坐大，遂成起义，这在第一章中已述。但并不是说没有民变发生，如《金史》载"（宣宗至宁三年）西京军民变，遣官抚谕之"。③

明清之际，是传统社会民变高发期，特别是明末。例如，明天启六年（1626年）三月苏州的"开读之变"，群众为阻止魏忠贤逮捕政敌苏州乡绅周顺昌而暴动，殴死锦衣卫一人，其余负重伤逃走。同年，江苏省常州府江阴县，也因为魏氏要逮捕政敌乡绅李应升而引起暴动。④ 但明末的许多城市民变，基本上对抗的目标是地方官、乡绅或商人，并无直接攻击国家政府合法性的事件出现。有的甚至还认为是为政府除害而非反政府。例如，万历二十九年（1601年），苏州织工因反抗宦官孙隆的横征暴敛发生暴动，民变领袖葛成在组织队伍行动前对众人曰："今日之事，为朝廷除民害也，若因以为利，则天

① 巫仁恕著：《激变良民——传统中国城市群众集体行动之分析》，北京大学出版社2011年版，第114页。

② 《史记·周本纪》。

③ 《金史·宣宗本纪》。

④ （明）金日升：《颂天胪笔》卷21《缇骑纪略》及卷22《开读传信》。

下其孰能说之。”①

明清政府对民变处理政策主要有抚谕和镇压两种。巫仁恕先生搜集明末清初城市民变案例458个,其中有明确记载处理政策的288个,明代采取直接镇压或名为安抚实为镇压的占45%,清朝为66%。可见,对民变的处理,明朝采取安抚的策略相对多,处罚较轻;清朝采取镇压的比较多,清朝惩治民变的法律也较为严格。例如,明《问刑条例》规定:“凡因事聚众,将本管官及公差勘事、催收钱粮等项一应监临官,殴打绑缚者,俱问罪,不分首从,属军卫者,发极边卫分充军;属有司者,发口外为民。若止是殴打,为首者,俱照前充军为民问发。若是为从与毁骂者,武职并总小旗,俱改调卫所;文职、并监生、生员、冠带官、吏典、承差、知印,革去职役为民;军民舍余人等,各枷号一个月发落。其本管并监临官,与军民人等饮酒、赌博、宿娼,自取凌辱者,不在此例。”②

雍正三年(1725年)制定的山陕光棍之例:山陕刁恶顽梗之辈,假地方公事,强行出头,逼勒平民,约会抗粮,聚众联谋,敛钱构讼,抗官塞署;或有冤抑,不于上司控告,擅自聚众至四五十人这,地方官与同城武职,无论是非曲直,拿解审究。为首者照光棍例拟斩立决;为从,拟绞监候;其逼勒同行之人,各杖一百。③ 乾隆十三年(1748年)又改定了对聚众哄堂塞署的处罚,主要是多了一个对同谋的处罚:“其同谋聚众,转相纠约,下手殴官者,虽属为从,其同恶相济,审与首犯无异,亦照光棍例拟斩立决。”④

二、中国传统社会中官吏贪腐的原因

在中国传统社会,吏治不修的原因有很多,但仅就官吏害民现象来看,其

---

① (明)陈继儒:“吴葛将军墓碑”,载《江苏省明清以来碑刻资料选集》,三联书店1959年版,第416页。

② (明)雷梦麟著:《读律琐言》,怀效锋、李俊点校,法律出版社2000年版,第375~376页。

③ 《大清会典事例》卷771,《刑部·兵律军政》,激变良民,附历年事例。

④ 同上。

主要原因有以下几个方面。

从人才的选拔来看,重义轻利的用人思想不重视官员的正常利益满足,个别官员只有寻求违法的方式。追求人欲的满足是人的本性,然人的社会性需要对人对欲望的追求遵循一定的规范,在中国传统社会的统治思想中,这个规范就是礼和作为礼的补充的法,所谓君子爱财,取之有道。然而,"道"越来越被重视,形成重义轻利思想传统。宋以降,虽义利并重的功利主义思想一度发展,但终没有撼动理学的统治地位,只是在发展经济、改善民生方面进行一些思考。宋明理学"存天理、灭人欲"的主张也把儒家的重义轻利思想推到极致。

历代官吏的选拔,皆重视其德行操守。如汉时郡国每年向中央推举一批人才的"察举",都要考察所选任者有关"孝廉"、"贤良方正"、"孝悌"等涉及个人品德等方面的内容。唐代时,由吏部主持的对全国四品以下官员进行的考课标准是"四善二十七最",其中排在"四善"之首的是"一曰德义有闻",意思是"看看在个人品德上有没有问题"。受其影响,宋、明两代在对官员考核的内容上也把四善中的"德义"放在了首位。不仅如此,明代还有所发展,当时对京官的考核称"京察",对外官的考核称"外察",考察标准主要有八项:"曰贪、曰酷、曰浮躁、曰不及、曰老、曰病、曰罢、曰不谨。"显然,这里的八项内容,除"老"、"病"之外,都是在"德"上不合要求的具体表现。

清代基本沿袭了明朝的官吏考课制度,标准为"四格八法"。"四格"指"守"(品德操守)、"政"(为官政绩)、"才"(才能本领)、"年"(年龄及身体状况)。"八法"基本与明朝同。显然,古代政治家、思想家已经认识到"德与才"的关系:"德者,才之帅也;才者,德之资也。"①因此在考察官员的内容要求上,不仅都把官员的德性放在了首位,而且都把"德"与勤奋、才干、节俭、廉洁、严谨等联系起来考察。尽管也有一些德才兼备的官员留名青史,但贪官

① 《资治通鉴·周纪一》。

污吏却也层出不穷。究其原因,是因为有些人的“德”是靠不住的,或者说其“德”只能代表过去(选举的依据时),或者说其“德”是伪“德”。顾炎武认为:“天下之人,各怀其家,各私其子,是常情也”,①即人的自私自利行为是为了满足人的自身需求,是合理的,那些靠打着“以公灭私”或者“有公而无私”的说教者,只不过是一些伪君子。他分析当时的官吏腐败的生成原因,说“自其束发读书之时,所以劝之者,不过所谓千钟粟、黄金屋。而一旦服官,即求其大欲。君臣上下,怀利以相接,遂成流风,不可复制”。② “于是钱谷之任,榷课之司,昔人所避而不居,今且攘臂而争之。礼义沦亡,盗窃竞作,苟为后义而先利,不夺不餍。”③

每一个官吏都经历着“德”与“欲”的考验。因为君权高于社会,贪官也面临着不同的结局。一般情况下,社会(其代表是民众和所谓的清官)和统治者(皇帝)均选择了“德”,贪官则伏于刑;如果社会选择了“德”,统治者选择了“欲”,贪官可在后者的庇护下逍遥法外,如清乾隆时期的大贪官和珅。但无论如何,贪官更讳谈自己的贪贿,只能是一个被扭曲的双面人,表面上满口廉洁奉公,私下里尽是损公肥私。明清有胥吏之害,源于明成祖时期的规定,先是规定吏胥不能当御史,又吏胥不能考进士,造成官、吏分途。吏在仕途上的发展道路被堵断,遂没有通过晋升高官去获得富贵,只有另寻渠道,作奸弄巧,侵渔小民,以饱私欲。

同时,邪臣当道,遮蔽贤者,造成人才流失。儒家主张:“天下有道则见,无道则隐。”④“天下有道,以道殉身;天下无道,以身殉道。”⑤历代君王求贤不已,汉代则要求郡国定期举贤,成为主要的人才选拔制度。三国时刘备为请诸葛亮出山三顾茅庐的故事成千古美谈,但隐而不仕也是传统。为了让天下

① 《顾亭林诗文集》之《亭林文集》卷2,《郡县论九篇》。
② 《日知录集释·名教》。
③ 《日知录集释·言利之臣》。
④ 《论语·泰伯》。
⑤ 《孟子·尽心上》。

英才为己所用,朱元璋甚至规定士不愿为朝廷效力的杀头。

为什么贤者隐而不仕?陆贾认为贤者不致的原因主要是朝中的邪臣,他说朝廷中邪臣蔽贤,好像浮云遮蔽日月。① 陆贾举例说,鲍丘的德行,纵然高于李斯、赵高,然之所以不为朝廷重用,是因为谗臣所害。② 贤者被馋所讥的原因是其“殊于世俗,则身孤于士众。夫邪曲之相衔,枉桡之相错,正直故不得容其间。谄佞之相扶,谗口之相誉,无高而不可上,无深而不可往者何?以党辈众多,而辞语谐合”。③ 君王本身对贤者不至也有一定的责任。陆贾认为:仁者在位而仁人来,义者在朝而义士至。所以墨子之门多勇士,仲尼之门多道德,文王之朝多贤良,秦王之庭多不详。④ 还有人认为君主不诚心“思贤”。王符认为:“今世主之于士也,目见贤则不敢用,耳闻贤则恨不及。虽自有知也,犹不能取,必更待群司之所举。”⑤其结果是当权者妒贤、隐贤、蔽贤,“当涂之人,咸欲专君,壅蔽贤士,以擅主权”,“使求贤之难得尔”。⑥

从职官制度来看,官吏具有自己的独立利益。战国以来的职官制度下的官吏不同于先秦世官制度下的贵族,“官吏之所大不同于贵族者,即他不再是为他自己而行统治了。他诚然享有统治之权位,但既非世袭,亦非终身,只不过居于一短时之代理人地位”。⑦ 官吏有自己的利益选择,并不一定与皇帝在“同一条船上”,他有退出制度。“官吏来自民间(广大社会),又随时可罢官归田或告老还乡;其势固不与皇帝同其利害,共其命运。”⑧

宋李觏所论极为形象。他说,君民好比父子,官吏若比乳保也。父亲不能自育其子,育之者乳保也;君不能自治其民,治之者官吏也。赤子之在襁

① 《新语·辨惑》。
② 《新语·资质》。
③ 《新语·辨惑》。
④ 《新语·思务》。
⑤ 《潜夫论·贤难》。
⑥ 《潜夫论·叙录》。
⑦ 梁漱溟著:《中国文化要义》,上海人民出版社2005年版,第135页。
⑧ 同上书,第137页。

褓,知有乳不知有母也;细民之在田野,知有吏不知有君也。乳之不才,则饥之渴之,惊之痫之,亲虽慈不能幸其子以生也。吏之不才,则穷之役之,杀之害之,君虽仁不能幸其民以安也。然乳保之任,不离帷房之间,亲之卧起可以接也。官吏之职,必远畿疆之外,君之视听无由及也。是故置吏不可不慎也。①

康熙皇帝感叹道,人臣可以做官则做官,不想做的也可以辞官,年老致仕归家,还可以抱子弄孙,享受天伦之乐,优游自适。帝王的责任却不可以旁委,舜殁于苍梧,禹殂于会稽,终生奔劳,不得安息。长寿是五福之一,但皇帝因为太过辛劳很难长寿,不如臣民生活的安逸。② 铁打的营盘流水的兵,官吏为皇帝服务时可以适当的理由退出,或年老,或疾病,或称不能等,即使不自退,到了一定年限也要致仕,这亦说明官员与帝王并非是共进退的利益共同体。

唐甄分析官吏不负责任的博弈心理,他说,一官之所任,我代者前此几何人?代我者后此几何人?我在其间,一旅客之信宿耳。土地非我之产,府库非我之藏,民人非我之族党,于我何有焉!今之为官者,不必贪邪,即廉能无过者,其存心莫不如是。不忍之心,人孰无之!乃但知仕宦,不知道义,溺于父兄之为,习于流俗所尚,因仍而不知其非。由来已久,不可深责。朝廷所寄以牧民之任者,大官小官,自内至外,皆如是之人。上以文责下,下以文蒙上,纷纷然移文积于公府,文示交于路衢。始焉羽逝,既而景灭,卒不知其纷纷者何为也。如是千万职,外塞九州,内塞五门,君臣上下,隔绝不通。虽有仁明之君,欲行尧舜之政,其何所藉以达于天下乎!③ 此论在今日尚不过时。

然而,秦以降大部分时期,官吏俸禄太薄。除汉初和宋代中后期外,绝大多数朝代的官员俸禄水平过低。汉宣帝认为:“吏不廉平则治道衰,今小吏皆

① 《李觏集·安民策第七》。
② 《清史稿·圣祖本纪》。
③ 《潜书》下篇上《柅政》。

勤事而俸禄薄，欲其毋侵渔百姓，难矣。”①

《盐铁论》载有贤良论官吏禄薄是其侵渔、与民争利的原因，曰：古之制爵禄也，卿大夫足以润贤厚士，士足以优身及党，庶人为官者，足以代其耕而食其禄。今小吏禄薄，郡国徭役，远至三辅，粟米贵，不足相赡。常居则匮于衣食，有故则卖畜粥业。非徒是也，繇使相遣，宫廷摄追，小计权吏，行施乞贷，长吏侵渔，上府下求之县，县求之乡，乡安取之哉？② 张之象注引荀悦曰：先王之制禄也，下足以代耕，上足以充祀，故食禄之家，不与下民争利，所以厉其公义，塞其私心；其或犯逾之者，则绳以政法。是以君子慕义，小人无怨。若位苟禄薄，外而不充，忧匮是恤，所求不赡，则私利之制萌矣，放而听之，则贪利之心滥矣，以法绳之，则下情怨矣。故位必称德，禄必称爵。故一物而不称，乱之道也。今汉之赋禄薄，而吏非员者众，在位者贪于财产，规夺官民之利，则殖货无厌，夺民之利，不以为耻，是以清节毁伤，公义损缺，富者比公室，贫者匮朝夕，非为所济俗也。③

仲长统看到官吏“以廉举而以贪去”的现象，认为“善士”富者少贫者多，禄不足以供养所致。他认为君子就应当享受优厚的待遇，如果俸禄太薄，官吏们就不得不“营私门”，他说：“彼君子居位为士民之长，固宜重肉累帛，朱轮四马。今反谓薄屋者为高，藿食者为清，既失天地之性，又开虚伪之名，使小智居大位，庶绩不咸熙，未必不由此也。得拘絜而失才能，非立功之实也。以廉举而以贪去，非士君子之志也。夫选用必取善士。善士富者少而贫者多，禄不足以供养，安能不少营私门乎？从而罪之，是设机置阱，以待天下之君子也。”④

北魏初期百官没有俸禄，其廉者贫苦异常，否则取于富豪。例如，崔宽镇

① 《汉书·宣帝纪》。
② 《盐铁论·疾贪》。
③ 同上。
④ 《昌言·损益》。

陕时，“诱接豪右，宿盗魁帅，与相交结。倾衿待遇，不逆细微，莫不感其意气。时官无禄力，唯取给于人，宽善抚纳，招致礼遗，大有取受，而与之者无恨”。① “诸刺史每因调发，逼人假贷，大商富贾，要时射利，上下通同，分以润屋。”②孝文帝太和八年始诏：“今宜班禄，罢诸商人，以简人事。”③

白居易分析官吏贪欲多求的原因也是“禄不均俸不足”所致：今之官吏，所以未尽贞廉者，由禄不均而俸不足也。不均者，由所在课料重轻不齐也；不足者，由所在官长侵刻不已也。其甚者，则有官秩等而禄殊，郡县同而俸异，或削夺以过半，或停给而弥年，至使衣食不充，冻馁并至。④ 他指的官吏主要是基层官吏，或课料不齐，或官长侵刻，饥寒切身，便盘剥小民。宋代统治者认为：“俸禄薄而责人以廉，甚无谓也。”清代御史赵琛曾向康熙皇帝上书：“臣以为俸禄不增，贪风不息，下情不达，廉吏难支。”⑤清朝史学家赵翼纵观前史，曰：“明官俸最薄。”⑥即使在明初几十年内，朱元璋虽行非常之刑，最后亦是“朝杀而暮犯”。高官厚禄尚且贪贿，何况少禄寡俸。过低的薪俸无疑会诱发腐败行为，缺衣少食的官吏利用权力侵渔小民，是因为其有权力可用，与社会最底层的小民饥寒切身而铤而走险是同样的道理。

从官吏的生存环境来看，奢侈、腐败的社会风气也是官吏违法的重要影响因素。许多思想家和政治家都重视社会良好的风俗对社会秩序的积极作用，其中奢侈的社会风俗会助长官场的腐败，而这个风俗的养成，往往是从上而下。贾谊认为治国安民中，要根据国情选择治国策略，根据民情选择良吏，民之治乱在于吏，而吏之善恶在于君，汤以桀之乱氓为治，武王以纣之北卒为强。故君能为善，则吏必能为善矣。吏能为善，则民必能为善矣。故民之不

① 《北史·崔宏传》。
② 《廿二史劄记》，第205页。
③ 同上。
④ 《全唐文》卷671。
⑤ 《东华录》卷9。
⑥ 《廿二史劄记》，第503页。

善也，原因是吏之不善；故民之善者，吏之功也。故吏之不善也，原因是君不善择吏；故吏之善者，君之功也。是故君明而吏贤，吏贤而民治矣。所以说，苟上好之，其下必化之，就是这个道理。①

唐德宗喜聚敛，曾劝宰相陆贽“鞭靴之类，受之无妨”，陆贽则认为贿道自上开，风俗坏于下，害民危国，上书谏德宗，如果向上官行贿，则上官会失去赏罚之柄；如果上官向下索贿，则廉耻之道衰。为什么这么说？“善恶不分，功过无辨，以货贿之多少，为课绩之重轻，守道阙供，或时致怨招累，求得当欲，可以释罪贾荣，忍行刻剥者，见谓公忠，巧饰玩好者，或称才智，此谓赏罚之柄失也。上好利则下思聚敛，上求贿，则下肆侵蠡，不怀愧心，但逞私欲，递相企效，习以成风，闾阎日残，纪纲日坏，不可以礼义劝，不可以刑法惩，此由廉耻之道衰也。”②而立法倡廉，世上犹有贪腐之弊；如果立法倡贪，不知乱成什么样子。贪利起于小，但害于大，开始很容易，但结果必将后悔。这样，“涓流不止，□壑成灾；毫末既差，邱山聚衅。自昔国家败亡多矣，何尝有以约失之者乎”？③

王夫之认为在官员的犯罪中，“上官”是罪魁祸首。他论道：群有司众矣，人望以廉，必不可得者也。中人可以自全，不肖有所惮而不敢，皆视上官而已。上官之虐取也，不即施于百姓，必假手下吏以为之渔猎，下吏因之以雠其箕敛，然其所得于上奉之余者亦仅矣。下吏成了上官贪贿的中间人，以至于百姓之怨毒诅咒，乃至叩阍号愬者，唯知有下吏，而不知贼害之所自生于上官。④ 清康熙强调督抚大臣的示范作用：“民生不遂，由于吏治不清，长吏贤，则百姓自安。”⑤“民生之安危，由于吏治之清浊；吏治之清浊，全在督抚之表

① 《新书·大政下》。
② 《全唐文》卷465。
③ 同上。
④ 《读通鉴论》卷10，《三国》。
⑤ 《康熙起居注》12年3月。

率。若督抚清正,实心爱民,则下吏孰敢不洁己秉公?”①

从外在的监督来看,缺乏完善的监督体制。中国传统社会吏治过程中,也形成了较为有效的监察系统,有上级长官对下级官员的直接监督和设立御史台、都察院等专门机构对文武官僚进行直接监督。历朝的监察官均能秉公执法,不徇私情,对整饬吏治、惩治贪官污吏、稳定封建政权起到了重要作用。“吏治之隆首推两汉,其时地方则有刺史之按郡,中央则有御史之出巡视察,繁密考覆极严论者,或谓其得力,全在于此。”②各朝各代都将监察制度作为重要的廉政制度加以完善,使其在“纠察官邪、整顿吏治、严肃法纪、惩贪防腐”方面发挥作用。但监察权与行政权的合流也是导致腐败的不可忽视的原因。监察的存在,产生了新的官僚机构,即对中央官僚的监察的中央监察机构和对地方官僚监察的地方监察机构两种。中央监察机构主要负责监察官员们是否清正廉洁,是否有朋党,以防对皇权构成威胁。而对地方官员的监察主要是由中央派出官员组成临时性机构,这些机构的存在,最终无一例外地转化为地方行政机构,并出现了行政权与监察权的合流。这样一来,作为中央派出的监察官员,同时也履行行政权力,这样就等于自己监察自己,这时候的监察已经失去了最初设立监察时的初衷,这样的吏治焉能不腐败,因此古代吏治中所出现的腐败现象,有增无减,且愈演愈烈,监察权与行政权的合流不能不说是一个重要的原因。统治者对监察机构也不放心,所以特务统治大行其道,冤狱不绝,人人自危。监督最大的困难就是皇帝,以天下为家的世袭“家长”,拥有立法权、官吏任免权、司法权,特别是年幼的皇帝或昏庸的皇帝,往往会出现宦官专权、外戚专权、佞臣专权等情况,这时候吏治也最为混乱,更易滋生腐败。

可见,官吏腐败害民的原因,有其内在的利益诉求得不到满足形成动机

---

① 《康熙实录》卷14。

② 《吏治管见类钞》10,《附论》。

因素，亦有外在的监督缺失给予机会。

三、中国传统社会中任贤思想及“贤”的内涵

韩非把吏和民的关系比喻为树之干和叶、网之纲和目，摇干动叶，纲举目张。“故吏者，民之本，纲者也，故圣人治吏不治民。”[①]治民在于治吏，治吏在于任贤。历代思想家和政治家虽有不同的治安思想，但都不约而同地提出了任贤使能的主张。先秦时期，儒家孔子答仲弓问政，提出对策之一就是“举贤才”。[②] 荀子认为“尚贤使能”是“先王之道”，“治必由之，古今一也”。[③] 他举例说：“成王之于周公也，无所往而不听，知所贵也，桓公之于管仲也，国事无所往而不用，知所利也。故尊贤者王，贵贤者霸，敬贤者存，慢贤者亡，古今一也。”[④]墨子也认为“尚贤为政之本”，[⑤]“故古者圣王唯能审以尚贤使能为政，无异物杂焉，天下皆得其利”。[⑥] 他说国不能富、民不能众、治不能安的原因，“是在王公大人为政于国家者，不能以尚贤事能为政也”。[⑦] 如果“王公大人明乎以尚贤使能为政，是以民无饥而不得食，寒而不得衣，劳而不得息，乱而不得治者”。[⑧] 法家管子曰：“闻贤而不举，殆。”[⑨]“举贤良，而后可以废慢法鄙贱之民。”[⑩]韩非认为：“贤者用之则天下治，不肖者用之则天下乱。”[⑪]秦汉以降，关于任贤使能的言论俯拾皆是，这里不再赘述，需要明确的是“贤”的内涵。

---

① 《韩非子·外储说右下》。
② 《论语·子路》。
③ 《荀子·强国》。
④ 《荀子·君子》。
⑤ 《墨子·尚贤中》。
⑥ 同上。
⑦ 《墨子·尚贤上》。
⑧ 《墨子·尚贤中》。
⑨ 《管子·法法》。
⑩ 《管子·中匡》。
⑪ 《韩非子·难势》。

一是儒家思想。先秦儒家主张德能兼备。中国传统社会中，尚贤之思想由来已久。《尚书》载尧选拔贤才的对话，尧已经在位七十年，问四岳能否接替他的君位，四岳言其德行不够，不能接替尧做君主。尧让推荐贤才，众人都说虞舜比较合适，尧问虞舜此人如何？四岳告诉尧，舜是一个很孝顺的人。尧答应要考验一下舜。① 其中所指四岳辞以德行不够，虞舜被举以有德行，说明当时尚贤的思想。孔子回答鲁哀公问政，曰：“为政在人，取人以身，修身以道，修道以仁。”②萧公权先生谓孔子以人治补周政“方策之弊”，“非以人治代替法治，乃寓人治于法治之中，二者如辅车之相依，如心身之共运”。③ 孔子回答子张“何如斯可以从政矣”的问题时，提出“尊五美”要求，即“惠而不费”，给百姓恩惠，但不铺张浪费；“劳而不怨”，役使民众但无人怨恨；“欲而不贪”，追求利欲但不会贪得无厌；“泰而不骄”，态度庄重而不傲慢；“威而不猛”，政治威严但不苛刻。④ 此五美可谓贤者（君子）之基本品质。孔子回答仲弓如何发贤人之问说：“举尔所知；尔所不知，人其舍诸？”⑤即先是自己知道的，自己不知道的，别人也不会埋没他的，是金子总归会发光的。同时，孔子很重视能够进贤的人，并认为“进贤为贤”。⑥ 朱熹在《四书集注》中为孔子所言“举贤才”作注时说：“贤，有德者；才，有能者。”⑦但在德与才的权重上，孔子称“骥不称其力，称其德也”。⑧ 朱熹认为孔子更加看重人才“德”的重要性。

孟子答弟子公孙丑之问，不愿将自己与管子、晏子相比，认为管晏二人是

---

① 《尚书·尧典》。

② 《四书章句集注·中庸章句》。

③ 《中国政治思想史》，第49页。

④ 《论语·尧曰》。

⑤ 《论语·子路》。

⑥ 《说苑·臣术》载：子贡问孔子曰：“今之人臣孰为贤？”孔子曰：“吾未识也。往者，齐有鲍叔，郑有子皮，贤者也。”子贡曰：“然则齐无管仲，郑无子产乎？”子曰：“赐，汝徒知其一，不知其二。汝闻进贤为贤耶？用力为贤耶？”子贡曰：“进贤为贤。”子曰：“然。吾闻鲍叔之进管仲也，闻子皮之进子产也，未闻管仲、子产有所进也。”

⑦ 《四书章句集注·论语集注·子路第十三》。

⑧ 《论语·宪问》。

不足学的，其所推崇的贤人是“微子、微仲、王子比干、箕子、胶鬲”，[①]还有他一再提到的伯夷、柳下惠，“圣人，百世之师也，伯夷、柳下惠是也。故闻伯夷之风者，顽夫廉，懦夫有立志；闻柳下惠之风者，薄夫敦，鄙夫宽。奋乎百世之上，百世之下，闻者莫不兴起也”。[②] 可见，孟子称贤注重人之德，而非才。荀子认为贤的标准是德才兼备，言行俱佳，他说：“忠信而不谀，谏争而不谄，挢然刚折，端志而无倾侧之心，是案曰是，非案曰非，是事中君之义也。”[③]这是道德方面，在才能方面，应该“法而议，职而通，无隐谋，无遗善”。[④]

二是法家思想。法家对“贤”的理解并不一致，可以按地域分以管子为代表的齐法家和以商、韩为代表的晋法家。两派法家选贤的标准都出于富国强兵的目的，但用人标准稍有区别。齐法家认为“贤”主要包括德和能，他要求地方官自下而上地推荐人才，“于子之乡，有居处为义，好学聪明，质仁，慈孝于父母，长弟闻于乡里，有则以告。有而不以告，谓之蔽贤，其罪五”。“于子之乡，有拳勇股肱之力，筋骨秀出于众者，有则以告。有而不以告，谓之蔽才，其罪五。”[⑤]“使贤者食于能则上尊，斗士食于功则卒轻于死，二者设于国则天下治。”[⑥]管子认为治国有“三本”：“一曰德不当其位，二曰功不当其禄，三曰能不当其官。此三本者，治乱之原也。故国有德义未明于朝者，则不可加于尊位；功力未见于国者，则不可授与重禄；临事不信于民者，则不可使任大官。”[⑦]“德不当其位”首当其冲，其次才论功与能。《管子》还有用人的四项原则：“一曰大德不至仁，不可以授国柄。二曰见贤不能让，不可与尊位。三曰罚避亲贵，不可使主兵。四曰不好本事，不务地利而轻赋敛，不可与都邑。此

---

① 《孟子·公孙丑上》。
② 《孟子·尽心下》。
③ 《荀子·臣道》。
④ 《荀子·王制》。
⑤ 《管子·小匡》。
⑥ 《曹操集·论吏士行能令》。
⑦ 《管子·立政》。

四务者,安危之本也。"[①]多是强调官吏之品德。

晋法家尚法不尚贤。法家早期人物慎到以极力推崇"威势"而闻名,是非、道德和才能相对于权力来说,是次要的因素,人君最重要的是"势",而非贤。即使让贤人发挥作用,也必须借助"势"方能有所成就。慎到说:"飞龙乘云,云罢雾霁,系蚯蚓同,则失其所乘也。""贤而屈于不肖者,权轻也;不肖而服于贤者,位尊也。尧为匹夫,不能使其邻家,至南面而王,则令行禁止,位尊也。由此观之,贤不足以服不肖,而势位足以屈贤也。"[②]慎到否定了儒家的尚贤、重德论,提出了"尚法不尚贤"、"用贤不尚贤"的思想。他还提出:"立君而尊贤,是贤与君正,其乱甚于无君。"[③]即尚贤会使贤者在民众中的威信升高,形成与君主竞技的局面,进而动摇君主的绝对中心地位,以致混乱。申不害要求明君"任法操术",对臣加强监督和考核,以树立君的权威。即"因任而授官,循名而责实,操生杀之柄,课群臣之能"。[④]

商鞅在其变法中形成"任法"、"废贤"的思想。他认为,为了治理国家而选任"贤者",结果成了致乱之源,"夫举贤能,世之所治也,而治之所以乱。世之所谓贤者,言正也。所以为善正也,党也。听其言也,则以为能,问其当以为然,故贵之不待其有功,诛之不待其有罪也。此其势正使污吏有资,而成其奸险;小人有资,而使其巧诈"。[⑤] 商鞅认为,贤者易党,而且容易产生"假贤"。所以"贤者不能益,不肖者不能损。故遗贤弃知,治之数也"。[⑥] 商鞅以耕战为标准,决定功劳大小和高官厚禄。这是一种非常狭隘的用人观,韩非说:"商君之法曰:'斩一首者爵一级,欲为官者为五十石之官;斩二首者爵二级,欲为官者为百石之官。'官爵之迁与斩首之功相称也。今有法曰:斩首者

① 《管子·立政》。
② 《慎子·威德》。
③ 《慎子·佚文》。
④ 《韩非子·定法》。
⑤ 《商君书·慎法》。
⑥ 《商君书·禁使》。

令为医匠，则屋不成而病不已。夫匠者，手巧也；而医者，齐药也。而以斩首之功为之，则不当其能。今治官者，智能也；今斩首者，勇力之所加也。以勇力之所加，而治智能之官，是以斩首之功为医匠也。”①

韩非认为：“上古竞于道德，中世逐于智谋，当今争于气力。”②他举例说明，曰：“齐将攻鲁，鲁使子贡说之。齐人曰‘子言非不辩也，吾所欲者土地也，非斯言所谓也。’遂举兵伐鲁，去门十里以为界。”③像孔子及其弟子子贡讲究“仁义辩智”的贤才已不能适应时代的要求。他强调：“是废常上贤则乱，舍法任智则危。故曰：上法而不上贤。”④他并非否定贤者治世，而是认为如尧、舜贤者太少，而中人治世则需要法和势，“世之治者不绝于中，吾所以为言势者，中也。中者，上不及尧、舜，而下亦不为桀、纣。抱法处势则治，背法去势则乱”。⑤ 他认为真正的“明君”是“能畜其臣者也”，所谓贤臣是“能明法辟，治官职，以戴其君”者，⑥而不是“藏书策，习谈论，聚徒役、明文学而议说”之人。⑦

法家“不尚贤”，是指他们对贤的标准不同于儒、墨两家。法家从功利主义出发，认为“民之欲利者，非耕不的；避害者，非战不免。境内之民莫不先务耕战而后得其所乐”。⑧ 所以，商鞅在变法期间“禁游宦之民而显耕战之士”。⑨ 很显然，“耕战之士”即为法家所谓“贤能之士”。韩非认为，“凡人主之所以劝民者，官爵也；国之所以兴者，农战也”。⑩ 他认为“耕可以富也”，

---

① 《韩非子·定法》。
② 《韩非子·五蠹》。
③ 同上。
④ 《韩非子·忠孝》。
⑤ 《韩非子·难势》。
⑥ 《韩非子·忠孝》。
⑦ 《韩非子·显学》。
⑧ 《商君书·慎法》。
⑨ 《韩非子·和氏》。
⑩ 《商君书·农战》。

“战可得以贵也”。[①] 韩非批评儒家的贤能,“不事力而衣食,则谓之能;不战功而尊,则谓之贤”。那么,“贤能之行成,而兵弱而地荒矣”。他理想的贤士是“智术之士”和“能法之士”,他说:“智术之士,必远见而明察,不明察,不能烛私;能法之士,必强毅而劲直,不劲直,不能矫奸。人臣循令而从事,案法而治官,非谓重人也。重人也者,无令而擅为,亏法以利私,耗国以便家,力能得其君,此所为重人也。智术之士明察,听用,且烛重人之阴情;能法之直到劲直,听用,矫重人之奸行。故智术能法之士用,则贵重之臣必在绳之外矣。是智法之士与当涂之人,不可两存之仇也。”[②]他把不直接从事农业生产的“学者”(主要指儒家)、“言谈者”(纵横家)、“带剑者”(游侠)、“患御者”(逃避兵役者)、“商工之民”视为危及国家安全、破坏法制的“五蠹”。[③]

三是墨家思想。墨家提出判断人才的优劣的标准是德和能,并超越“富贵”、“亲”、“近”,任贤使能。墨子曰:“故古者圣王之为政,列德而尚贤”,“古者圣王之为政也,言曰:‘不义不富,不义不贵,不义不亲,不义不近。’”[④]墨家针对当时社会“得一贤而天下治”的大贤思想,提出了“众贤论”,他认为国家治安在于众贤,“国有贤良之士,则国家之治厚;贤良之士寡,则国家之治薄。故大人之务,将在于众贤而已”。[⑤] 墨子也强调贤者之能:“贤者之治国也,蚤朝晏退,听狱治政,是以国家治而刑法正。贤者之长官也,夜寝夙兴,收敛关市、山林、泽梁之利,以实官府,是以官府实而财不散。贤者之治邑也,蚤出莫入,耕稼树艺、聚菽粟,是以菽粟多而民足乎食。故国家治则刑法正,官府实则万民富。”[⑥]“有能则举之,无能则下之。”[⑦]

---

① 《韩非子·五蠹》。
② 《韩非子·孤愤》。
③ 《韩非子·五蠹》。
④ 《墨子·尚贤上》。
⑤ 同上。
⑥ 《墨子·尚贤中》。
⑦ 《墨子·尚贤上》。

四是道家思想。道家认为“尚贤”乃治安问题的原因，应当否定。老子主张“无事”、“无欲”、“无为”，反对任贤选能，认为人们因此而争，曰：“不上贤，使民不争。”①他有意避开儒家思想之贤的概念，认为“是以圣人为而不恃，功成不处，斯不见贤”。② 即真正贤者，虽功成但不愿意显露自己是贤者，是那些去奢华的“无欲者”、去极端的“非战者”、去过分的“无争者”、去繁法的“清静者”、去智巧的“无为者”。庄子对儒墨的尚贤思想持批判态度，他认为儒家所推崇的圣人、仁人、君子根本不是人才，不能真正治国安民，反而会带来治安问题，即“圣人生而大盗起”，“掊击圣人，纵舍盗贼，而天下始治也”。③ 又言：“夫川竭而谷虚，丘夷而渊实。圣人已死，则大盗不起，天下平而无故矣。圣人不死，大盗不止。虽重圣人而治天下，则是重利盗跖也。”④他认为，圣人的出现破坏了人的自主本性，造成无数的社会纷争。“夫赫胥氏（庄子假托之上古帝王）之时，民居不知所为，行不知所之，含哺而熙（同嬉），鼓腹而游，民能以此矣。及至圣人，屈折礼乐以匡天下之形，县企仁义以慰天下之心，而民乃始踶跂好知，争归于利，不可止也。此亦圣人之过也。”⑤庄子对墨子所推崇的贤良之士也不屑一顾，他认为：“至治之世，不尚贤，不使能”；⑥“举贤则民相轧，任知则民相盗”；⑦“尧知贤人之利天下也，而不知其贼天下也”。⑧ 庄子的理想人格是“真人”、“至人”，一种逍遥于无穷的“自由人”。

先秦思想家为后世思想的发展提供了主要元素。秦汉以降，以儒家为正统，奉行儒家重义轻利的传统。但亦有不同的思想应用于世，可略分几种：

一是重德轻才。例如，汉代察举人才有定期的郡国举孝、廉，而只有在特

---

① 《老子》第3章。
② 《老子》第77章。
③ 《庄子·胠箧第十》。
④ 同上。
⑤ 《庄子·马蹄第九》。王先谦案：县企，县举而企及之，使人共慕也。
⑥ 《庄子·天地第十二》。
⑦ 《庄子·庚桑楚第二十三》。
⑧ 《庄子·徐无鬼第二十四》。

定情况下才下诏举贤良。[①] 人多论及德才兼备，其实在重德。这里略举几例试证之：汉之桓谭认为：“贤有五品：谨敕于家事，顺悌于伦党，乡里之士也；作健晓惠，文史无害，县廷之士也；信诚笃行，谦平公理，下务上者，州郡之士也。通经术，名行高，能达于从政，宽和有固守者，公辅之士也；才高绝卓绝，殊于众，多筹大略，能图世建功者，天下之士也。”[②]他对人才品性的划分是根据他对人的认识和社会政治的需要。他说：“人有智愚之别，智有圣贤之分。”至于“材能有大小，智略有深浅，听明有暗照，质行有薄厚”，[③]都是客观的。

从内容上看，他强调的是贤之德。诸葛亮屡劝后主刘禅“亲贤人”，从他向后主推荐的几个人才来看：侍中、侍郎郭攸之、费祎、董允等，这些人“皆良实，志虑忠纯”；将军向宠，“性行淑均”，而且通晓军事，曾经试用过，先帝刘备称其有能力。[④] 可谓文武兼备，对文的评价都是品德的考虑，对将军的要求也是品性为先。诸葛亮又总结出五种“奸伪悖德之人”：一是结党相连，毁谮贤良；二是侈其衣服，异其冠带；三是虚垮妖术，诡言神道；四是专察是非，私以动众；五是伺候得失，阴结敌人。这五种人无论是治军，还是理国都是有害的，人君对其“可远而不可亲也”。[⑤] 可见，诸葛亮对人才的要求，也是重德轻才。

唐太宗明确提出他的人才标准，“朕之擢官，必择才行”。[⑥] “今所任用，必须以德行、学识为本。”[⑦]他把人才区别于“刀笔俗吏”，并认为“刀笔吏”不

① 一是不定期的，多为举贤良，如新皇帝即位往往下诏求贤，或是遇到灾、荒、异象，表示皇帝失德而受天谴，往往也下诏求贤。被推荐者到了政府以后，接受策问，根据其意见，分别挑选任用。此举或由地方民意，或由三公九卿。二是特殊的选举，是政府对特定事项选用的专门人才，如出使西域需要通外国语、能吃苦、有一定外交能力；或诏求军事人才、治水人才等。参见钱穆著：《中国历代政治得失》，三联书店 2005 年版，第 31 页。

② 《新论·求辅》。

③ 《新论·言体》。

④ 《诸葛亮集·出师表》。

⑤ 《诸葛亮集·便宜十六策》。

⑥ 《旧唐书·长孙无忌传》。

⑦ 《贞观政要·崇儒学第二十七》。

足取，他曾对吏部尚书杜如晦说："比见吏部择人，惟取其言词刀笔，不悉其景行。数年之后，恶迹始彰，虽加刑戮，而百姓已受其弊。"①这说明唐太宗选择人才重德行。

宋太祖赵匡胤力主"兴文教、抑武事"。② 他认为："王者虽以武功克定，终须用文德致治。"③"五代方镇残虐，民受其祸。朕今用儒臣干事者百余人，分治大藩，纵皆贪浊，亦未及武臣十之一也。"④于是，从中央到地方，从民事到军政一切要职均为文士所据。"取才唯进士、诸科为最广，名卿巨公，皆由此选。"⑤遂成一代重文轻武之风。士则念的是儒家经典，重德轻才亦成主流。

朱熹最初积极抗金，后来态度变化，认为只要皇帝诚意正心，金人就不敢来犯。他说："古先圣王制御夷狄之道，其本不在于威强，而在于德业；其备不在于边境，而在于朝廷；其具不在于号令，而在于纪纲。"⑥"盖天下之大本者，陛下之心也，今日之急务则辅翼天子，选任大臣，振兴纪纲，变化风俗，爱养民力，修明军政六者是也。"⑦在朱熹看来，"不世之大功易立，而至微之本心难保；中原之夷寇易逐，而一己之私意难除也。诚能先其所难，则其易者将不言而自办"。⑧ 这有一定的道理，但须假以时日方能有用，面对强敌，仅仅重德重心而不重能，是不可取的。

清康熙皇帝把德才兼备定为人才的标准。他说："至于用人，勿得较论分属，惟当选择贤能任事。"⑨又言："朕施行政务，惩创奸佞，察其忠贤才能者用之。"⑩其中，康熙皇帝把德放在首位，他说："论才则必以德为本，故德胜才谓

---

① 《贞观政要·崇儒学第二十七》。
② 《续资治通鉴长编》卷18。
③ 《续资治通鉴》卷11。
④ 《宋史纪事本末》卷2，《收兵权》。
⑤ 《宋史·选举志》。
⑥ 《朱子年谱》卷1上。
⑦ 《朱子年谱》卷3下。
⑧ 《朱子年谱》卷3下。
⑨ 《清圣祖实录》卷66。
⑩ 《清圣祖实录》卷31。

之君子，才胜德谓之小人。”[①]“人当以立品为主，学问次之。”[②]“朕观人必先心术，次才学。心术不善，纵有才学何用？”[③]

二是重才轻德。这个以三国时的曹操为典型。曹操倡行“唯才是举”，曾三下“求贤令”，招致“谋臣如云”、“战将如林”。建安八年，官渡之战后，他批驳了“军吏虽有功能，德行不足堪任郡国之选”的论断，认为“明君不官无功之臣，不赏不战之士；治平尚德行，有事赏功能”。[④] 在建安十五年（210 年）求贤令中，论述更明确，令曰：“自古受命及中兴之君，曷尝不得贤人君子与之共治天下者乎？及其得贤也，曾不出闾巷，岂幸相遇哉？上之人求取之耳。今天下尚未定，此特求贤之急时也。‘孟公绰为赵、魏老则优，不可以为滕、薛大夫。’若必廉士而后可用，则齐桓其何以霸世！今天下得无有被褐怀玉而钓于渭滨者乎？又得无有盗嫂受金而未遇无知者乎？二三子其佐我明扬仄陋，唯才是举，吾得而用之。”[⑤]其后，建安十九年（214 年）的《敕有司取士勿废偏短令》和建安二十二年（217 年）的《举贤勿拘品行令》都非常明确地贯彻着其“唯才是举”的思想。曹操更为强调贤之能，并付诸实践，但曹操平定天下以后，为夺取汉家天下做准备时，则非常注重人的品行。

元末明初，朱元璋颇有此风，1364 年朱元璋称吴王，敕令中书省：“今土宇日广，文武并用。卓荦奇伟之士世岂无之？或隐于山林，或藏于士伍，非在上者开导引拔之，则在下者无以自见。自今有能上书陈言敷宣治道武略出众者，参军及都督府俱以名闻。若其人虽不能文章，而识见可取，许谒阙面陈其事，吾将试之。”[⑥]连文盲都可以，可见其求才若渴。1368 年即大明皇帝位，颁《召贤士诏》，征天下贤才至京，授以守令。其年冬，又遣文原吉、詹同、魏观、

---

① 《康熙政要》卷 9。
② 《清圣祖实录》卷 239。
③ 《康熙政要》卷 9。
④ 《曹操集·论吏士行能令》。
⑤ 《曹操集·求贤令》。
⑥ 《明史·选举志》。

吴辅、赵寿等，分行天下，访求贤才。[①]

三是德才并重。东汉王符认为贤当德才兼备，他说："夫修身慎行，敦方正直，清廉洁白，恬淡无为，化之本也；忧君哀民，独睹乱原，好善嫉恶，赏罚严明，治之材也。明君兼善而两纳之。"[②]此论有儒、道、法兼收之意。仲长统认为："论道必求高明之士，干事必使良能之人，非独三太三少可与言也。凡在列位者，皆宜及焉。故士不与其言，何以知其术之浅深？不试之事，何以知其能之高下？"[③]王安石针对"重文轻武"的社会风气，在《上仁宗皇帝言事书》中明确提出"文武兼备"的思想，他说："先王之时，士之所学者，文武之道也。"

陈亮认为，只有文武兼资，智勇结合，才能在抗金中立于不败之地。他说："文武之道一也，后世始歧为二：文士专铅椠，武夫事剑楯。彼此相笑，求以相胜。天下无事则文士胜，有事则武夫胜。各有所长，时有所用，岂二者卒不可合耶？吾以谓文非铅椠也，必有处事之才；武非剑楯也，必有料敌之智。才智所在，一焉而已。凡后世所谓文武者，特其名也。"[④]这说明陈亮所推崇的贤乃文武兼资、智勇双全的人。

明代丘濬认为"天下治乱在乎庶官"，官员称职与否，关系朝廷之政的推行，也关系到民是否能安居乐业。"官既不称，则朝廷之政，何由而举？政既不举，则天下之民何由得安？"[⑤]他对官的要求是德能并重，如果"官不用能，苟己所私昵者，亦任之以官；爵不论德，而人有恶德者亦界之以爵，不复计其人之称是官与否，其德之称是爵与否，则庶事果而名器滥矣，天下岂有不乱者哉"？[⑥]

---

① 《明史·选举志》。
② 《潜夫论·实贡》。
③ 《后汉书·仲长统传》。
④ 《陈亮集·酌古论序》。
⑤ 《大学衍义补·总论朝廷之政》。
⑥ 《大学衍义补·戒滥用之失》。

四、中国传统社会任贤使能的途径

如何来保证任官以贤，使小民安居乐业？历代思想家和统治者做出了不懈的探索，有理论，亦有实践。主要有以下几种途径：

一是为官择人，进贤不拘一格。官吏选任是官僚政治体系运行的第一个环节，“自古国家安危之本，治乱之机在于明选而已矣”。[①] 管仲制定了与之相适应的“三选”之法：[②]首先，先由乡里推荐，桓公接见并命其官职；其次，被推荐任官之人由其官长考核，并挑选优秀者向上推荐；最后，由桓公召见被推荐者，并察看该人品行与才能。

孔子说：“众恶之，必察焉；众好之，必察焉。”[③]他回答子贡之问时，认为当一个人“乡人之善者好之，其不善者恶之”，[④]才是可取的。孟子曰：“国君进贤，如不得已，将使卑逾尊，疏逾戚。可不慎与？左右皆曰贤，未可也；诸大夫皆曰贤，未可也；国人皆曰贤，然后察之；见贤焉，然后用之。”[⑤]孟子为贤可以打破儒家所坚守的伦理原则，但强调对贤才的谨慎考察。有些贤人的卑贱经历，被他认为是这些贤人在担负大任之前必经的历练。例如，“舜发于畎亩之中，傅说举于版筑之间，胶鬲举于鱼盐之中，管夷吾举于士，孙叔敖举于海，百里奚举于市”。[⑥] 荀子也是主张用贤不拘一格，即“贤能不待次而举，罢不能不待须而废”。[⑦]

墨子说：“古者圣王，甚尊尚贤而任使能，不党父兄，不偏贵富，不嬖颜色。贤者举而上之，富而贵之，以为官长；不肖者抑而废之，贫而贱之，以为徒役。

---

① 《古今图书集成·铨衡典》卷17。

② 《国语·齐语》。

③ 《论语·卫灵公》。

④ 《论语·子路》。

⑤ 《孟子·梁惠王下》。

⑥ 《孟子·告子下》。

⑦ 《荀子·王制》。

是以民皆劝其赏，畏其罚，相率而为贤者，以贤者众而不肖者寡，此谓进贤。”①墨子认为要通过富贵功名，以聚贤才：“譬若欲众其国之善射御之士者，必将富之、贵之、敬之、誉之，然后国之善射御之士，将可得而众也。况又有贤良之士，厚乎德行，辩乎言谈，博乎道术者乎！此固国家之珍，而社稷之佐也，亦必富之、贵之、敬之、誉之，然后国之良士，亦将可得而众也。”②

汉初陆贾强调，贤愚不在贫富，“夫穷泽之民，据犁接耜之士，或怀不羁之能，有禹、皋陶之美，纲纪存乎身，万世之术藏于心”；然而这些人之所以不被任用，是因为没有“绍介通之者”，不像一些公卿的子弟，贵戚的党友，虽无过人之能，然身在尊重之处，是因为有人帮助他，并替他掩饰不能，③所以，要举贤不拘一格。诸葛亮认为当不拘贵贱，贵在“得其人”，注重求隐，曰：“夫柱以直木为坚，辅以直士为贤；直木出于幽林，直士出于众下。故人君选举，必求隐处，或有怀宝迷邦，匹夫同位；或有高才卓绝，不见招求；或有忠贤孝弟，乡里不举；或有隐居以求其志，行义以达其道；或有忠质于君，朋党相谗。尧举逸人，汤招有莘，周公采贱，皆得其人，以致太平。”④所以，他提出“为官择人”原则，即“为人择官者乱，为官择人者治”。⑤

唐太宗李世民之所以取得贞观之治，是与他的善于用人分不开的，他强调君王要根据用人要求来选择人才，即“王者须为官择人，不可造次即用”，⑥这样才能做到“良匠无弃材，明主无弃士”。⑦ 一代名相张居正认为选才须“一以功实为准”，不拘于资格，他提出“六毋”原则，“毋徒眩于声名，毋尽拘于资格，毋摇之以毁誉，毋杂之以爱憎，毋以一事概其生平，毋以一眚掩其大

---

① 《墨子·尚贤中》。
② 《墨子·尚贤上》。
③ 《新语·资质》。
④ 《诸葛亮集·便宜十六策》。
⑤ 同上。
⑥ 《贞观政要·择官第七》。
⑦ 《帝范·审官》。

节”。[①] 王夫之还提出要注意选吏，“慎之于选任之日，奖之以君子之道”，[②]“顾佐洁身于台端，而天下无贪吏，握风纪之枢，以移易清浊之风者，止在一人。慎之于选任之日，奖之以君子之道，奚必察于偏方下邑而待小民之评讼其长上乎”？[③] 做好官吏擢选将对保障吏治清廉大有裨益。清天聪九年(1634年)，皇太极诏曰：“朕惟图治以人才为本，人臣以荐贤为要。尔满、汉、蒙各官，果有深知灼见之人，即当悉行举。”[④]

为了保证所荐官吏的“质量”，统治者推行荐举选官的责任制。秦律有任人不善罪，“秦之法，任人而所任不善者各以其罪罪之”。[⑤] 汉武帝颁布了惩举荐非其人令，“有非其人，临计过署不便习官事，书疏不端正，不如诏书，有司奏罪名，并正举者”。[⑥]《唐律》设立了关于官吏“选人不如法”而荐举责任的罪名，有贡举非其人、应贡举而不贡举、不称职与所学非所用。[⑦]

宋建隆三年(962年)二月法令规定了荐举责任：“令翰林学士、文班常参官曾任幕职、州县者，各举堪为宾佐、令录一人。异时贪浊畏懦、职务旷废者，举主坐之。”[⑧]宋天禧二年(1018年)四月诏：“自今命官犯赃，不以轻重，并劾举主。”[⑨]

金朝对荐举者的保举责任作了更加详细量化的规定。据金宣宗兴定三年制：“三品以上举县令，(被举者)称职者，(举主)约量升除；不称，夺俸一月；若被举者犯免官等罪，夺俸两月；赃污至徒以上及除名者，夺俸三月。[⑩] 元朝元贞元年七月诏：“诏申饬中外：有儒吏兼通者，各路举之；所举不公，罪其

① 《张太岳集》卷36，《陈六事疏》。
② 《读通鉴论》卷28，《五代上》。
③ 同上。
④ 《清太宗实录》卷22。
⑤ 蒲坚著：《中国古代行政立法》，北京大学出版社1990年版，第90页。
⑥ 《汉书·武帝纪》。
⑦ 蒲坚著：《中国古代行政立法》，北京大学出版社1990年版，第312页。
⑧ 《续资治通鉴长编》卷3，建隆三年。
⑨ 《续资治通鉴长编》卷91，天禧二年。
⑩ 《金史·选举志》。

举者。”[①]明朝永乐元年(1403年),“命京官文职七品以上,外官至县令,各举一人,量才擢用。后以贪污闻者,举主连坐”。[②] 在赋予举荐者人事大权的同时,让其承担荐举失职的法律责任,在荐举选官这种人治色彩强烈的选任制下,责任制在一定程度上保证了“选任以廉”。

二是正风俗。上梁不正下梁歪。董仲舒曰:“为仁君者,正心以正朝廷,正朝廷以正百官,正百官以正万民,正万民以正四方。”[③]认为只有这样,才能改变社会上的不良习俗,净化社会风气,也只有这样,才能上下和洽,国家富裕,四海来臣,实现封建社会的治世。陆贽论德宗时君臣好利的风气,劝诫统治者:“不节则虽盈必竭,能节则虽虚必盈”,[④]“当今之要,在于厚人而薄财,损上以益下。下苟利矣,上必安焉,则少损者,所以招大益也。人既厚矣,财必赡焉,则暂薄者”。[⑤] 这里“后(厚)人薄财”与他在同文中提出的“以人为本,以财为末”,是要统治者看重民,而不是财,而这个“薄财”只是暂时的,是等民安了以后,户口增多,“财必赡”。所以他认为当时两税法是“急聚敛而忽于勤恤,固非圣代之所宜言也”。[⑥]

顾炎武提出以“清议”的方法来改变颓废的明末社会风俗。他认为,“清议”让士大夫有权议论朝政得失,培养一个舆论监督环境。在诠释孔子所谓“天下有道,则庶人不议”时,他说:“天下有道,则庶人不议。然则政教风俗,苟非尽善即许庶人议之矣。”[⑦]“清议”实则为舆论监督,其依托的是言论自由,这在一个高度集权的专制政体下,是不可能实现的。

三是以法止奸。东汉王符认为,“吏之所以无奸者,官有法”,强调了刑罚

① 《元史·成宗本纪》。
② 《明史·选举志》。
③ 《汉书·董仲舒传》。
④ 《全唐文》卷465。
⑤ 同上。
⑥ 同上。
⑦ 《日知录集释·承筐是将》。

在治吏中的作用。① 唐太宗在惩戒贪官的时候,虽有“颠罚为奖”的做法,以强化贪官的羞耻感。他也注意运用刑罚的威慑作用,曾深辟入理地告诫臣下不要贪财陷罪,他说,古人曾言:鸟栖于林,犹恐其不高,复巢于木末;鱼藏于水,犹恐其不深,复穴于窟下。然而为人所获者,皆由贪饵故也。当今人臣受任,居高位,食厚禄,当须履忠正,蹈公清,则无灾害,长守富贵矣。祸福无门,惟人所召。然陷其身者,皆为贪冒财利,与鱼鸟无异,大臣们宜思此语为鉴诫。他认为,臣下远离贪贿,不但百姓安乐,自己也免于因贪贿担心被治罪而生活在惶恐之中,恐惧既多,亦有因而致死。大丈夫岂得苟贪财物,以害及身命,使子孙每怀愧耻耶?他进一步从利害关系角度劝诫贪性,说:“人有贵重的明珠,若用来弹雀,甚是可惜。而人之性命甚于明珠,见金钱财帛不惧刑网,径即受纳,乃是不惜性命。明珠是身外之物,尚不可弹雀,何况性命之重,乃以博财物耶?”②唐太宗对人性所察深刻,劝诫之言可谓用心良苦。

宋太祖赵匡胤意以文治国,优待文士,有罪杀之甚少,但对贪墨之官处罚却不宽贷。史载:“时郡县吏承五季之习,黩货厉民,故尤严贪墨之罪。开宝四年,王元吉守英州,月余,受赃七十余万,帝以岭表初平,欲惩掊克之吏,特诏弃市。”③“自开宝以来,犯大辟非情理至深者,多得贷死,唯赃吏弃市,则未尝贷”,④他把赃罪与十恶之罪一样严惩,即使是在大赦期间,“十恶、杀人、官吏受赃不原”。⑤ 南宋高宗时期,仍治贪吏严于治盗。⑥

---

① 《潜夫论·衰制》。

② 《贞观政要·贪鄙第二十六》。

③ 《宋史·刑法志》。

④ 《宋史纪事本末》卷7。

⑤ 《宋史·太祖本纪》。

⑥ 《宋史·刑法志》载:“当建、绍间,天下盗起,往往攻城屠邑,至兴师以讨之,然得贷亦众。同知枢密院事李回尝奏强盗之数,帝曰:‘皆吾赤子也,岂可一一诛之?诛其渠魁三两人足矣。’至待贪吏则极严:应受赃者,不许堂除及亲民;犯枉法自盗者,籍其名中书,罪至徒即不叙,至死者,籍其赀。诸文臣寄禄官并带“左”、“右”字,赃罪人则去之。是年,申严真决赃吏法。令三省取具祖宗故事,有以旧法弃市事上者,帝曰:‘何至尔耶?但断遣之足矣。贪吏害民,杂用刑威,有不得已,然岂忍寘缙绅于死地邪?’”

明太祖朱元璋要求官吏“守己廉而奉法公”，切勿“贪贿罹法”。他强调“不禁贪墨，则民无以为生”。[①] 明初重典治吏的现实也印证了他的这一思想。海瑞主张以严刑惩治贪官，以儆效尤，“举天下官之侵渔，将之怯懦，吏之为奸，刑之无少姑息焉”。[②] 永乐十六年(1418 年)，明成祖严犯赃官吏之禁，将明太祖的惩贪法令诏令复敕刑部：“官吏受赃者，并罪通贿之人，徙其家于边。著为令。”[③]

清初黄宗羲认为，为改变胥吏徇私舞弊的局面，他主张选取士人，如进士、弟子员担任胥吏，如果吏胥皆用士人，吏胥之害可除。[④] 清乾隆皇帝强调：“劣员多留一日，则民多受一日之残，国多受一日之蠹”，“斧锁一日未加，则侵贪一日不止”。[⑤] 历代刑律亦皆设赃罪，严惩官吏贪贿，乾隆惩治贪污之法除《大清律例》以外，还制订了《侵吞犯员罪名》、《侵吞案条例》等专门法。依法治吏、依法惩贪应是造就康乾盛世的原因之一。

四是高薪养廉。高薪养廉的思想自古有之，亦曾付诸实践。汉宣帝甘露三年(前 51 年)，为防止小吏俸禄薄而侵渔百姓，诏“益吏百石以下俸十五”。[⑥] 汉末仲长统提出高薪养廉，以免官吏“以廉举而以贪去”。为抑制官吏对民的剥夺，白居易提出了“厚其禄、均其俸”的办法。“臣闻为国者皆患吏之贪，而不知去贪之道也；皆欲吏之清，而不知致清之由也。臣以为去贪致清者，在乎厚其禄、均其俸而已……陛下今欲革时之弊，去吏之贪，则莫先于均天下课料重轻，禁天下官长侵刻，使天下之吏，温饱充于内，清廉形于外，然后示之以耻，纠之以刑，如此则纵或为非者，百无一二也。”“故官省则事简，事简

---

① 《明太祖实录》卷 38、25。
② 《海瑞集》上册，《治安疏》。
③ 《明史·刑法志》。
④ 《明夷待访录·胥吏》。
⑤ 《清朝通志》卷 78，上海古籍出版社 1988 年版。
⑥ 《汉书·宣帝纪》。

则人安，禄厚则吏清，吏清则俗阜，而天下所由理也。”①

宋代统治者认为：“俸禄薄而责人以廉，甚无谓也；与其冗员而重费，不若省官以益俸”，②将增俸养廉与精简机构结合起来，连续颁布“增俸诏”、“省官诏”、“省吏诏”，官员除官俸外，还有“禄粟”、“茶汤钱”等各种名目的补贴，从而使官吏们“不复以身家为虑，各自勉其治行”，一定程度上达到了养廉的效果。清史学家赵翼读史作记，感叹宋代养官的成就，宋代真宗、仁宗、英宗诸朝，名臣辈出，吏治循良，及有事之秋，犹多慷慨报国。历代以来，捐躯殉国者，惟宋末独多，虽无救于败亡，要不可谓养士之报也！③

清代雍正至乾隆朝初，京官俸禄增加一倍。又将“耗羡”收归国库，改由国家发给“养廉银”，吏治有所好转。王夫之也认为厚禄以养廉，避免官吏因生活窘迫而贪污受贿。他主张效法唐宋，给予官吏较丰厚的经济待遇，从而使官不与民争利，安于职守，否则官吏无法自养，一味严厉惩治只能引起他们的抱怨。④ 虽然高薪不一定能养廉，宋朝及清朝中前期的高薪养廉的实践在历史上起到了遏制腐败、促进廉政的积极作用。

五是防范官吏周边的人。海瑞特别重视防备“官身左右人”。他认为，“近不能防，远复何望，故以为首。此全在法度严明，少宽一分，事不可济”。海瑞提出居官之道在于严守“情、恒、勤”三字。他说：“知县知一县之事。一民不安其生，一事不得其理，皆知县之责”，⑤“今后各官凡听讼必须直穷到底。审之审之，始不惮烦，恒之恒之，终无姑息”。⑥ 王夫之明确提出治吏必先严上官，即“严下吏之贪，而不问上官，法益峻，贪益甚，政益乱，民益死，国乃以

① 《全唐文》卷671。

② 《大诏令集》。

③ 《廿二史劄记》，第356页。

④ 赵宏坤、项永琴：“试述顾炎武、王夫之和黄宗羲的倡廉思想”，载《理论学刊》2007年第1期。

⑤ 《海瑞集》上册，《兴革条例》。

⑥ 《海瑞集》上册，《督抚条约》。

亡”。其理由是：“胥为贪，而狡者得上官之心，其虐取也尤剧，其馈献也弥丰；唯琐琐箪豆之阘吏，吝纤芥以封殖，参劾在前而不恤，顾其为蠹于民者，亦无几也。且有慎守官廉，偶一不捡而无从置辩者矣。故下吏之贪，非人主所得而治也，且非居中秉宪者之所容纠也，唯严之于上官而已矣。”其效果是：“严之于上官，而贪息于守令，下逮于簿尉胥隶，皆喙息而不敢逞。君无苛核之过，民无讼上之愆，岂必炫明察以照穷檐哉？吏安职业，民无怨尤，而天下已平矣。”①

六是培养贤人。孔子曰：“学也，禄在其中矣。”②子夏曰：“仕而优则学，学而优则仕。”③董仲舒对汉初世官制度进行了批评，“夫长吏多出于郎中、中郎，吏二千石子弟选郎吏，又以富訾，未必贤也”。④ 他主张地方政府加强察举，还建议汉武帝兴学养士。他认为不曾养士而欲求贤，如不琢玉而求文采也。养士之重要承担者，莫比太学。太学是贤士养成之地，也是教化的本原。所以要办太学，请明师，大力发展教育，就可以培养出一大批英俊贤材。⑤ 朱元璋认为：“治天下以人才为本，人材以教导为先。”⑥“古者帝王育人材正风俗，莫先于学校。”⑦钱穆先生论及明朝吏治，认为：“只要上面有精明强干的皇帝（如洪武、永乐等），下面学校贡举制度能继续不懈，社会优秀分子逐渐教养成才，逐渐假如政府。又有翰苑制度，为政府特建一个极富学术意味的衙门，做政府的领袖人才的回翔地。既以通上下之志，又以究古今之变，使常为全部政治的一个指导机关。又使下级官僚乃至地方民众，常得风厉奋发，在政府中有不时参加及相当发言的地位。此种政治，亦可维持一个相当时期，不

---

① 《读通鉴论》卷28，《五代上》。
② 《论语·卫灵公》。
③ 《论语·子张》。
④ 《汉书·董仲舒传》。
⑤ 同上。
⑥ 《明太祖宝训》卷6，《育人材》。
⑦ 《明太祖实录》卷46。

致遽坏。故洪武以来，吏治澄清者百余年。”①

官员的贪贿不仅违反了自己的职业操守，也侵犯了社会的利益，最终损害了民的利益。因为民是社会的基础，是一切物质财富的创造者。官员贪贿的结果之一就是“民无以为生”。

本章小结

设官以治民，治民在于安民。国之治乱在于民之安否，民之安否在于吏之贤否。所以安民在于任贤，治民在于治吏。官吏为中国传统社会一特殊职业群体，有其特殊的利益诉求，理念各异，表现各异，略分三种：一是清官。即完全忠君爱民者，理念是君民利益是一致的，很难生存，除非统治者也认识到这个一致时，加上其不怕自身得失的条件，才有可能成就。二是循吏。班固著汉书，设循吏传，其政绩标准是“庶民所以安其田里而亡叹息愁恨之心者，政平讼理”，政绩级别是“良”，职务级别要求是“二千石”。后世亦有循吏、良吏传。循吏在为君办差的前提下，尽量为照顾民生，基本做到安民息讼。三是贪官。史有奸臣、佞幸列传，也许所有的不良并不见得是贪，但所有的恶行皆源于吏之私心，本书言贪官，多为害民之事。少数几个贪官不可怕，可怕的是贪腐风气的形成，制造群贪、窝贪，无论是在朝、还是地方，其来源都是民的劳动成果，贪多，民则少，贪的结果是害政害民。贪者亦多不仁，不仁者残民。贪者，官也，官临民而民无处躲藏，唯一出路是逃亡、反抗。所以清代学者唐甄、雍正皇帝皆说贪官甚于“盗贼”，其理不歪。

然如何治官，选贤任能固然需要，但人不是一成不变的。即使选用的都是贤能，如果把这种贤能看成不变的，则是刻舟求剑的愚蠢做法，明知愚蠢而为，是自欺欺人，是内有不可告人的事实。几乎所有的官员在事发前，其形象既贤且能、爱国爱民、独不爱己，事发后往往暴露出无德无能、祸国殃民、专门

① 《国史大纲》，第690~691页。

利己的本质。专制体制下是无法解决这一问题的，即使个别清醒的君主，如赵匡胤把赃罪与十恶之罪一样严惩，“自开宝以来，犯大辟非情理至深者，多得贷死，唯赃吏弃市，则未尝贷”，[①]即使是在大赦期间，“十恶、杀人、官吏受赃不原”。[②] 朱元璋通过严密的特务网络和无情的杀戮，换得一时的好转，但仍是“朝杀而暮犯”。尽管明初官吏贪墨的原因还有俸禄太薄，但最为主要的原因就是权力没有完善的监督机制，这一点在专制的政权下无法解决的。

考察监督体制的问题，有内在的原因，即监督者和被监督者同流合污，皇帝成了冤大头，这是官员群体本身的利益取向决定的，是体制的问题。还有一个重要的原因，就是社会监督，明太祖极力鼓励告奸，甚至允许民众在“老人”的带领下押送贪官赴京，查实后给予严惩，但这些只不过是皇权的延伸，严重破坏了司法程序和官场生态。

---

① 《宋史纪事本末》卷7。
② 《宋史·太祖本纪》。

第五章　消极求安的传统治安思想

“盗贼”的发生需要潜在行为人的心理动机，还需要一定的能力和机会，方能顺利实施。教化的目的是让社会成员理解和认同统治者的伦理规范，保持相同的价值观。为民制产、轻徭薄赋、社会救济、吏治清平是为了保障社会成员中占绝大部分比例的民众有基本的生存保障，缓和对社会的对抗心理。上述两者都是为了预防犯罪动机的形成，如果成功，可以从源头上预防“盗贼”的发生。所以，在历代开创之初，统治者基本对治乱兴衰有着较为清醒的认识，特别是鉴于前朝失败的教训，思乱以治，往往采取比较宽松的社会政策，容易做到上述的教化和生存保障，加之民众的“乱之民思治”的心理，[①]治世往往亦出现在此阶

---

① 北宋李觏曰：“治之民思乱，乱之民思治。何也？生无事之时，身安而意侈。刑弛矣，急之则惊；敛轻矣，加之则怨。力未尝斗，自谓勇；心未尝谋，自谓智。知兵之利而未见兵之害也，不得意则欲翼而飞矣。故曰：治之民思乱也。”“虑多难之世，城者不肆，野者不稼；疆者僵于战，弱者毙于饿，父母妻子劫束屠脍，然后见兵之害而不获兵之利。幸而有主，则将雨其槁矣。故曰：乱之民思治也。”（《李觏集·备乱》）

段，如成康之治、文景之治、贞观之治等。至于潜在“盗贼”行为人所需要的能力，除了自身的自然条件外，或手脚灵巧、善于攀援，或膀大腰圆、善于技击，还可以通过工具来增强自身的能力，如刀具、弓弩增加杀伤力，也可以通过纠集民众形成团伙增加能力。如果要控制潜在犯罪人为“盗贼”的能力，就要进行人身控制、刀具管制、集会管制等。至于“盗贼”发生机会主要是在于社会防范的薄弱环节或漏洞，特别是广大的农村地区、地区交界的山泽、湖泊地带。统治者的安全防范主要在城市，如王宫的守卫、城墙的守卫、官仓的守卫、关津的防卫、公共场所的守卫等。在农村地区，政府有定期的巡防和捕盗，而日常治安防范主要是民众担当，如一家一户的守卫、社区民众联合的守卫等。前文对中国传统社会关于“盗贼”发生的动机因素的相关思考进行了肤浅的梳理，本章仅对传统治安思想中关于“盗贼”发生的能力和机会因素进行力所能及的分析。在现有的中国传统社会治安管理著作中，均有相关研究，也有就某一治安要素管理的研究，其中最为突出的就是户籍管理。在中国传统社会的治安防范实践中有人身、工具、时间、场所等治安要素的控制，亦有国家、社区、家庭等不同层面的安全防范，两个方面均集中体现在对民的控制。这些防范实践和制度设置，体现了消极求安的传统治安思想。

一、中国传统社会的户籍管理思想

户籍管理是人口信息的管理，目的在于掌握一国居民的基本情况，是治安管理中一项最基础的工作。孔子答子贡问政，子曰：“足食，足兵，民信之矣。”[①]对统治者来说，取得民的信任固然很重要，物质基础和安全保障亦不可废。农业生产是中国传统社会的经济基础，农民是生产者，是统治者集团财力的提供者，也是兵役及其他各种力役的承担者。民就变得很重要，就需要弄清楚有多少民，其年龄、身体状况、财产状况如何，可以有多少财产可供征

① 《论语·颜渊》。

收,亦有多少成丁可供驱使。中国传统社会的户籍管理制度先是从满足统治者的赋役征收开始,最后变成专门的治安管理手段,大致可分几个阶段:

先秦时期为草创阶段。甲骨文卜辞中有许多关于奴隶逃亡的记录,也留下不少关于追捕奴隶的记录,①说明商朝已有奴隶信息的登录统计。西周时设司民为户籍管理机构,《国语·周语上》载:“司民协孤终,司商协民姓,司徒协旅,司寇协奸,牧协职,工协革,场协入,廪协出,是则少多、死生、出入、往来者皆可知也。”②周宣王三十九年(前789年)与姜戎大战于千亩,战败并损失了“南国之师”,“乃料民于太原”。③ 即在太原(今甘肃平凉一带)的这次户口调查并非当代户口调查,而是征伐失败的情况下,为了补充军队而进行的,体现了现实的需要。春秋战国时期各国统治者基于富国强兵的需要,更需要对民的户口信息的管理,户籍制度也随之逐步完善,成为社会管理的基本制度。管仲在齐国推行改革,“作内政而寄军令”,建立“叁国五鄙”制度,实行“五家为轨,十轨为里”的户籍管理制度,实行四民分治,兵民合一,④以图富国强兵。秦献公十年“为户籍什伍”。⑤ 商鞅变法时要求:“四境之内,丈夫女子皆有名于上,生者著,死者削。”⑥战国时期对户籍的管理,采取的是自下而上的办法,由里典等基层负责人主管一里的户籍,再上报到乡、县、郡等地方机构,最后汇总于中央,但尚未形成较为严密的户籍登录与统计制度。例如,秦始皇十六年(前231年,十年后才统一全国)才开始在户籍上载明年龄(以身高作为成年标准);“(秦始皇)十六年九月,初令男子书年”;“(秦始皇)十六年七月丁巳,公终。自占年”。⑦

---

① 胡厚宣、胡振宇著:《殷商史》,上海人民出版社2003年版,第189页、第198页。

② 《周礼》所载户籍管理制度较为完备,但此书成书时间争议较大,从下文秦户籍制度中的不完善亦能看出,其内容不足征。韦昭所注亦不引。

③ 《史记·周本纪》。

④ 《国语·齐语》。

⑤ 《史记·秦始皇本纪》。

⑥ 《商君书·境内》。

⑦ 《史记·秦始皇本纪》。

秦汉至南北朝时期为成型阶段。秦的法律中就有关于户口制度的《傅律》，汉代在《九章律》中设有《户律》，同时从中央到地方都设置了一套相应的户口管理机构。户口登记的内容较先秦更为详细。例如，《居延汉简甲编》第38、1794、1905号的简文："河南郡荥阳桃邮里公乘庄盼年廿八长七尺二寸黑色四月癸卯　都里不更司马奉德年廿长七尺二寸黑色田卒昌邑国湖陵昌里士伍彭武年廿四　长安有利里宋买年廿四长七尺二寸黑色。"[①]这里的"公乘"、"不更"、"士伍"是爵位，"庄盼"、"司民奉德"、"彭武"、"宋买"是登记的姓名。同时，根据不同的职业和社会地位，对户籍的管理进行了分类。主要有宗室籍、宦籍、后妃外戚籍、通侯籍、守陵户籍、市籍、弟子籍、农户籍等。秦汉户口的调查管理也非常严格，由居民自己向乡里申报，里正、父老、什典、伍人等核实汇总，然后由乡里编制出一乡户籍，再呈报给县户曹。县呈报给郡户曹，最后由上计吏每年向中央进行一次案比（对每户居民申报的人口、土地和财产情况进行一次面对面的核实）。在逐级上报过程中，上级对所属下级的户口情况还要进行调查。中央的计相或丞相、御史大夫等有关官员对郡上计汇报的情况进行考察。有些地方官员，为进行治安控制，还进行治安重点人口的户籍管理，建立犯罪人档案库。例如，西汉尹翁归为右扶风时，把辖区内有劣迹前科的人分别各县登记在册，每有案发，遂使用"类推迹盗贼法"，确定犯罪嫌疑人，然后询问其居住地伍保之人，寻其踪迹。[②] 三国、晋、宋的户籍管理制度多沿袭汉代；而北魏、东魏、西魏、北周等鲜卑族建立起来的户籍制度取法于《周礼》。由于战乱频仍，人民离散，人口管理混乱，特别是一些豪强大族隐匿人口，历代政权伊始，皆清查户口，以保证国家的财源和兵源，其中以北魏"三长制"较为成功。北魏进入中原之初，原来的乡官系统早已荡然无存，豪强地主多聚众结成坞壁，北魏政权为取得豪强支持，就任命坞主为宗主

---

① 《中国古代社会治安管理史》，第82页。

② 《汉书·尹翁归传》。

督护，以行使基层政权的职能。孝文帝太和十年(486年)，北魏取消宗主督护制，实行三长制，即五家立一邻长，五邻立一里长，五里立一党长。三长的首要职责就是校比户口。[①] 户籍管理的治安目的也逐渐加强，为了辨别奸良，户籍上往往要登记犯罪前科，北朝普遍规定，“经为盗者，注其籍”；“盗贼及谋反大逆，皆甄一房配为杂户，悬名注配，一身永配下役”。[②] “注籍盗门，同籍合门不仕。”[③]即户籍上载明有前科，以备稽查。若犯盗后逃亡，则取消编户籍，全家配为杂户。

隋唐为规范阶段。隋朝开国之初，隋文帝也着手户口调查，检括全国隐漏户口：“山东尚承齐俗，机巧奸伪，避役惰游者，十六七。四方疲人，或诈老诈小，规免租赋。高祖令州县大索、貌阅，户口不实者，正、长远配。”[④]唐前期为了推行均田制、租庸调制和府兵制，政府需要准确掌握各州县的户口状况，避免男子隐瞒年龄和谎称残疾，于是制定了一套包括团貌、手实、计账、户籍四个程序的户籍制度。根据《大唐六典》[⑤]及《唐会要》[⑥]记载，基层每年进行一次团貌，将每个人的相貌、体型、年龄、健康等状况核对后写成文书，这种记录文书称为手实。基层根据手实，了解每户的人口、年龄、土地情况，编成计账。每过三年，通常是在称作季年的丑、辰、未、戌年份，县政府责成基层上交手实、计账，并责成每户提交一文钱作为纸笔、装潢费用，派人于正月上旬到州治所在地，按照统一格式编写户籍，三月底完成。所编户籍内容还包括农户依资产而划分的上上至下下九等，这在上个年份，即称作仲年的子、卯、午、酉年评定。每一乡为一分册，夹缝注明某州某县某年籍，州县各加盖公章，一式三份，分别送尚书省户部、州、县存档。唐代也通过立法严格户口登记管

① 《魏书·食货志》。
② 《隋书·刑法志》。
③ 《魏书·杨椿传》。
④ 《隋书·食货志》。
⑤ 《大唐六典》卷3，《尚书户部》。
⑥ 《唐会要》卷85，《团貌》、《籍帐》。

理，保证户口信息的准确性，规定里正的职责，掌按比户口，收户籍申报表（手实），编制户籍账册（籍书）。并规定里正及州县有关部门脱漏户口的责任，在其所辖范围内，如有故意脱漏户口，或增减登记年龄，以出入课役，一口徒一年，二口加一等，十五口流三千里。[①] 唐律也赋予家长对户口管理的责任，凡脱漏户口者，家长徒三年；脱漏的人口无课役者，减二等；如果脱漏的人口是女户，又减三等。脱漏户口及增减登记年龄以免课役者，一口徒一年，二口加一等，罪止徒三年。其增减年龄并非免课役及脱漏无课役户口的，四口为一口，罪止徒一年半；既不满四口，杖六十。[②] 隋唐户口的类别主要有课户、不课户、营田户、僧寺户、太常音声人、工乐户、官户等。

两宋至明清为强化阶段。宋时的户籍管理制度基本上沿袭隋唐，每三年进行一次全国性的户口统计。《宋刑统》也沿用了唐律的《脱漏增减户口条》的规定。虽然王安石变法很快失败，其保甲法只失败了一半，其军事作用逐渐消失，其治安功能却被推广、强化，同时保甲的推行也强化了户口管理。

明朝户籍管理更为严格。朱元璋推行户贴制度，类似今日之户口簿。洪武三十一年（1398 年），命户部籍天下户口，每户给以户贴，各书其户的籍贯、丁口、姓名、年龄，把户籍与户贴编上字号，互为勘合，加盖户部印，户籍藏于户部，户贴发给民户。同时，依然命令有关部门每年登记户口的登耗。并将此做法著为令。[③] 洪武十四年，明太祖“命天下郡县编赋役黄册”。洪武二十一年（1388 年）和二十六年（1393 年），明政府又先后编制了军役黄册和僧道周知文册，以加强对军户和僧道人员的控制。《大明律》设立专条对不附籍者给予相应处罚，如果一户全不附籍，其中有赋役的，家长杖一百，无赋役者杖八十，附籍当差。地方官吏和里甲诸人因失职而导致脱漏户口，同样也要受到法律制裁。明朝还严格推行职业世袭政策。洪武二年（1369 年）令规定，凡

---

① 《唐律疏议·户婚律》。

② 同上。

③ 《明太祖实录》卷 58。

军户、民户、医户、匠户、阴阳诸色户，准许各以原报抄籍为定，不许妄行变乱，违者治罪。并仍从原籍。[①]《大明律》也规定，凡军户、民户、驿户、灶户、医户、卜户、工乐诸色人户，并以登记的户籍为固定。若以诈冒脱离原有登记户籍类别，以避重就轻者，杖八十。其主管官司故意允许脱户的，以及改变版籍者，罪同。[②]

清朝统治者入关后，采用保甲法编审户籍，随着保甲法的强化，后把户籍管理融入治安管理之中。康熙五十一年（1712 年）下诏说，天下承平日久，生齿日繁。从今以后滋生的户口，不用再出丁钱，即以本年丁数为定额，并著为令。这就是有名的永不加赋之制。此后，人口滋生，至康熙六十年（1721 年），丁户达 29,148,359 户，比于永不加赋时的人口，人丁增加 467,850 口，[③]雍正时期又实行“摊丁入亩”办法，把丁税平均摊入田赋中，征收统一的地丁税，废除了以前的“人头税”，无地的农民和其他劳动者摆脱了千百年来的丁役负担，户籍管理中赋役功能弱化，治安功能增强。

有研究认为，清代的户籍管理以康熙五十一年（1712 年）为界，大致可以划分为两个时期：前一时期的户籍管理与明代相似，控制赋税收入与加强社会治安并重；后一时期，因摊丁入亩，停止了人丁编审，变为单纯的社会治安管理手段。[④] 但清政府对人身的控制并没有放松，如连乞丐都要进行编甲，并设立丐头为乞丐的管束之人，造乞丐保甲牌册，曰“丐头循环册”，上面开列丐头姓名，承管乞丐人数，年岁、籍贯、体貌特征和栖身处所。乞丐各有腰牌，两面书写，正面为县正堂示谕，背面记本人姓名、特征及所隶属丐头之名，顺庄编号。[⑤] 对于外来流丐，保正督率丐头稽查。[⑥] 这显然是为了社会治安控制而设。

① 万历《大明会典》卷 19，《户口》。
② 《大明律》卷 4，《户律·人户以籍为定》。
③ 《清史稿·圣祖本纪》。
④ 朱绍侯主编：《中国古代治安制度史》，河南大学出版社 1994 年版，第 768 页。
⑤ （清）王凤生：“保甲事宜”，参见（清）徐栋辑：《保甲书》卷 2，《成规上》。
⑥ （清）徐栋辑：《保甲书》卷 1，《定例·户部则例》。

综上可知,户籍管理之初并非是为了治安管理,而是为了国家的税收和力役,完成统治集团的养和保的问题。户籍中人口信息记载的逐步完善,对防止民在年龄、健康情况等方面为逃避赋役而弄虚作假和打击逃亡起到非常重要的作用。户籍管理制度不断完善,其治安功能也不断加强,以致到了清朝,成为社会治安管理的基本手段。

二、中国传统社会严格控制人口逃亡的思想

前文对流民的安置有所论及,这里仅考察统治者对人口逃亡的控制。中国传统社会中,统治者根据政治经济的需要,有时会进行人口迁移。① 个人履行相应的手续也可以进行人口迁移,但不容许民自行脱离户籍而逃亡。脱离编户的人口是对户口管理制度的破坏,特别是丁口的逃亡是对统治者户籍管理的极大破坏,直接影响其功能的实现,是历代统治者不能容忍。前文所引甲骨文已有商朝奴隶逃亡的记载,除此之外,文献中亦有。例如,《尚书·牧誓》载:"今商王受,乃惟四方之多罪逋逃,是祟是长,是信是使。"《左传·昭公七年》载:"纣为天下逋逃主",并且对逃亡的奴隶处于刖刑。有研究认为,殷商时期奴隶主面对奴隶们的大量逃亡,一定要不断派人出去追捕、追及,获而执之。逃亡的奴隶抓回来以后,往往把奴隶锯掉一条腿。②

管子认为,善于治理百姓的统治者,并不是依靠坚固的城郭,而是采用什、伍之制,通过什长、伍长对所辖人口的纠察,使逃亡者无处藏身。③ 商鞅为

---

① 在中国传统社会,在政府主导下的正常人口迁移主要有几种:第一,徙狭就宽,即将人口从密度较高的地方迁徙至密度较低的地方,使人口分布较均匀。第二,徙内与徙边。徙内是指将人口(多为富户或不轨之人口)迁徙到中央权力机关所在地或能够直接控制的内地;徙边是指将人口迁徙到边远的地方或边境。徙内和徙边方向不一致,但目的都是一样的,即都是巩固中央集权统治,削弱地方豪强割据势力。第三,灾徙。每当发生灾荒时,统治者赈灾救民的措施之一就是将灾民迁徙至丰饶的地方。参见姚秀兰:"户籍、身份与社会变迁——中国户籍制度法律史研究",华东政法大学2004年博士毕业论文。

② 胡厚宣、胡振宇著:《殷商史》,上海人民出版社2003年版,第211页。

③ 《管子·禁藏》。

了劝农，发布垦令，把民约束在土地上，实行“迁徙无所入，乡治之行间无所逃，连之以五，辨之以章，束之以令，拙无所处，罢无所生的户籍编制。非本乡本地之人，不得入，民为什伍，相牧司连坐，逃查坐其伍，故无所逃。非其乡者必察之，故无所入。束之以令是连坐之律告奸之赏，不告奸之刑。每乡都有缴巡者，禁盗贼，则也纠察亡人”。[①] 立法“使民无得擅徙”、“废逆旅”，[②]并督以严厉的刑罚。秦国秦孝公去世后，太子即位，公子虔控告商君欲反，商君被迫逃亡，“商君亡至关下，欲舍客舍。客人不知其是商君也，曰：‘商君之法，舍人无验者坐之。’”[③]所谓“验”，即当时的通行凭证。

秦简《法律答问》有惩治“阑亡”的规定。《汉书·汲黯传》注引臣瓒曰：“无符传出入为阑。”可见，符传是秦汉时的通行证，阑亡是无证逃亡。秦汉时“亡命”是指称脱离户籍而逃亡。藏匿脱逃户籍者的行为叫“舍匿”，是帮助逃亡的行为。“亡之诸侯，游宦事人及舍匿者，论皆有法”，都要严厉惩处。如西汉陆侯延寿“坐知女妹夫亡命，笞二百，首匿罪，免（爵）。”[④]汉末乱世，“民不安业，捐弃居产，流亡藏窜，虽四关设禁，重加刑戮，犹不绝息”。[⑤]

后汉三国，各国都非常重视户籍管理，把惩罚脱籍“亡命”、充实增加在籍人口作为各级政权的主要任务。曹魏特别重视惩治“逋逃”，一人逃亡，罪及妻儿老小。如鼓吹宋金在合肥亡逃，其母、妻和二弟皆被抓，“主者奏尽杀之”。[⑥] 护军营士窦礼外出不还，上报官府追捕，将其妻子和儿女没官为奴婢。西晋武帝鉴于“逆旅逐末废农，奸淫亡命，多所依凑，败乱法度”，曾下令取消民间逆旅，代之十里设一官办旅馆；后采纳地方官建议，取消了“废逆旅令”。

① 《商君书·画策》。
② 《商君书·垦令》。
③ 《史记·商君列传》。
④ 《汉书·王子侯表》。
⑤ 《三国志·魏书·司马朗传》。
⑥ 《三国志·魏书·高柔传》。

西晋末年,司马睿回洛阳,成都王司马颖为防范政敌,“令诸关无得出贵人”。[①]南梁时臧厥为晋安太守,境近山海,聚集大量流亡,前任郡守武装讨捕不能奏效,他就“下车宣化”,劝谕诱导,结果人们纷纷向官府著籍,“居人复业”。[②]而刘宋孝武帝时为惩治逃亡,令地方“改用军法,得便斩之”,结果适得其反,“莫不奔窜山湖,聚为盗贼”。[③]

唐朝为禁止逃亡,赋予村、里主司以纠察流亡的法律职责。《唐律》卷28《捕亡律》规定,各村、里容留他界逃亡浮浪者,容留一人里正被处以笞四十的刑罚,(谓经十五日以上者,坊正、村正同里正之罪。若将家口逃亡浮浪者,一户同一人为罪)四人加一等。[④] 凡有外来人口进入本村,村正要核实身分,记录在案。不过,村正无权留住外来人口,必须将其具体情况详细上报。我们可从《入唐求法巡礼行记》的记载中对村正登录上报外来人口的具体操作过程加以了解。圆仁和尚于开成三年(838年)四月五日到达海州东海县宿城村,村正王良即刻进行登录申报。[⑤] 开成四年(839年)五月一日,圆仁一行到达乳山县邵村。圆仁派人到村勾当王训家买过海粮。兼问留住此村之事。王训等回答说:“如要住者,我专勾当,和尚更不用归本国”,云云。[⑥] 村勾当是唐人对村正的一种称谓,王训就是邵村的村正。“如要住者,我专勾当”,道明了村正王训的职责所在。这年七月圆仁一行到达文登县青宁乡赤山村,赤山村村正谭亶没有及时上报圆仁等人的详细情况,文登县为此要求青宁乡迅速上报情况,而且警告“如违限,勘事不子细,元勘事人必重科决者”。[⑦] 王良、王训和谭亶都是村里负责人,负有勘查外来人口、登录上报的重要职责。这对

① 《晋书·元帝纪》。
② 《南史·臧厥传》。
③ 《南史·沈怀文传》。
④ 《唐明律合编》,第750~751页。
⑤ [日]圆仁撰:《入唐求法巡礼行记》,顾承甫、何泉达点校,上海古籍出版社1986年版,第40页。
⑥ 同上书,第57页。
⑦ 同上书,第68页。

维护当地治安、控制人口流动有非常重要的意义。

宋初行“保伍”法，《宋刑统》也沿用了唐律的《脱漏增减户口条》的规定。后行保甲，强化了对人口逃亡的防范。据熙宁初的《畿县保甲条制》，保内居民增加三人以上，这种情况存续了三天，即使保内人都不知情，也要追究不觉察之罪。保甲如有人户逃亡、迁移或死绝，主司要行文书申报县里。如同保人户数不到五户，可以并入别保。若有外来人户入保居住者，主司要向县里主司报告，收入保甲。本保内户数虽足，暂时这些新入保户附在本保；等多出的人数达到十户，即令别为一保。这是对保内人口流动情况的日常管理，但若一保内有外来行止不明之人，必须觉察收捕送官。宋政府在交通线上设卡进行管理，私自偷渡者依法治罪。还规定：诸关、门和黄河桥、渡口，日常要密切察办奸诈行人和禁物。军人、公人经过者，须验明所携的“公文”、“券历”。军队则按“券牒逐一检认军兵”。官员经过时，要抄录其职位；如有嫌疑，也准许索要有关证明，“验其夜过州、县、镇、寨并关、门、桥渡”。①

明朝对人口逃亡的控制作用最为突出的是“十家牌法”。“十家牌法”是以十家为一个组织单位，制一“十家牌式”，注明十家居民的姓名、籍贯、人口、职业、房屋等项，由十家轮流收掌，查实造册报官备用。“遇勾摄及差调等项，按册处分，更无躲闪脱漏，一县之事，如视诸掌。”②各家门上也挂一小牌，注明该家居民的上述基本情况，十家轮流于每天傍晚到各家审查，某家今夜少某人，往某处干某事，某日当回；某家今夜多某人，是某姓名，从某处来干某事，务要审问的确，仍通报各家知会，若事由可疑，即行报官，如或隐藏，事发，十家同罪。③ 这种连坐措施极度加大了逃亡人口和盗贼藏身本地的风险。

随着清朝实行摊丁入亩的税赋政策，民众不再为躲避丁役而逃亡，逃亡

---

① 《宋会要辑稿》方域12。

② 《王阳明全集》卷1，《知行录·公移一·十家牌法告谕各府父老子弟》。

③ 同上。

者主要是躲避刑事打击的罪犯，对此，通过严密的保甲联防和治安管理来实现。

一方面对户籍信息依法进行严格的、详细的统计，另一方面对逃亡者进行严厉的镇压，目的是把民牢牢控制在土地上。中国传统社会的民众，是安土重迁的，但凡民的逃亡，皆有一定的原因，或天灾，或人祸，陷入生存困境。流民出身的明太祖有着切身的体会。他认为："民窘于衣食或迫于苛政则逃，使衣食给足，官司无扰，虽驱之使去，岂肯轻远其乡土。"[①]但衣食无着的流民是治安高危人群，统治者为防止其对社会治安秩序的破坏或冲击，一般通过严密的制度设置、对其进行严格的人身控制加以预防；对已经逃亡的民众，或采取遣送回乡，或就地安置。

三、中国传统社会中民的治安联防连坐思想

邻里联防是当代各国警务都非常重视的治安防范途径。我国治安实践中曾称为群防群治工作，是治安治理工作走群众路线的表现，目的是把违法犯罪消灭在人民战争的汪洋大海之中。随着改革开放带来的社会结构变化，从"单位人"变成"社会人"，民众价值观趋向多元，很难再做到思想一致、步调一致。当代群防群治工作举步维艰，治安防范工作逐步走向专业化。但治安现代化的西方发达国家，却回头又强调群防群治，推行邻里联防，但难度很大。之所以难度大，就是不能用强制力来保障。

中国传统社会中，治安防范实现的主要途径是统治者依托乡里基层组织开展邻里联防，并以国家强制力作为保障来实现。闻钧天先生用"保甲制度"来概括中国传统社会中邻里联防制度，他说："保甲制度，为共同担保、共同责任之制度。""自广义方面言之，即吾国之地方自治制度。自狭义方面言之，即

---

① 《明太祖实录》卷208。

农村之保卫政策。”[①]王安石言：“保甲之法，起于三代丘甲，管仲用之齐，子产用之郑，商君用之秦，仲长统言之汉，而非今日之立异也。”[②]“共同担保、共同责任”既体现了联防的内涵，又总结了联防的义务，当然不应局限于农村。这里考察目的在于邻里联防中对民的人身的控制，包括防范者和被防范者。

先秦时期，商鞅推行邻里纠告，强化什伍制度的治安职能，“令民为什伍，而相牧司连坐。不告奸者腰斩，告奸者与斩敌首同赏，匿奸者与降敌同罚”。[③]这一做法把普通民众绑架在国家治安的大车上，其背后所督促者，不仅有赏罚，还有“连坐”。这也是保甲与法家重刑思想的结合，“重刑，连其罪，则民不敢试。民不敢试，故无刑也”。[④]《睡虎地秦墓竹简》中《法律答问》所载案例也印证了保甲制度的执行，“贼入甲室，贼伤甲，甲号寇，其四邻、典、老皆不存，不闻号寇，问当论不当？审不存，不当论；典、老虽不存，当论”。[⑤]四邻不在，当然不知道贼伤甲一事，自然没有责任，但典、老虽不在亦要负责任，即所谓的“牧司”之责。后世虽有什伍纠告，乃至王安石所推行的保甲法，皆无此等严酷之督促。

汉行亭里制度。根据《后汉书》记载，汉时乡里设亭，主管捕盗工作，与里并行。亭设亭长，并有求盗、校长辅助，以禁盗贼。里主行政管理职能，设有里魁，主管一里百家，对民的管理沿用汉以前的什伍制度，什主什家，伍主伍家，以相检查，民有善事恶事，以告监官。[⑥]这说明汉承秦制，什伍联防制度尤在，而且里胥、邻长对民的监管也非常严格，民众的活动自由也受到很大的限制。这在汉初法律中亦有反映，《二年律令》载：“自五大夫以下，比地为伍，以

① 闻钧天著：《中国保甲制度》，直学轩民国二十二年（1933年）发行，第1页。
② 《王临川文集》卷41，《上五事札子》。
③ 《史记·商鞅列传》。
④ 《商君书·赏刑》。
⑤ 《睡虎地秦墓竹简》，第116页。
⑥ 《后汉书·百官志》。

辨□为信,居处相察,出入相司。有为盗贼及亡者,辄谒吏、典。”[①]在“盗铸钱”的规定中也反映了这种同居纠告的规定,“盗铸钱及佐者,弃市。同居不告,赎耐。正典、田典、伍人不告,罚金四两。或颇告,皆相除”。[②]《盐铁论·周秦篇》亦有类似记载:“故今自关内侯以下,比地于伍,居家相察,出入相司。”说明汉时是实行邻伍联防制度,而且邻里之间有治安连坐责任。邻伍治安联防也取得了明显的效果,如西汉韩延寿为颍川太守时,在乡里“置正、五长,相率以孝弟,不得舍奸人,闾里阡陌有非常,吏辄闻知,奸人莫敢入界”。[③]

唐代行伍保联防之法。闾正、村正担负着较多的治安管理职责。根据《旧唐书》记载,百户为里,五里为乡。两京(长安、洛阳)及州县之城郭内,分为坊,城郊为村。里及坊、村皆有正,具有督察村里治安的职责。四家为邻,五邻为保。保有长,以相禁约。[④]《通典》也载,唐代每里置正一人(若山谷阻险、地远人稀之处,听随便量置),主管户口调查统计,课植农桑,检察非违,催驱赋役。在邑居者为坊,别置正一人,掌坊门管钥,督察奸非,并免其课役。在田野者为村,别置村正一人。其村满百家,增置一人,掌同坊正。[⑤] 从这些简略的记载来看,村正、闾正除了户籍管理、督促农务外,还要“督察”治安。当然,邻里联防的义务并没有改变。“村坊邻里,递相督察”;[⑥]“京城居人五家相保,以搜奸慝”。[⑦]

《唐律》更是详细地规定了邻里联防中民众和村正、闾正的治安责任。一是规定了案发时邻里的救助义务。根据《唐律》卷28《捕亡律》规定,凡邻里居民遇到强盗抢劫或杀人,遇害人求助而邻里不救助的,被求助者杖一百;听

① 《张家山汉简〈二年律令〉集释》,第194页。
② 同上书,第136页。
③ 《汉书·韩延寿传》。
④ 《旧唐书·职官二》。
⑤ 《通典·食货三·乡党》。
⑥ 《旧唐书·食货志》。
⑦ 《旧唐书·食货志上》。

到呼救而不救助者，减一等。如因自身的能力不及或其他客观情况而不能赴救者，应立即报告附近官司，若不告者，亦以不救助论。其官司不立即救助者，徒一年。如果遇到的不是强盗而是窃盗，各减二等。① 此条规定了邻里、有司对正在发生的犯罪不见义勇为的刑事责任。二是规定了案发的报告制度。据《唐律》卷24《斗讼律》规定，发生抢劫或杀人事件，被害之家及同伍邻居应立即报告其主司；若家人、同伍单弱，比伍为告。当告而不告，一日杖六十。主司不即言上，一日杖八十，三日杖一百。② 此条规定了犯罪受害人、邻里和主司的报案义务及责任。三是规定了窝藏盗贼的法律责任。据《唐律》卷20《贼盗律》的规定，诸村（坊）、里内有一人为盗及容留盗者，里正笞五十（坊正、村正亦同），三人加一等；县内，一人笞三十，四人加一等（部界内有盗发及杀人者，一处以一人论，杀人者仍同强盗之法）。③ 此条规定了邻里之内如果有人犯罪或窝藏犯罪的，里正（坊正、村正）负有刑事责任。

北宋前期，各地实行“伍保”法。《宋刑统》几乎是《唐律》的翻版，所以对乡村治安防范的规定也与唐代略同。宋初，伍保法有一定的效果。例如，浚州的黎阳和卫县在结保以后，“绝无逃军、贼盗，公私简静，其利甚博”。④ 江西吉水县尉区法，在该县实行伍保法后，“劫贼不敢入其县界”。⑤ 汝州襄城县孙永，在当地“修伍保相司之法，而宿奸侨寇为之屏远”。⑥ 吴育在蔡州时，“按令为民立伍保而简其法，民便安之，盗贼为息”。⑦ 宋神宗时王安石推行保甲法，“以捕盗贼相保任”，⑧首在京畿实行。

---

① 《唐明律合编》，第747页。

② 同上书，第637页。

③ 同上书，第548页。

④ 《欧阳修全集》卷118，《河北奉使草奏》卷下，《五保牒》。

⑤ 《欧阳修全集》卷102，《奏议》卷6，《论捕贼赏罚劄子（庆历三年）》。

⑥ 《苏颂集》卷53，《资政殿学士通议大夫孙公神道碑铭》。

⑦ 《欧阳修全集》卷33，《居士集》卷33，《资政殿大学士尚书左丞赠吏部尚书正肃吴公墓志铭（嘉祐四年）》。

⑧ 《宋史·兵制》。

保甲治安功能较为明显。首先,通过保甲把民众严密组织起来,加以武装化。根据《畿县保甲条制》,各地农村住户,不论主户或客户,每十家(后改为五家)组成一保,五保为一大保,十大保为一都保。凡家有两丁以上的,出一人为保丁。选取主户中"物力最高"和"有材干心力"者充任保长、大保长和都、副保正。除禁兵器不得置外,其余弓箭,并许从便自置,习学武艺。逐保各置牌,拘管人户及保丁姓名。其次,实行巡逻联防制度,强化治安防范。每一大保,逐夜轮差三人于保分内往来巡警。遇有贼盗,画时声鼓,报告大保长。以下同保人户,即时前去应救追捕。如贼入别保,即递相击鼓应接袭逐。每捕捉到盗贼,除编敕已有赏格外,如告,捉到盗徒以上,每名支赏钱三千,杖以上支一千。以犯事人家财充。如委实贫阙,无可追理,即取保矜放。① 最后,实行治安连坐制度,强化民众治安责任。规定同保内有犯除强窃盗,杀人放火,强奸略人,传习妖教,造畜蛊毒,知而不告,并依从伍保法科罪。其余事不干己者、除依律许诸色人陈告外,皆不得论告。若知情不知情,并不科罪。

当然,保甲法还有军事目的,这里不做考察。仅就其治安职能来看,比起原有之先秦之什伍制度、秦汉之亭里制度、隋唐之伍保制度,保甲法增加了武装因素和巡逻机制,而不是等犯罪发生时或发生后的见义勇为和纠告,使其基层治安管理更为专业。保甲法随后推行到全国各路。后虽新法失败,但保甲法依旧实行,其军事色彩逐渐淡化,户数编制有所变化,但其治安功能没有发生改变。例如,有将屯田人户每六人结为一甲,每十甲为一保;也有将五家编为一保,五保合为一甲,六甲合为一队,几个队合为总,设总首和副总首;也有以十家编为一小甲,一百家为一大保,置大甲头一名。② 南宋乡村一般实行乡、都、保、甲制,每都下设若干保,保以下设甲,每五家为一甲。针对保甲的治安防范功能,王安石曾直言不讳地说:"今所以为保甲,足以除盗。"③宋代曾

---

① 《宋会要》第172册,《兵二》。

② 同上。

③ 《长编》卷221,熙宁四年(1071年)。

巩也讲:“保甲之法,使五家为保,益欲察举非常之事”,“可以暗消盗贼”。[1]南宋朱熹曰:“保甲之法,什伍其民,使之守护里闾,觉察奸盗,诚古今不易之良法。”[2]

元代将乡、都作为农村的基层行政设施,其负责人分别为里正和主首,其职责是催办差税和维持地方治安。城中的基层组织,在录事司下设隅、坊两级,有的仅有隅一级。元政府除了乡都制和隅坊制外,还普遍设立“社”。元至元七年(1270年)颁布《劝农立社十五条》,规定:诸县所属村疃,凡五十家立为一社,不以是何诸色人等,并行入社。令社众推举年高、通晓农事、有兼丁者,立为社长。社长的职责是专一照管教劝本社之人勤农桑,不致惰废。如有不肯听从教劝之人,籍记姓名,候提点官到彼,对社众责罚。[3] 社长与里正、主首对于游手末食之民,不事生业,聚集人众,祈赛神社,赌博钱物等行为,均有“矜束”的义务,知而不行首告者,减为从者罪一等。[4] 有研究认为,村社在整个元代起着控制社会基层的作用,它既是治理农村的机构,也是征调赋役的工具,又是防范和压制人民反抗的手段。[5] 元政府也沿袭宋之巡逻弓手之制,其功能若汉之亭长,其组织若宋之保甲。

明初在乡村推行里甲制度(城市建立坊厢制),一百一十户为一里,推丁粮多者十户为长,余百户为十甲,里长、甲首轮流当差,以劝农为务。明太祖朱元璋为实现社会控制,在大诰中要求邻里要“互知丁业”,邻里居民之间要互相知道对方家里的丁口情况和具体营生。这些内容还详细地掌握在里甲主司。具体内容包括:某户民有丁口几,务农的有几个,做工的有几个,经营商业的有几个。[6] 真可谓详细之至。

---

① 《元丰类稿》卷32,《申明保甲巡警盗贼》。

② 《朱文公全集·乞禁保甲擅关集子》。

③ 《通制条格》卷16,《田令·农桑》。

④ 《元典章》卷57,《刑部十九·禁聚众》。

⑤ 杨讷:“元代农村社制研究”,载《历史研究》1965年第4期。

⑥ 《全明文一·大诰续编·互知丁业第三》。

明中期以后，随着土地兼并和商品经济的发展，人口流动、流亡增加，里甲职能逐渐转变为以维护治安为重点。许多地区在里甲外建立保甲，即上文所言“十家牌法”，其在牌内人口流动和外来人口情况每天一查，以防奸盗，如有可疑情况，每家皆有报官的义务，否则十家连坐。对于甲内平日“习为偷窃，及喇啼教唆等项不良之人”，每牌均要上报，并十家“同具不致隐漏重甘结状，官府为置舍旧图新簿，记其姓名；姑勿追论旧恶，令其自今改行迁善”，“境内或有盗窃，即令此辈自相挨缉”，这些人如“果能改化者，为除其名”。[①] 若系甲内漏报，仍并治同甲之罪。又每日各家照依牌式，轮流沿门晓谕觉察；如此即奸伪无所容，而盗贼亦可息矣。[②] 重点人口管理与平时的日常人口治安管理制度相结合，来杜绝犯罪机会。除了在人口管理中的连坐制度，还针对来犯“盗贼”实行保长领导下的联防制度，并重罚遇盗不参与防范者。

根据王守仁推行的“十家牌法”，于各乡村推选才行为众信服者一人为保长，专一防御盗贼。平时各甲词讼，悉照牌谕，不许保长干与，因而武断乡曲；但遇盗警，即仰保长统率各甲设谋截捕。其城郭坊巷乡村，各于要地置鼓一面，若乡村相去稍远者，仍起高楼，置鼓其上，遇警即登楼击鼓；一巷击鼓，各巷应之，一村击鼓，各村应之，但闻鼓声，各甲各执器械齐出应援，俱听保长调度，或设伏把隘，或并力夹击；但有后期不出者，保长公同各甲举告官司，重加罚治。[③] 击鼓警盗，若北魏之李崇。[④] 海瑞亦大力推行保甲，并根据当时的居民居住情况，明确提出编甲不一定要十家，他认为“若居止星散参差难以一齐者，各随其居相近者为一甲，多或为十余户，少或不及十户，但取守望之便，不

---

① 《王阳明全集》卷1，《知行录之五·公移二·申谕十家牌法》。

② 同上。

③ 《王阳明全集》卷1，《知行录之五·公移二·申谕十家牌法增立保长》。

④ 北魏“延兴五年(475年)，李崇任兖州刺史。兖地多劫盗，李崇创鼓楼之制。令各村建一楼，楼悬一鼓。盗发之处，双槌击鼓，四面诸村始闻者擂鼓一通，次闻者以二为节，后闻者以三为节，各击数千槌。俄倾之间声布百里，其中险要皆有伏人，盗窃始发便可擒拿。诸州置楼悬鼓自此始”。(《魏书·李崇传》)

必分析割补，拘定数目”。①

明王守仁对“十家牌法”寄以厚望，他认为有司果能着实举行，不但盗贼可息，词讼可简，还可以达到均赋役、御外侮、淳风俗、兴礼乐的多种功能。“凡有司之有高才远识者，亦不必更立法制，其于民情土俗，或有未备；但循此而润色修举之，则一邑之治真可以不劳而致。今特略述所以立法之意，再行申告；言之所不能尽者，其各为我精思熟究而力行之；毋徒纸上空言搪塞，竟成挂之虚文，则庶乎其可矣！”②明之保甲与乡约并行，一主防盗，一主教化，相得益彰，但皆得有衣食无忧之民众。

清初又实行火甲制，或称“总甲”。顺治元年，也在各州县推行保甲制度，十家置一甲长，百家置一总甲。凡发生盗贼、逃人、奸宄等治安问题，当事人及邻居应当立即报知甲长，甲长报知总甲，总甲通过府、州、县、卫逐级上报，直到兵部。如果有一家隐匿“盗贼”，九家邻居和甲长、总甲不进行主动上报的，俱治以罪。③ 这十足是一大号的保甲，且主要职责是治安防范。清康熙皇帝十分肯定保甲制度的治安功能：“弭盗良法，无如保甲。”④康熙四十年（1701年）发布的诏令重申了编立保甲的方法和宗旨，还规定保甲成员的互救义务，并要求保长于月底出具“无事甘结”，即一州一县城关若干户，四乡村里若干户，户给印信纸牌一张，书写姓名、丁男口数于上。出则注明所往，入则稽其所来。面生可疑之人，非盘诘的确，不许容留。十户立一牌头，十牌立一甲头，十甲立一保长。若村庄人少不及数，即就其少数编。无事递相稽查，有事互相救应。保长、牌头不得借端鱼肉众户。客店立簿稽查，寺庙亦给纸牌，月底令保长出具无事甘结，报官备查，违者罪之。⑤ 雍正也言“弭盗之法，莫良于保甲”，但他对当时保甲法推行状况不满，认为地方官惮其繁难，视为故套，奉

---

① （嘉靖）《南宫县志》卷2，《兵法》。
② 《王阳明全集》卷1，《知行录之五·公移二·申谕十家牌法》。
③ 《皇朝文献通考》卷21，《职役考》。
④ 《皇朝文献通考》卷21，《职役考》。
⑤ 《皇朝文献通考》卷21，《职役考》。

行不实，稽查不严。再次下令认真执行保甲法，并制定了考核奖惩办法。[①] 乾隆二十二年(1757年)，为了进一步提高保甲组织的治安功能，更加准确地编审户籍、预防犯罪，下令对全国保甲进行了整顿。

上述历代推行邻里联防的形式或制度名称不同，如先秦之什伍制度、秦汉之亭里制度、隋唐之村里制度，这些制度发挥着户籍管理、征收赋役和治安管理多项职能。自宋行保甲以后遂多称保甲制度，王安石变法失败后，保甲制度军事功能消失，遂与乡里制度相融合；元行村社、明行里甲，皆为赋役，户籍败坏后方增强其治安功能；明中后期直接引入保甲法，以强化治安；清朝直接行保甲以编审户籍，摊丁入亩后更显其治安职能。这些制度都规定了民众参与社区安全防范、纠举犯罪的义务，又规定连坐制度进行严酷地督责，使民在沉重的赋税徭役之外，又多了一个枷锁。在中国传统社会治安防控模式下，由政府提供社会公共安全，基层治安防范基本依靠严密组织下的民众。民众除了做好自己个人和家庭的安全防范外，还要被强制参与社区安全防范。仅从治安防范的角度来看，邻里联防制度是有效的，是最为原始的人类以群的合力来保安的方法，对于以个体农民为主要社会构成的中国传统社会也是比较适合的，直到今天的社会仍有其现实意义。只不过随着社会分工和商品经济的发展，民众的陌生化程度增加，对安全的需求层次也不同，对参与社区安全防范的条件也不同，社区安全防范逐渐从民众的义务中分离，并走向专业化，一般是由社区向专业保安组织或物业公司购买保安服务，或自建保安队伍，来提供社区安全防范。

四、中国传统社会武器管制思想

武器以及其他危险物品可以增加潜在犯罪行为人的杀伤或破坏能力，对武器的管理是中国传统社会抑制民对抗社会能力的主要措施之一，历代的规

---

① 《清世宗实录》卷43。

定不大相同，这里略作考察。

秦汉对兵器的管制都非常严格，以免流散民间，为违法犯罪行为人所利用，危害社会秩序。从秦简记载来看，当时武器的生产和发放都有“库啬夫”管理，武器上有官府名称，士兵入伍时登记领取，退伍时归还。[①] 秦统一后，秦王“收天下兵，聚之咸阳，销以为钟，金人十二，重各千石，置廷宫中”。[②] 对这句话理解有分歧，一般认为是把原来社会上的兵器尽数没收和销毁，也有人认为“只是收集已缴获六国的武器，集中在咸阳，而不是没收民间兵器”。[③] 其理由之一是当时平民可以带剑出行、习武，而不违法，如韩信带剑遭胯下辱。

汉朝兵器只准官造官藏，禁止民间私造私藏兵器。汉高祖曾禁止商人操持兵器，说明当时民众可以携带兵器。汉武帝时丞相公孙弘奏请禁止民携带弓弩造吾丘寿王驳斥未果，[④]亦说明当时民众是可以携带兵器的。弓弩杀伤范围较大，在当时属于比较高级的武器，西汉昭帝严禁十石以上的强弩出境，王莽时则禁民携带弩和铠。汉末社会比较动荡，武器管制更为严格，起义者只能夺取武库来武装自己。例如，东汉永初年间（107～113 年），羌族叛乱，“持竹木枝以代矛，或负版案以为楯，或执铜镜以象兵”。[⑤] 可见当时兵器管制之严格。南北朝时，对民外出携带武器是禁止的。宋孝武帝大明八年（464 年）因东境荒歉，下诏“远近贩鬻米粟者，可停道中杂税，其以仗自防，悉勿禁”。[⑥] 说明当时如果不是特许，携带兵仗是被禁止的。

开皇九年（589 年）平陈后，隋文帝颁布了销毁兵器甲仗的诏令：“代（世）路既夷，群方无事，武力之子，俱可学文，人（民）间甲仗，悉宜除毁。”[⑦]开皇十

① 《睡虎地云梦秦简》，第 71 页。
② 《史记·秦始皇本纪》。
③ 孙红帡：“秦始皇并没有收尽天下兵器”，载《广州日报》2011 年 3 月 2 日。
④ 《汉书·吾丘寿王传》。
⑤ 《后汉书·西羌传》。
⑥ 《南史·宋本纪中》。
⑦ 《隋书·高祖纪下》。

五年(595 年)又重申这一诏令:“收天下之兵器,敢有私造者,坐之;关中、缘边,不在其例。”[①]大业五年(609 年)隋炀帝又诏令“民间铁叉、搭钩、(矛赞)刃之类,皆禁绝之”。[②] 超出了常规兵器的范围。

唐代兵器分为两类:一是普通兵器,包括弓、箭、刀、楯、短矛五种;二是禁兵器,包括甲、弩、矛、矟、具装等。普通兵器允许私人制造、保存、交易、携带,禁兵器则不许,违者要判处徒刑、流刑或死刑。在京师地区,普通兵器也在禁止之列,安史之乱后社会动乱加剧,禁令更严。贞元元年(785 年),唐德宗下《禁私家藏枪甲诏》:“枪甲之属,不蓄私家,令式有闻,宜当遵守。如闻京城士庶之家,所藏器械,宜令京兆府宣示,俾纳官司,他如律令。”[③]大中六年(852 年),唐宣宗诏:“坊市诸车坊客院,不许置弓箭长刀。如先有者,并勒纳官。百姓所纳到弓箭长刀等,府县不合收贮,宜令旋纳弓箭库。”[④]唐朝对普通兵器并不禁止,但对于民众聚众操练武艺,加以禁断。例如,元和元年(806 年)唐宪宗诏:“京城内无故有人于街衢中带戎仗及聚射,委吏执送府县科决。”大和元年(827 年)唐文宗诏:“如闻京城百户,多于坊曲习射,宜令禁断。”

《宋刑统》关于“私有禁兵器”的规定沿袭《唐律》。宋太祖开宝三年(970 年),立下武器管理基本规定,京都开封的士庶之家,不准私自拥有武器;军人日常不携带武器,寄存于本军管理部门,出征时申请发还;品官可依法拥有随身武器。[⑤] 同时,宋朝的皇城内除了卫兵,不准带入任何武器。“祖宗著令,寸铁入皇城者,皆有常刑”,甚至连可能成为凶器的物品也严加防范,如定窑生产的瓷器,因其“有芒”,也不准进皇宫。[⑥] 因乡兵、弓手是平民,但又担负军事任务,宋大中祥符九年(1016 年)规定,除四川外,各地弓手由官方借给弩一支

① 《隋书·高祖纪下》。
② 《隋书·炀帝纪上》。
③ 《全唐文》卷 52,年代依据《唐会要》卷 72,《军杂录》。
④ 《唐会要》卷 72,《军杂录》。
⑤ 《宋史·兵志十一》。
⑥ (宋)陆游:《老学庵笔记》卷 2。

使用，弓箭、枪、剑各自置办，但官方要登记在册，统一拘管。[①] 这说明在宋代，弩一直是个严格管制的武器。同时，宋朝还禁止贩卖兵器原材料。宋朝规定，不准结集社众练习武艺（包括学习杆、棒），违者，教师、为首之人徒二年，其余各杖一百（乡兵不在此列）；僧、道以外的人不准结集经社，不准聚众布道，违者杖一百；连聚众竞渡也要处一年徒刑。[②]

元朝对民间拥有兵器的管制是最为严格的。蒙古统治者将各地汉人的弓箭、刀枪、甲胄等强行拘收入官，旋即又收缴了汉地的铁尺、“古朵叉带刀子拄棒”、弹弓等可作为兵器的物械。供神时也不能使用真兵器，要用“土木纸彩假物”加以代替。甚至有人提出要没收“两股铁禾叉”，后被刑部驳回，原因是“铁禾叉系农家比用之物，既非军器，难以禁治”。[③]《元史》记载，在都城中，民造弹弓及持有者，杖七十七，没收其家财一半，在外郡县制造或持有弹弓并不在禁止之列。具有捕盗、司法职责的巡马弓手、巡盐弓手，允许持有弓箭，其余的皆禁止。还禁止非军人的汉人持有兵器。凡是出售军器的，卖与应执有之人者不在禁止之列。禁止民间有藏铁尺、铁骨朵，及含刀铁拄杖者。对于私藏兵甲全副者，处死；不成副者，笞五十七，徒一年；零散甲片但可以穿系御敌者，笞三十七。枪、刀、弩私有十件者，处死；五件以上，杖九十七，徒三年；四件以上，七十七，徒二年；不堪使用，笞五十七。[④] 这些足以说明蒙古统治者的防民之心。

明清兵器，火器大量使用，常规冷兵器不再是管制的重点。根据《大明律》卷14《私藏应禁军器》规定，明代也禁止民间私造和私藏军器，但对于常用的弓、箭、枪、刀、弩及鱼叉、禾叉等器械，则不在禁限之内。同时，明朝对可以制造火药的硫磺、焰硝禁止贩卖。

---

① 《续资治通鉴长编》卷86，大中祥符九年（1016年）。

② 《宋史·刑法志一》。

③ 《元典章》卷35，《兵部二·军器》。

④ 《元史·刑法志》。

中国传统社会对民拥有武器的管制一直是很严格的，特别是对一些杀伤力比较大的武器如弩、火器等，尽显统治者对民的防控之心。

五、中国传统社会对民活动管制的思想

中国传统社会中，对民的日常活动也有较大的管制，特别是群聚、夜行，甚至旅行，有专门、细致的管理规定。

1. 夜禁制度

对夜禁制度的治安学专门研究较少。现有研究成果散见于本书开头提到的治安史研究著作，另有以夜禁制度为背景的文化理论和文化史方面的研究，也为考察夜禁制度与人们的生活行为提供一定的参考。“夜禁被文学记忆捕捉，文学记忆因夜禁而被我们关注，也就像人之需要文学、文学不得不结盟记忆一样顺理而成章。”①

中国传统社会对民众出行一直是严格管制的，民众过着日出而作、日落而息的日子，夜间的活动则是严格管制的。《周礼·秋官·司寤氏》：“掌夜时。以星分夜，以诏夜士夜禁。御晨行者，禁宵行者、夜游者。”郑玄注曰：“夜士，主行夜徼候者。”

《汉书》描述周朝的闾里管理：“春，将出民，里胥平旦坐于右塾，邻长坐于左塾（师古曰：门侧之堂曰塾，坐于门侧者，督促劝之，知其早宴防怠惰也），毕出然后归，夕亦如之。”②这是一幅以广阔田野为背景的乡邑图，更像一座监狱，高墙四周围着邑中房屋，邑门紧闭，待开门时，门左门右是乡吏的岗位。民按时出入闾门，活动是严格控制的。管仲也提出利用里尉、闾司对民进行出入管制，即“分州以为十里，里为之尉。一道路，博出入，审闾闬，慎筦键。筦藏于里尉，置闾有司，以时开闭”。③

---

① 张淼：“夜禁的张弛与城市的文学记忆”，载《江淮论坛》2008年第4期。

② 《汉书·食货志上》。

③ 《管子·立政》。

汉代实行夜禁制度,薄暮之后,城门关闭,居民不得无故夜行。治安官员率卒巡夜,碰到夜行者,即呵止之,盘查可疑即抓捕。《二年律令》所载,由“田典更挟里门籥(钥),以时开。伏闭门,止行及作田者。其献酒及乘置乘传,以节使。救水火,追盗贼,皆得行。不从律,罚金二两”。[①] 看来,里门关闭后,出行和作田都要停止,若行动则要有通行证“传”、“节”,救灾追盗除外。《史记·李将军列传》载:“广家与故颖阴侯孙屏野居蓝田南山中射猎。尝夜从一骑出,从人田间饮。还至霸陵亭,霸陵尉醉,呵止广。广骑曰:‘故李将军。’尉曰:‘今将军尚不得夜行,何乃故也!’止广宿亭下。”说明当时乡间有亭尉严格执行夜禁制度。

三国两晋时的城邑普遍实行禁夜制度,夜晚禁止无故行走,否则以奸人对待。这时由治安官员组织的“徼者”巡行,“有犯夜者,为吏所拘”。西晋末年,司马睿要逃离邺城,开始“夜月正明,而禁卫严警,无由得去”,但不久“雷雨暴至,徼者皆弛”,[②]他才得逃脱。南齐武帝时萧嶷陪从皇帝夜归,皇帝说:“今夜行,无使为尉司所呵也”,[③]足见治安官吏执行夜禁之严。过关则需要“符”,宋文帝元嘉二十七年(450 年),柳元景北伐俘虏二千余人,“悉释而遣之,家在关里者,符守关诸军听出”,[④]无符则不能出关。

隋代风俗,长安和州县每年正月十五日夜要举办燃灯、角抵之类的群体活动。曾有治书侍御史柳彧认为此类活动有伤风化,且不利于治安,即“秽行因此而生,盗贼由斯而起”,[⑤]上书禁止。隋文帝同意并下令禁断,后该禁令为隋炀帝废弛。根据唐代《监门式》规定:京城每夕分街立铺,持更行夜。鼓声绝则禁人行,晓鼓声动即听行。若公使赍文牒者,听。其有婚嫁,亦听。注云:须得县牒。丧、病须相告赴,求访医药,赍本坊文牒者,亦听。其应听行

① 《张家山汉简〈二年律令〉集释》,第 194 页。
② 《晋书·元帝纪》。
③ 《南史·齐高帝诸子传上》。
④ 《南史·柳元景传》。
⑤ 《隋书·柳彧传》。

者,并得为开坊、市门。也可以根据警急情况的需要非时而开。[①] 据《全唐文》卷173载,右金吾卫将军赵宜巡查六街时,发现大理丞徐逖鼓绝后仍在街中行走,遂捕捉押回,并上报有司,请求杖责二十。长安城内,坊门的开闭也以鼓声为准。按照《宫卫令》的规定,京城门关闭后,"后更击六百搥,坊门皆闭,禁人行",至凌晨五更二点,"鼓自内发",坊市门一起打开。居民出了坊外一旦错过了夜鼓时间,宁可忍饥受冻的煎熬一宿,也不愿入坊犯禁。

一些文学作品也反映了当时的夜禁制度及其严格的执行情况。《太平广记》载:天宝九年(750年)夏六月,郑生遇一白衣女子,姓任氏,与之酣饮,"将晓"返回,行至坊门,"门扃未发",恰好门旁有胡人鬻饼,郑生只好"憩其簾下","坐以候鼓"。[②] 天宝十二年(753年)冬,布政坊居民张无是,一日行至街中,夜鼓忽绝,坊门关闭,无是无奈,只好在桥下蹲了一宿。[③] 这说明,在玄宗天宝年代,唐代的坊市管理及其反映的禁夜制度极为严格和规范。在维护"鼓声绝后,禁断人行"的禁夜制度上,所谓的"六军"(左右羽林军、左右龙武军和左右神武军)也加入进来。[④] 因此,在街鼓管理的背后,牵涉的是唐代京城的治安、巡逻和防务力量。朱熹曾说:"五更二点,鼓自内发,诸街鼓城振,坊市门皆启。若有奸盗,自无所容。盖坊内皆常居之民,外面人来皆可知。如宰相武元衡于靖安里门外,分明宰元衡入朝,出靖安里,贼乘暗杀之。亦可见坊门不可胡乱入,只在大官街上被杀了。"[⑤]由此可见,长安城街鼓对于防范和打击奸盗,维护和平持久的社会环境起着积极作用。

除了元宵节,宋代一般是三更"断夜",禁止行人,五更解禁。宵禁时,出行者谓之"犯夜",杖二十。若有公私紧急事务,取得官方文牒方可放行,无文牒者虽不治罪,但也不放行。值班官吏对应放行而不放行、不应放行而放行

---

① (唐)长孙无忌著:《唐律疏议》,刘俊文点校,中华书局1983年版,第172页。
② (宋)李昉著:《太平广记》,中华书局1961年版,第3693页。
③ 同上书,第673页。
④ (宋)王溥著:《唐会要》,中华书局1955年版,第1423页。
⑤ 《朱子语类》卷90,《礼七·祭》。

者,笞三十;若有盗贼经过而不知觉者,笞五十。① 北宋城市的生活更加多元、开放,《东京梦华录》记载了当时的夜市情况。例如,旧曹门街的北山子茶坊,仕女往往夜游吃茶于彼,高阳正店夜市尤盛。② 有不少酒楼和瓦子是通宵经营的,大抵诸酒肆瓦市,不以风雨寒暑,白昼通夜,骈阗如此。③ 有人据此记载和研究,认为北宋夜禁制度“弹放、废弛”,④并援引《世说新语》所载司法案例:“王安期作东海郡,吏录一犯夜人来。王问‘何处来?’云:‘从师家受书还,不觉日晚。’王曰:‘鞭打宁越以立威名,恐非致理本。’使吏送令归家。”⑤这个案例正说明当时夜禁执行之严格,首先,依法犯夜是要受处罚的;其次,夜行要受到管制的,不然也不需要“使吏送归家”。而城中的通宵夜市与夜禁制度的冲突如何来解决,需要进一步研究。

元朝也实行更为严格的“夜禁”制度,连夜间点灯都要受到审查。根据《马可波罗游记》对杭州的记载,夜间点灯就被会巡逻士兵在门上作记号,天亮会被带到有关部门说明原因,无正当理由将受到处罚。⑥

据《明律》卷14《兵律二·军政》“夜禁”条规定,京城实行夜禁,时间范围是一更三点,钟声已静之后,到五更三点,钟声未动之前。犯者笞三十。二更、三更、四更,犯者笞五十。外郡城镇各减一等。其公务急速,疾病、生产、死丧不在禁限。其暮钟未静,晓钟已动,巡夜人等故将行人拘留,诬执犯夜者,抵罪。若犯夜拒捕及打夺者,杖一百;因而殴人至折伤以上者绞,死者斩。⑦ 但明代的元宵节仍然热闹,更延长为前所未有的“十夜灯”。原来明太祖初建都南京,“盛为彩楼,招徕天下富商,放灯十日”。从初八上灯到十七日

① 《宋刑统》卷26,《犯夜》;《宋会要·刑法》卷2之147。
② 《东京梦华录》卷2,《潘楼东街巷》。
③ 《东京梦华录》卷2,《酒楼》。
④ 张淼:“夜禁的张弛与城市的文学记忆”,载《江淮论坛》2008年第4期。
⑤ 余嘉锡著:《世说新语笺疏》,上海古籍出版社1993年版,第174页。
⑥ 朱绍侯主编:《中国古代治安制度史》,河南大学出版社1994年版,第551页。
⑦ (明)雷梦麟著:《读律琐言》,怀效锋、李俊点校,法律出版社2000年版,第266页。

才罢灯。永乐七年(1409年)明太祖更明令从正月十一日开始，赐百官元宵节假十天，并且谕令礼部“百官朝参不奏事，有急务具本封进处分，听军民张灯饮酒为乐，五城兵马弛夜禁”。不过，虽然成祖已著为定例，以后每年年终，礼部仍得援例请旨，让皇帝亲自定夺是否“赐文武诸臣上元节假十日”。清承明制，元宵庆典则基本上又回到以五日为度。统治者对民的行动自由限制甚严，“定更后，禁止夜行，如生产急病请稳延医之类，经保甲长验明给予夜行牌，方准放行，回时即将牌缴回，倘有捏造索牌，次日指名禀报，以凭拿究，甲长容隐者并罪”。①

2. 禁止聚众

秦代就有法律规定禁止聚饮酒的法令，“三人以上无故群饮酒，罚金四两”。② 这里注重的不是饮酒，而是群聚。正因如此，才有秦始皇的“天下大酺”诏令，③特许居民畅饮。汉朝沿袭了这一规定，《汉书》载汉文帝十六年(前164年)秋九月，得玉杯，刻曰“人主延寿”。令天下大酺，明年改元。④ 宋政府还规定，禁止“夜聚晓散”的集体活动。《宋史》载：“左道乱法，妖言惑众，先王之所不赦，至宋尤重其禁。凡传习妖教、夜聚晓散与夫杀人祭祀之类，皆著于法，诃察甚严，故奸轨不逞之民，无以动摇愚俗，间有为之，随辄报败。”⑤宋仁宗景佑二年(1035年)，在益、梓、利、夔路出现了夜聚晓散的秘密宗教活动，对此宋仁宗降诏告讦，凡“能反告者，赏钱五万，以犯者家财充”。⑥

元朝统治者惟恐汉人聚众滋事，危及自己统治，对公共场所人们的活动进行严格控制。元世祖至元年间(1264～1294年)，大都街上有“夜聚晓散”

---

① (清)黄六鸿:《福惠全书》卷1，转引自赵秀玲著:《中国乡里制度》，第54页。
② 《汉书·文帝纪》注引文颖语。
③ 《史记·秦始皇本纪》。
④ 《汉书·文帝纪》。
⑤ 《宋史·刑法志》。
⑥ 《宋会要·刑法》2之21。

的跳神师婆,这是一般的迷信活动,元朝政府竟将这些人治罪。① 武宗至大年间(公元 1308 ~ 1311 年),陕西行省安西路(今陕西省西安市)修建万僧水陆资戒大会,聚集僧众一万多人,元朝统治者惊慌失措,认为:“安西地面别无镇守军户,中间倘有乘间窃发或为奸盗,或拘异谋何以备之?所系非轻,不可不虑。”②下令将这些僧众驱散,以后又多次重申这一禁令。元朝政府还禁止民间祭神活动,除五岳四渎由当地政府官员依例岁时祭祀外,不准百姓祭祀,如有违反,许人告发。甚至百姓为交换有无而设立的集市也被统治者加上“妨碍农务,滋长盗贼”的理由加以取缔。③ 后来推而广之,凡是大众聚集的地方,都加以禁止,甚至连演唱词话也不允许:“诸民间子弟,不务生业,辄于城市坊镇演唱词话,教习杂戏,聚众淫谑,并禁治之。诸弄禽蛇、傀儡、藏撅撇钹、倒花钱、击鱼鼓,惑人集众,以卖伪药者,禁之,违者重罪之。”④

3. 出行管理

对于民间的“客舍”、“逆旅”,为防止“奸寇”寄宿其中,实行严格的符验簿记制度。符既是通行证件,也是住宿的官方证明文件,凭此在食宿的旅店登记,就是符验簿记。居延汉简有一实物,载明:“☐书佐忠时,年廿六,长七尺三寸,黑色。牛一,车乘。第三百九十八,出。”⑤该“符”把旅客的身份、姓名、身高、年龄、肤色、交通工具都记录的很清楚,说明当时对民的出行管理之严格、细致。

前文所述唐朝村正也是依法对外来人口进行盘查和身份检查。过所和公验是唐人出行的凭证,类似于现代的通行证。凡官吏民众远行出入关、津,须凭证明其身份的公验、过所通行。公验和过所由唐代官府发放,关于两者

---

① 《元典章》卷 57,《禁聚众·禁跳神师婆》。
② 《元典章》卷 57,《禁聚众·禁治聚众作会》。
③ 《元典章》卷 57,《禁聚众·住罢集场聚众等事》。
④ 《元史·刑法四·禁令》。
⑤ 《居延汉简释文合校》280·3,文物出版社 1987 年版。转引自朱绍侯主编:《中国古代治安制度史》,河南大学出版社 1994 年版,第 192 页。

之间的区别，中外学者迄今尚无定论。日本学者仁井田陞认为“公验通行的区域狭小，而过所行用的区域却较广”。[1] 唐代的过所通常一式两份，一份是正本，由官方加盖官印，发给申请过所之人；另一份是副本，形式和正本一样，也要经过主判官、覆审官签名，留作刑部司门司或本州户曹的档案加以保存。唐代公验和过所的申请程序复杂，据《唐六典》卷6“司门郎中”条规定：凡度关者，先经本部本司请过所，在京，则省给之；在外，州给之。虽非所部，有来文者，所在给之。有研究者发现，在现存的敦煌吐鲁番文书中，保存了唐人申请公验、过所的公文卷宗。[2] 唐律对于没有过所、公验而私自出入关津的行为，制定了相应的惩罚措施，若无公文，私从关门过，合徒一年。对于不符合度关手续而发给过所的，或冒名申请过所而度关的行为，各徒一年。宋代民的出行也采用类似的通行证制度。

明朝针对人口的流动，推行路引作为居民身份凭证的制度。路引的内容格式：某州（县）为远行，照得本州（县）某里（卫所某百户）某人，年若干岁，身长几尺，无须（微须、多须）、方面（长面、瓜子面），白色（黑色、紫棠色），有无麻疤，今由某处前至某处，何项生理，家有父某人。母某氏，妻某氏，子某人某人，兄某人，弟某人。如无丁引，或有引而脚色不对者，所至店家邻佑，或在官各色人等，拿赴所在衙门，即以奸盗解回原籍查究。此引，回日缴还原发衙门。须知丁引者。右给付某处某人准此。州押印。县押印。[3] 统治者要求：专工之业，远行则引明所在，用工州里，往必有方，巨细作为，邻里探知。商本

---

① ［日］仁井田陞著：《唐令拾遗·狱官令第三十》，栗劲等译，长春出版社1989年版，第689页。

② 郑显文：“敦煌吐鲁番文书中所见的唐代交通管理的法律规定”，载《西南师范大学学报》2005年第6期。

③ （明）吕坤：《实政录》卷5，《查归流民》，载北京图书馆古籍珍本丛刊48《史部·政书类》，书目文献出版社1998年版，第142页。

有巨微,货有轻重,所趋远迩水程明于间,归期艰限其日,邻里务必周知。[①] 乡里民众要主动辨验生人的引目,注意引和人、车、货是否相符,如有问题要立刻擒拿送官,否则连坐治罪。一切臣民,朝出暮入,务必从容验丁。市村人民舍客之际,辨人生理,验人引目相符而无异,终日支吾者,坊厢村店拿捉赴官,治以游食,重则杀身,轻则黥窜化外。设若见此不拿为他人所获,所安之处本家邻里罪加之”《大明会典》载:“凡军民人等往来,但出百里者,概验文引。凡军民无文引,及内官内使来历不明,有藏匿寺观者,必须擒拿送官,仍许诸人首告。得实者赏,纵容同罪。”[②]有关路引的颁发,须先由外出者事先向官府提出申请,说明外出理由及去向,由官府酌情决定。

清朝对人的出行管理也相当严格。清朝对逆旅可以留宿的地方叫“居停”,如旅店、寺庙和船埠等商旅投宿处所。清代律例规定,“居停”各设簿册,记录投宿的商人、旅客人数、姓名、行李、牲口、车辆,作何事,往来何处,以备官方查核。其目的显然是掌握流动人口动态,便利官方查缉罪犯,提醒店主、住持注意旅客安全。如有失盗案件发生,“居停”负责人必须同事主一道到官报案、受询、作证。清朝对集市上的流动人口也进行管理,主要是通过“行主”进行。“行主”,即集市上的经纪人,他必须了解商人的姓名、籍贯、路引字号,货物数目,将其记录在册,每月送官府查核。如在行主所负责的区域发生盗贼案件,该行主必须迅速报官、作证。

六、中国传统社会秘密治安控制思想

秘密控制是治安治理中常用手段,是为了搜集治安信息,对可能危害社会治安的人、场所、事进行相应的监视和控制活动。中国传统社会中的秘密

---

① 《大诰初编》“验商引物”条。但《大诰》(洪武刻本)第46条“文引”规定,如果民进京面奏事务者,虽无文引,同行人众,或三五十人,或百十人至于三五百人,所在关津把隘去处,问知面奏,即时放行,勿得阻当(挡),阻者论如邀截实封律。

② 《大明会典》卷139,《关津二》。

控制手段,主要有设置举报箱、物建治安耳目和设置特务机关。

鼓励告奸虽是公开的法律制度,但其进行是秘密的,内容也是保密的。除了上文已述的邻里联防中的告奸制度,设定什伍之民的纠告制度,还有的设置类似举报箱的匿名举报制度。西汉时就有官吏使用一种叫缿筒的口颈较小的瓦器,悬挂于通衢路口,接受居民检举。例如,西汉王温舒在长安,"吏苛察淫恶少年,投缿购告言奸";[①]赵广汉为颍川太守,"教吏为缿筒,及得投书,削其主名",由此使他"得以为耳目,盗贼以故不发,发又辄捕得。郡中盗贼,闾里轻侠,其根株窟穴所在,及吏受取请求铢两之奸,皆知之"。[②] 武则天曾设置举报箱,令民举奸。"太后命铸铜为匦:其东曰'延恩',献赋颂、求仕进者投之;南曰'招谏',言朝政得失者投之;西曰'伸冤',有冤抑者投之;北曰'通玄',言天象灾变及军机秘计者投之。太后欲周知人间事,铸铜为匦以受天下密奏。其器共为一室,中有四隔,上各有窍,以受表疏,可入不可出。"[③]在这里,"铜匦"就是用来鼓励告密、诬陷,对人民进行特务控制和迫害的一种工具,其结果是造成社会的道德沦丧,告密风行。[④]

治安耳目是指在治安治理中专门建立和使用的能够搜集治安信息的秘密力量。耳目之设早用于军事,后泛指刺探情报的人员。例如,《史记》载:"赵人多为张耳陈余耳目者,已故得脱。"此"耳目"是为张、陈提供消息的人。治安耳目一般不是治安机关的人员,而是在社会中根据需要物建,一般是有前科的或有劣迹的人。例如,西汉张敞任京兆尹时,"长安市盗尤多,百贾苦之",他首先探访了数名"偷盗酋长",责其立功赎罪,然后让他们与众小偷的衣服上暗加红色标志,结果他一天就抓捕盗贼数百人,穷治所犯,于是"市无偷盗,天子嘉之"。[⑤] 张敞就是利用了"偷盗酋长",让他们为其提供盗贼信

① 《汉书·酷吏传》。
② 《汉书·赵广汉传》。
③ 《资治通鉴》第203卷。
④ 同上。
⑤ 《汉书·张敞传》。

息,方便了抓捕。另是在一些重要行业物建耳目如旅馆业。

对官民实行秘密的特务控制是中国传统社会中统治者常用手段,最为著名的是宋时的皇城司卒和明时的厂卫特务。宋朝的特务统治,始于宋太祖。新中国成立初期,政局极不稳定,宋太祖“恐有大奸阴谋无状,所以躬自选择左右亲信之人,使之周流民间,密行伺察”。[①] 乾德三年(965 年)正式设立武德司,并派出武德卒前往刚统一的四川,侦察那里地方官的贪廉表现。[②] 宋太宗于兴国六年(981 年)在福建汀州活动的武德卒被知州王嗣宗发现,感到很恼怒,便将其抓起来缚送京师,并上书指责宋太宗不信任贤俊,而猥信武德卒为耳目。宋太宗遂将武德司改为皇城司。[③] 皇城卒四处为患,同样遭到地方官的反对。宋太宗于淳化三年(992 年)下诏,禁止皇城卒出京城活动,[④]即重点加强了对京师的特务活动。宋真宗时,每季度派出四十人在京城搞侦探活动,所探听到的情报汇集到皇城司长官处,再上奏皇帝。[⑤] 随着社会矛盾的加剧,皇城探事卒不断增多,最多时达到 7000 多人。皇城卒的主要任务是侦察“伪冒不法”活动,除了侦察官吏的不法行为外,主要包括:一是伺察军队,“夫皇城司之有探逻也,本欲周知军事之机密与夫大奸恶之隐匿者”。[⑥] 例如,北宋前期,对在京的诸军班直和各部门仓库等,皇城司每天派人侦察,并抄录其“班次姓名”,随时监视其日常动向。宋真宗时,京师御龙直班院副指挥吕遇一天黄昏时醉酒而归,坐骑受惊不能控制,踏伤了百姓石谦。这种事情也都报告给皇帝,[⑦]可见统治者的警惕之心。对于明显的危险言行,皇城司可以直

① 《温国文正司马公文集》卷 8,转引自朱绍侯主编:《中国古代治安制度史》,河南大学出版社 1994 年版,第 461 页。

② (宋)陈师道:《后山集》卷 19,《谈从》,转引自朱绍侯主编:《中国古代治安制度史》,河南大学出版社 1994 年版,第 461 页。

③ 《续资治通鉴长编》卷 22,太平兴国六年(981 年)。

④ 《宋史·王彬传》。

⑤ 《续资治通鉴长编》卷 74,大中祥符三年(1010 年)。

⑥ 《续资治通鉴长编》卷 375,元祐元年(1086 年)。

⑦ 《续资治通鉴长编》卷 74,大中祥符三年(1010 年)。

接逮捕。例如，宋仁宗时，京师军人桑达等人醉酒殴斗，口出“指斥乘舆”的狂言，皇城司遂将其逮送到开封府，桑达等人不久被处死。① 二是察办民俗异事及谤议朝政者。宋仁宗时，开封军民百姓盛传着两句歌谣：“四月不戴皂角牙，直到五月脚拥沙。”皇城司恐怕是不详之语，上报皇帝，请求禁止。② 宋神宗元丰七年（1084 年）朝廷举行秋宴，宋神宗在举杯之际，忽然“暴得风疾”，酒杯倾洒，浇湿了御袍。这时候正巧京师流行着名为《侧金盏》的歌，皇城司以为不祥，有再唱者即予逮捕，由此禁绝此歌。③ 对一个民间歌曲尚且如此敏感，对议论朝政者更是及时镇压。宋神宗时，皇城司“潜逻卒听市道之人谤议者，执而刑之”。④ 另，皇城司还负责侦捕外国间谍。宋真宗时，皇城卒曾侦知一商人是契丹间谍，便将其逮捕到皇城司审问处理。⑤ 熙宁五年（1072 年），变法引起了矛盾激化，皇城司探事卒猛增到七千多人，散布京师。宦官苏利涉、石得一先后主管特务活动，“恣残刻之资，为罗织之事。纵遣伺察者，所在棋布。张穽而设网，家至而户到”，暗网可谓严密，一时间，上至朝廷官员，下至平民百姓，“飞语朝上而暮入狴犴矣”。⑥ 为了探听到更多情报，探事卒每个人还建立自己的“眼线”，培养出一大批“兼职特务”。当时有人说，如果一个人以十人为耳目，十人之中每人又以十人为耳目，那么不啻有成千上万个密探散布在京师市井街道。这样一来，连夫妻吵架的话、仇人谩骂的话都会被他们添油加醋地上报，闹得人人自危。⑦ 更有甚者，还有不少无赖之人利用探事卒便衣的特点，冒充皇城司特务敲诈勒索，肆意为虐。宋仁宗时，官方一次就抓获了 30 多个冒充者。⑧ 民众受到严重摧残，“都人惴栗，不敢偶语，兢兢

---

① 《宋史·刘敞传》。
② 《宋会要·刑法》2 之 27。
③ （宋）陆游：《老学庵笔记》卷 7。
④ 《续资治通鉴长编》卷 252，熙宁七年（1074 年）。
⑤ 《宋史·李纮传》。
⑥ 《续资治通鉴长编》卷 375，元祐元年。
⑦ 《宋文鉴》卷 62，《论逻察》。
⑧ 《宋史·王臻传》。

朝夕,莫能自保"。[①] 皇城司制度持续了近十年,先后有数万人被捕入狱,造成了历史上一个恐怖时期。皇城司在防止兵变、监察官吏、反间谍方面的活动,有着一定的积极作用,但皇帝对他们也心存疑虑,所以另派"差探皇城司",[②]监视他们,防范不轨。对他们的不法行为,时常予以一定约束。但只要不过分,皇帝还是不予严惩,因为:"非惜此数人,但欲周知外事,恐沮塞之,今后不敢报耳。"

明朝的锦衣卫则是中国古代最成熟最完善的特务机构,在世界历史上也是罕见的。据《明史》载,明初,置拱卫司,管领校尉,属都督府;后改拱卫指挥使司;寻又改为都尉司;洪武三年,改为亲军都尉府,管左、右、中、前、后五卫军士,而设仪鸾司隶焉;十五年,罢仪鸾司,改置锦衣卫。除侍卫、诏狱外,锦衣卫还是皇帝的耳目,侦察所谓的"不轨妖言",并可以不经外廷司法机关和任何法律手续,逮捕拷讯被认为有不法行为的军民人等。"盗贼奸宄,街途沟洫,密缉而时省之。"[③]洪武二十年,以治锦衣卫者多非法凌虐,乃焚刑具,出系囚,送刑部审录,诏内外狱咸归三法司,罢锦衣狱。成祖时复置,北镇抚司的权力进一步扩大,可以直接取旨行事,成为锦衣卫的核心机构,它所管辖的案件不仅仅限于"察不轨妖言,人命强盗重案",而且涉及其他的词讼和州县案件,刑部和大理寺等司法机构亦无权改变镇抚司的决定。永乐十八年(1420年),明成祖设立"东厂"特务机构,受司礼监领导,由司礼监秉笔太监任提督,下设领班司房、掌刑千百户等官,进行"缉谤、谋逆、妖言、大奸恶"等特务活动,[④]并随后在京师和全国各地组成了恐怖的特务网。东厂权力在锦衣卫之上,有事可以直接报告皇帝,因而锦衣卫的活动亦在东厂的侦察和监督之下。成化十三年(1477年),统治者设立西厂刺事,以宠信宦官汪直为提督,所领官校"倍东厂","自京师及天下,旁午侦事,虽王府不免",[⑤]权力远大于锦衣卫

---

① 《续资治通鉴长编》卷381,元祐元年。

② 《续资治通鉴长编》卷55,咸平六年。

③ 《明史·职官五》。

④ 《明史·刑法志》。

⑤ 同上。

和东厂，不久因反对声激烈而撤销，独留东厂。武宗正德初年，宦官刘瑾专权，恢复西厂，创设“内行厂”，①厂卫合流。刘瑾被诛后，西厂和内行厂被撤销。天启年间，魏忠贤专权，提督东厂，屡兴大狱，使厂卫之毒发展到极端，直至明朝灭亡。明朝厂卫特务组织的层层密缉，以至于一个案件往往“或以一人而牵十余人，或以一家而连数十家”，②“士大夫不安其职，商贾不安于途，庶民不安于业”，③扰得人人自危，个个担心。

本章小结

通过户籍管理，对民的身份信息有着清楚的把握，是历代行政的基础，也是古今治安控制的基础。在户籍管理的基础上对流动人口加以控制，虽以有利于农业生产出发，兼收利于治安管理之效。联防是民和统治者在公共安全上的共同利益。连坐制度则是一条无形的绳索，是落后的、非人道的专制产物，它把民捆在政府的治安责任中。武器的管制应该是以不威胁专制统治为前提的，客观上有利于治安控制，但过分防范，如隋、元两朝曾有统治者提出的禁止农用禾叉的做法，更多地体现了畏民、防民的心态和色厉内荏的本质。在当代治安防范实践中，个别地方在特定时期也有过度防范的行为，如菜刀实名制。④ 这可能是地方官员肩负着较重的维稳压力所致。出行管制，特别是对群聚严格控制，更能反映了统治者对民众力量的畏惧和严防死守的治安

① 《明史·刑法志》。

② 《明史·安磐传》。

③ 《明史·商辂传》。

④ 菜刀实名制分别实行在上海世博会期间和广州亚运会期间。2010 年上海市公安局、上海市商务委等有关部门将在上海世博会期间加强刀具安全管理，实行“管制刀具和陶瓷刀具禁售”、“菜刀、大型水果刀等其他危险性刀具定点销售，凭身份证件购买”等安全管理措施，并鼓励市民积极举报有关的违禁行为，有关具体措施将通过相关政府通告公布实施。为确保第十六届亚运会安全举行，广州市公安局起草《加强刀具安全管理的通告（征求意见稿）》，要求在 2010 年 11 月 1 日到 12 月 31 日，对危险性刀具实行实名制购买、定点销售制度。通告中标明，菜刀也在实名购买之列，于是被网友称作“菜刀实名制”。参见“菜刀实名制”，资料来源：http://baike.baidu.com/view/4610341.htm。

理念。悬赏举报、治安耳目到现代仍不失其意义，但无孔不入的特务控制却让人毛骨悚然，是专制统治下最见不得人的一幕。

当然，尚有诸多社会管制没有列入考察的视野，此处所引亦足以见证中国传统社会中的治安管控特点及其所反映的治安理念。实践中，统治者用举国的强制力和严酷的刑罚为后盾，维持着一种静止的安定。民几乎没有人身自由，除了外出劳作，被牢牢地禁锢在闾里之内。理念上迷信暴力，视民为草芥，消极求安，是一种保守的治安观。这种治安实践所反映出来的治安理念与统治者所宣扬的为政以德、德主刑辅的治安理念恰恰相反。所以，大部分专制统治者的人格是分裂的，虽口称教化，却磨刀霍霍，用严防死守来控制小民任其剥削，当小民面临生存困境而得不到救助时，只有走上犯罪的道路，甚至推翻原有统治，缔造新的王朝，亦开始新的轮回。

第六章　保全为先的传统家庭治安思想

《世范》是古代著名家训之一。它产生于中国古代社会中经济社会较为繁荣开放的南宋时期，对宋明以后的家庭教育方面产生了深远的影响，被《四库全书》编纂者称为“颜氏家训之亚”。[①] 该著内容方面也独具特色，作者袁采“一反前人家训意求‘典正’和一家之教化的传统，立意‘训俗’，除供本家本族遵行之外，还求‘厚人伦而美风俗’的社会教化。这不仅拓宽了家训教化功能，而且为此后开明知识分子利用家训形式实现自己教化社会的理想提供了借鉴”。[②]《世范》共有睦亲、处己、治家三篇，其中，第三篇对着重论述了居家安全管理的策略和理念，时至今日，仍有极强的参考价值。居家安全风险应对包括犯罪、灾害、事故的预防和处置，这里仅从家庭成员犯罪预防、外

---

① 徐少锦、陈延斌著：《中国家训史》，陕西人民出版社 2003 年版，第 412 页。

② 同上书，第 411 页。

来犯罪的预防和处置等方面对《世范》略加分析。

一、预防家庭成员犯罪

在古代刑罚体系中，亲属连坐制度使家庭非常重视对成员犯罪的预防，特别是对子女的管教义务。

1. 培养孩子善良的品格

在一个人社会化过程中如何长成善良的品格，成为社会秩序建构的重要内容。古人已经认识到，在整个教育过程中，家庭教育处于初始与基础的重要地位，一切道德教育和品质培养，如果能够在一个人的“幼稚之时”，就对其训诫诱导，使其“习与智长、化与心成”，那么他们在成人之后，就能对应履行的道德规范，自觉地予以遵守，不会有所谓的“扞格不胜”之患。家训内容的核心是修身、治家、立业，把家庭(族)成员的道德修养置于突出地位，是家中子弟社会化教育的重要组成部分，即“教家立范，品行为先”，[①]这对社会秩序的建构是积极的，也受到统治者的重视，所谓“一家之教化，即朝廷之教化”。[②]通过家庭的教化，使家庭成员符合统治者要求的“善”的标准，其行为自然不会与统治者所倡导的社会规范相违背。正因如此，中国古代家训成为独具特色的一种中华民族的文化传统。袁采在《世范》中提出父母在孩子品格养成过程中要注意以下几个方面：

一是反对溺爱。袁采认为，父母爱护自己的孩子乃人之常情，但溺爱会使孩子养成恶习。他说，对于一般人来说，大多在孩子处在婴孩之时由于过分溺爱而忽略了孩子的坏毛病。放纵他们提出的各种要求，也放纵他们的各种各样的行为，他们无缘无故叫喊胡闹，不知道加以制止，却以此怪怨看护孩子的人。孩子欺侮了其他小孩，大人不懂得管教约束自己的孩子，却怪罪被

① 《孝友堂家训》，转引自《中国家训史》，第14页。

② 《寒松堂集·奏疏》。

欺侮的孩子。有的父母即便是承认孩子的所作所为是不对的，但又说孩子小没有必要责备。日积月累，养成了孩子的恶习，这就是父母过于溺爱孩子造成的过错。

但是，父母应当意识到溺爱带来的问题，而非将孩子的恶习完全归咎于孩子。袁采认为，等到孩子渐渐长大，父母的溺爱之心渐渐淡化，孩子稍稍有过失，便会使父母感到极其厌恶进而大发雷霆，挑拣孩子小小的过错认为是很大的错误。如若遇到亲朋故旧，极尽装饰之能事，设立机巧之辞，历历陈数孩子的过失，并坚决地把大不孝之名加在孩子的身上。但是孩子着实没有其他的罪过，这是父母妄加憎恶的过错。而且，袁采认为，极端的爱憎感情大多首先来自母亲，父亲如果不懂得这个道理，仍然听信孩子母亲的话，认为她说的是不能改变、牢不可破的真理，那么也会犯同样的错误。所以，做父亲的必须详细了解并观察儿子的言行，当孩子小的时候一定要严格地要求他，长大后也不应减少对他的爱。

二是反对偏爱。袁采一再强调爱子不可有偏，因为那样做会导致兄弟之间的矛盾。他说："人之兄弟不和而至于破家者，或由于父母憎爱之偏，衣服饮食，言语动静，必厚于所爱而薄于所憎。见爱者意气日横，见憎者心不能平。积久之后，遂成深仇。所谓爱之，适所以害之也。苟父母均其所爱，兄弟自相和睦，可以两全，岂不甚善！"①他还从功利的角度指出，当子孙办事经常违背自己的意愿也不要太憎恨他，因为"大抵所爱之子孙未必孝，或早夭，而暮年依托及身后葬祭，多是所憎之子孙"。② 可谓世事练达之语。

但是，他也承认父母偏爱幼子的客观现实。他说："同母之子，而长者或为父母所憎，幼者或为父母所爱，此理殆不可晓。"③分析其中缘由，他认为，大

---

① （南宋）袁采："世范"，载李梦苏主编：《中华典藏·名家藏书》，内蒙古人民出版社2003年版，第21页。以下引用本文献，仅注明书名和页码。

② 《世范》，第22页。

③ 同上。

概对人来说，一二岁时，举止行动自然而然惹人喜爱，即使外人看了，也会产生怜爱之心，况且父母呢？长至三四岁到五六岁，放纵地大声哭叫，在很多方面乖违恶劣，不听父母的话，有时破坏器物，常常触动一些危险的东西，大凡是他的言语行动人们都很厌恶。又多淘气顽皮的痴性，不听训斥规劝，虽然是父母也仍然深深地厌恶他。当大孩子正处于使人讨厌的时候，小孩子却恰恰是惹人喜爱之时。父母把连同厚爱大孩子的心一同都移到了小孩子的身上，那么憎爱之情感从此便分得明明白白，于是一直沿续下来。当最小的孩子处于可厌恶之时，在下已没有可以移爱的孩子了，父母之爱自然也没有转移的地方，因此就会自始至终一直喜爱他，其中的大体趋势就是这个样子。针对此种情形，父母应认识到这一点，“稍稍回转，不可任意而行，使长者怀怨，而幼者纵欲，以致破家”。①

三是教育子弟要抓住时机，不要等他长大以后。特别是对一些基本道德规范的教育，他说：“人有数子，饮食、衣服之爱不可不均一；长幼尊卑之分，不可不严谨；贤否是非之迹，不可不分别。幼而示之以均一，则长无争财之患；幼而教之以严谨，则长无悖慢之患；幼而有所分别，则长无为恶之患。”②这些教育中包含着对家长的要求：家长对诸多子弟，不能厚此薄彼，以免将来引起纷争；家长要对以少犯长者或以长陵少者加以训责，以免将来违背怠慢长辈；家长要疼爱品行端庄的孩子，批评不肖子弟，以免孩子将来为不肖之事。他说：“今人之于子，喜者其爱厚，而恶者其爱薄。初不均平，何以保其他日无争？少或犯长，而长或陵少，初不训责，何以保其他日不悖？贤者或见恶，而不肖者或见爱，初不允当，何以保其他日不为恶？”③

四是身教胜于言传。袁采说：“人有数子，无所不爱，而为兄弟则相视如仇仇，往往其子因父之意遂不礼于伯父、叔父者。殊不知己之兄弟即父之诸

---

① 《世范》，第23页。
② 同上书，第20页。
③ 同上。

子，己之诸子，即他日之兄弟。我于兄弟不和，则己之诸子更相视效，能禁其不乖戾否？子不礼于伯叔父，则不孝于父亦其渐也。"①所以想要使自己的几个儿子和睦相处，必须以我和自己的兄弟和睦相处的例子给他们看。如果想要使我的儿子们日后能孝顺我，就必须首先让他们做到善待叔父、伯父们。

家庭的教化与社会教化结合起来，社会成员普遍接受以"礼"为内容的行为规范体系，创造了一个"社会秩序恒自尔维持，若无强制之力"的奇迹，被梁漱溟先生称为"中国文明的一大异彩"。②

2. 培养孩子谋生的能力

在中国古代社会，先贤们更是注意到人的社会经济条件对其行为的制约，如孟子言"有恒产者有恒心，无恒产者无恒心"；③管子曰"仓廪实则知礼节，衣食足则知荣辱"；④凡此等等。当然，犯罪行为也不例外，行为人的经济条件往往影响到其犯罪动机的形成。先贤们认为，社会成员的贫困是犯罪发生的主要原因之一，这种贫困不是"一箪食，一瓢饮，居陋巷"，⑤而是饥寒致死的威胁。⑥ 面临饥寒带来的死亡威胁，又无合法的途径可寻求，或转死沟壑，或铤而走险。对铤而走险的犯罪者而言，做出犯罪行为时，所有法律、秩序、惩罚都是伪命题。从国家层面自然有发展生产、轻徭薄赋、提供社会保障（如赈灾、济贫、抚恤孤寡）、安置流民等多种措施来解决预防犯罪，而从一个家庭方面，其成员具有谋生的能力就变得尤为重要。常言道："腰缠万贯不如一技在身。"子弟谋生能力的培养在《世范》中受到重视，袁采非常重视子弟的立

① 《世范》，第36页。

② 梁漱溟著：《中国文化要义》，上海人民出版社2005年版，第175页。

③ 《孟子·滕文公上》。

④ 《管子·牧民》。

⑤ 《论语·雍也》。

⑥ 宋建炎三年（1129年）给事中胡进修上疏曰："昔人常谓甑中有麦饭数升，床上有一故絮被，虽仪、秦说之于先，韩、彭驱之于后，不能使之为盗。惟其冻饿无聊，日与死迫，然后忍以父母妻子所仰之身，而弃之于盗贼。"《鸿庆居士集》卷42，《胡公行状》。

业，他说：“人之有子，须使有业。”[①]而立业的重要途径是“致学”。这里分而述之：

一是立业方面。袁采认为，无论是贫困之家，还是富贵之家，皆须使子弟立业。贫穷的家庭使孩子有了正当的营生（职业），那么就不至于受饥寒之苦；富贵之家，使孩子有职业，则孩子就不至于由于无所事事而胡作非为。因为，大凡富贵之家的孩子，常有一些不良嗜好，“耽酒色，好博弈，异衣服，饰舆马”，并且总是与不务正业的群小为伍，甚而至于使家庭破败，这并不是由于他们的本心不好，而是由于他们“无业以度日，遂起为非之心”。[②] 同时，还有心术不正的小人对他们这种胡作非为大加赞扬，是为了得到美食和钱财的好处，常常趁虚而入，推波助澜，使他们坏事做得更多。

所以，在袁采看来，使青少年在成长中，学会某种技能，具备基本的生存能力，才是真正地爱他。他也认识到这种做法的犯罪预防功能。它不仅使富者子弟不胡作非为，而使贫者子弟免于饥寒，预防因贫犯罪。他还强调无业的危害，尤其是无业者容易沾染其他恶习，总结道：“凡人生而无业，及有业而喜于安逸，不肯尽力者，家富则习为下流，家贫则必为乞丐。凡人生而饮酒无算，食肉无度，好淫滥，习博弈者，家富则致于破荡，家贫则必为盗窃。”[③]在当下社会，众人已认识到应试教育的缺点，越来越多的人提出要注重培养孩子的独立自主生活能力。

二是“致学”方面。袁采认为，士大夫子弟的首要选择是“致学”。他说：“士大夫之子弟，苟无世禄可守，无常产可依，而欲为仰事俯育之资，莫如为儒。其才质之美，能习进士业者，上可以取科第致富贵，次可以开门教授，以受束修之奉。其不能习进士业者，上可以事笔札，代笺简之役，次可以习点读，为童蒙之师。如不能为儒，则医卜、星相、农圃、商贾、伎术，凡可以养生而

① 《世范》，第18页。

② 同上。

③ 同上书，第104页。

不至于辱先者,皆可为也。”[1]通过致学,最起码可具备通过一技之长养活自己的能力。否则,流浪街头,成为乞丐、盗贼,“此最辱先人之甚”。他认为,世上做不了儒生,又不肯做医生、僧侣、农人、花匠、商人、工匠而心甘情愿去做乞丐、盗贼的人,是最应该谴责的。凡是那些为了求得吃喝而在权贵面前强颜欢笑的、为了借贷钱物而在富人面前卑躬屈膝的、到寺庙道观里去乞讨饮食而被人称为“穿云子”的,都是乞丐一类的人。

三是强调子弟读书的无用之用。袁采认为,富贵子弟教育子弟读书,当然想让他们在科举中取得功名,并且更深一层探究圣贤言论行为中的精微之处。然而,人的命运注定有的仕途不顺,有的却仕途畅达;各人的性情资质也不同,有的昏暗迟钝,有的明朗灵活。所以,不能苛责每一个人都能达到预定的目标。尤其不能因为他们没有达到预期的目的而让他们放弃学业。大凡子弟读书,本来就有所谓的没有用处的用处存在,即“自有所谓无用之用者存焉”。子弟们读的书中也有许多看似无用其实有大用的书籍存在,如“史传载故事,文集妙词章,与夫阴阳、卜筮、方技、小说,亦有可喜之谈,篇卷浩博,非岁月可竟”。[2] 而且,在袁采看来,这种读书使子弟沉溺于书海,无暇、无心为非作歹,真是一种别样的犯罪预防。他说:“子弟朝夕于其间,自有资益,不暇他务。又必有朋旧业儒者,相与往还谈论,何至饱食终日,无所用心,而与小人为非也。”[3]当然,这也只能适合饱食终日的富贵子弟,否则,贫困子弟只能像潦倒的孔乙己,为窃为偷,自当无暇经书。

3. 严防子孙的不良行为

在教刑并用的中国古代社会,家是国的缩影,家亦有罚,而且统治者一般支持家的罚。家族对家庭成员的惩罚依据往往是统治者所推崇的道德规范,所以统治者当局一般也采取默许的态度,这对于生产力较为低下的小农社会

① 《世范》,第 103 页。
② 同上书,第 19 页。
③ 同上。

来讲，一定程度上节约了教育和司法成本。袁采在《世范》中也强调对子孙不良行为和交往的处理，主要表现在以下几个方面：

一是平时注意子孙的行为表现，及时发现、制止其不良行为。袁采认为：“子弟有耽于情欲，迷而忘返，至于破家而不悔者，盖始于试为之，由其中无所见，不能识破，则遂至于不可回。”[①]所以要防微杜渐，及时预防。这需要家长主动去留心子弟的行为，因为“子孙有过，为父祖者多不自知，贵宦尤甚”。[②]究其原因，大凡子孙们都有了过错，总会想方设法地隐瞒住父亲和祖父，不让他们知道。而外面的乡邻等众即使知道或听说了，仅只私底里讥弹讽笑罢了，并不让他们的父亲和祖父得到什么消息。更何况他们的父亲和祖父如是乡里的权贵豪富时，人们平时相见都难得，一旦相见，相互吹捧恭维尚且来不及，又哪里有空或敢说些其子孙是是非非的言语。兼且作为父亲、祖父的人都自以为自己的子孙比别家的好，反会把别人间或的指责当作诬蔑而内心感到嫌恶。故而就算子孙有了滔天大罪，其父亲、祖父也会被蒙在鼓里。其中有些家庭可能家教稍微严厉些，但又有母亲、祖母为子孙作庇荫而袒护他们的罪行，不让他们的父亲、祖父有所察觉。

他还论及不同家庭背景的子弟不良行为的危害不同：“富家之子孙不肖，不过耽酒、好色、赌博、近小人，破家之事而已。贵宦之子孙不止此也。其居乡也。强索人之酒食，强贷人之钱财，强借人之物而不还，强买人之物而不偿。亲近群小，则使之假势以凌人；侵害善良，则多致饰词以妄讼。乡人有曲理犯法事，认为己事，名曰担当；乡人有争讼，则伪作父祖之简，干恳州县，求以曲为直；差夫借船，放税免罪，以其所得为酒色之娱。殆非一端也。其随侍也，私令市贾买物，私令吏人买物，私托场人买物，皆不偿其直；吏人补名，吏人免罪，吏人有优润，皆必责其报；典卖婢妾，限以低价，而使他人填赔；或同

① 《世范》，第95页。
② 同上书，第40页。

院子游狎,或干场务放税。其他妄有求觅亦非一端,不恤误其父祖陷于刑辟也。”可见,这些不良行为给一个家庭带来灭顶之灾。凡是做长辈的都应深悉这种事情的危害,时时防备着子孙做些邪行恶事,更要时时向乡邻询问访察他们是否在外作奸犯科。这样才能勉强保证子孙们不会走上邪路。

二是对子弟交游适当控制。袁采认识到年轻人交往中会出现的一些不良行为,但反对“绝其交游”的做法。他说:“世人有虑子弟血气未定,而酒色博弈之事,得以昏乱其心,寻至于失身破家,则拘之于家,严其出入,绝其交游,致其无所见闻,朴野蠢鄙,不近人情。殊不知此非良策。禁防一弛,情窦顿开,如火燎原,不可扑灭。况居之于家,无所用心,却密为不肖之事,与出外何异?”①他提出一个较为实际而开明的做法:按时让他们出去,告诉他们交朋友要谨慎,对于那些不该做的事他们眼见耳闻,心中有数,自然能够看得出来,一定知道羞愧而不做那样的事。即使试着去做这样的事,也不会愚蠢鄙陋,完全被小人左右愚弄。

三是追求父慈子孝的亲子关系。袁采对父子关系的追求仍是儒家所推崇的父慈子孝,但要做到这一点,父子双方都应反思自身,各尽其道,不要互相指责。“人之父子或不思各尽其道,而互相责备者,尤启不和之渐也。若各能反思,则无事矣。”②善为人子者,方能善为人父,前辈就是后辈的榜样。如果父亲常念“今日为人之父,盖前日尝为人子”,于事亲之道能够做到尽善尽美,为子者不用教诲告诫也能够去效法模仿。而“前日事亲之道,有所未善”,对子女的教育就没有说服力。如果子女常念“今日为人之子,则他日亦当为人之父”,深悟父辈待我之厚,他日对待子女也会像父亲一样,做到俯仰无愧。所以,父子只有各尽其道,反思自己的行为是否正确,互相理解,才能保持双方关系的和睦与融洽。在充满理解的同时,袁采主张父亲对子弟严格管教,

① 《世范》,第96页。
② 同上书,第8页。

他说：“慈父固多败子，子孝而父或不察。”其理由源于其对人性趋利避害的认识，曰“盖中人之性，遇强则避，遇弱则肆。父严而子知所畏，则不敢为非；父宽则子玩易，而恣其所行矣”。①

二、预防盗贼侵入的策略

《世范》中论及多种居家安全防范策略，比较重视从多方面消除有利于犯罪的条件，这里不妨结合当代情境预防理论加以解读，主要有以下几个方面：

1. 增加犯罪的困难

袁采认为，“人之治家，须令垣墙高厚，藩篱周密，窗壁门关坚牢，随损随修。如有水窦之类，亦须常设格子，务令新固，不可轻忽”。② 犹如当代情境预防犯罪理论，围墙、门、窗、水窦护栏不仅要坚固，而且要及时维护，其不仅增加侵入犯罪的困难，同时也增加其暴露的风险，即“虽窃盗之巧者，穴墙剪篱，穿壁决关，俄顷可辨。比之颓墙败篱、腐壁敝门以启盗者有间矣”。这样做，还“免奴仆奔窜及不肖子弟夜出之患”。可谓一举数得，为明智之举。因为在袁采看来，如果发生了外来的窃盗和家内“有奔窜及子弟生事，纵官司为之受理，岂不重费财力”！③ 同时，袁采还注意到，若是住在山谷村野僻静的地方，要在附近“要害去处”盖些房屋，“招诱丁多之人居之。或有火烛、窃盗，可以即相救应”。④ 这在冷兵器时代的中国传统社会，人多显然是增加了防范的力度，加大了犯罪的困难。另外，在儿童安全方面，袁采提出“非有壮夫携负，不可令游街巷，虑有诱略之人也”。⑤ 可谓思虑甚周。

---

① 《世范》，第9页。

② （南宋）袁采：“世范”，载李梦苏主编：《中华典藏·名家藏书》，内蒙古人民出版社2003年版，第110页。以下引用本文献，仅注明书名和页码。

③ 《世范》，第110页。

④ 同上书，第111页。

⑤ 同上书，第118页。

2. 增加犯罪被发现的风险

袁采比较重视通过巡逻来保护家庭的安全，并结合所居住的环境来进行相应的设计，从外到内分不同层次进行巡逻。他说："屋之周围须令有路，可以往来，夜间遣人十数遍巡之。善虑事者，居于城郭，无甚隙地，亦为夹墙，使逻者往来其间。若屋之内，则子弟及奴婢更迭巡警。"①显然，这是普通的民众做不到的，而是那些有较大宅院的富贵之家。袁采主张要提高警惕，加强防范意识，这也有利于增加犯罪被发现的风险。他说："凡夜犬吠，盗未必至，亦是盗来探试，不可以为他而不警。夜间遇物有声，亦不可以为鼠而不警。"②这里同时说明了当时家庭防范普遍有狗，它的存在大大增加了犯罪被发现的风险。袁采还指出："清晨早起，昏晚早睡，可以杜绝婢仆奸盗等事。"③显然，早睡早起使婢仆行动得到一定控制，奸盗行为发生的话，较为容易被发现。

3. 减少犯罪收益

袁采认为，"富厚之家若多储钱谷，少置什物，少蓄金宝丝帛，纵被盗亦不多失。前辈有戒其家：'自冬夏衣之外，藏帛以备不虞，不过百匹。'此亦高人之见，岂可与世俗言"！④ 通过少置轻便、贵重物品，这样即使被盗，损失也较小。这与当前情境预防中减少便利店的现金存量、鼓励刷卡消费等策略有异曲同工之妙。

4. 减少对犯罪的诱惑

袁采认为，富人家不要多置贵重家当，也不要以自己物多、物贵而夸耀，否则会招来盗贼。他说："多蓄之家，盗所觊觎，而其人又多置什物，喜于矜耀，尤盗之所垂涎也。"⑤在袁采看来，为富不仁也是招盗之由，他认为："劫盗虽小人之雄，亦自有识见。如富家平时不刻剥，又能乐施，又能种种方便，当

---

① 《世范》，第112页。
② 同上书，第111页。
③ 同上书，第120页。
④ 同上书，第113页。
⑤ 同上。

兵火扰攘之际，犹得保全，至不忍焚毁其屋瓦。盗所快意于焚掠辱者，多是积恶之人。富家各宜自省。”[①]袁采提醒世人不要给小孩佩戴金银珠宝，招人觊觎，他说：“富人有爱其小儿者，以金银宝珠之属饰其身。小人有贪者，于僻静处坏其性命而取其物，虽闻于官而置于法，何益？”[②]为防止有人趁机犯罪，袁采反对在家里聚赌，他说：“士大夫之家，有夜间男女群聚而呼卢至于达旦，岂无托故而起者。试静思之。”[③]对于“尼姑、道婆、媒婆、牙婆及妇人以买卖、针灸为名者，皆不可令入人家。凡脱漏妇女财物及引诱妇女为不美之事，皆此曹也”。[④]

5. 预防仆人犯罪

一般有家训传世的，大都家道富殷，或中产之家，故而都雇佣奴婢供其使用。这就牵涉对他们的人事管理问题，也存在防范这些人的犯罪风险，犹如今天一些企业雇佣员工一样。袁采提出雇用仆人时要注意的几个方面：第一是人品方面。他认为雇用仆人，要选那些“朴直谨愿、勤于任事”的，而不必要去其一定“应对进退之快人意”，[⑤]更不要用“异巾美服、言语狡诈”的轻浮之人，[⑥]子弟容易在“俏黠”之仆的引导下“生事为非”，是为大害。[⑦] 第二是雇用婢仆要明其来历，履行法律手续。雇用婢仆最好是本地的，如果他们患病，可交由其亲属进行扶持；如有自残行为，可以有亲属明其事因，公私方面都可以得到证明，以免不必要的纷争。如果雇佣外地人要问清来历，并根据不同情形经过中间人牙保（自家人要回避）或官府签订契约。即使签订契约后，也不可不细询其来历，如发现良人子女为人所诱略拐卖。则立即告官，不可以婢

---

① 《世范》，第 114 页。
② 同上书，第 118 页。
③ 同上书，第 120 页。
④ 同上书，第 128 页。
⑤ 同上书，第 121 页。
⑥ 同上。
⑦ 同上。

仆还与卖家，虑残其性命。第三是对于婢仆不良行为的处理。婢仆有奸盗及逃亡者，宜送之于官，依法治之，不可私自鞭挞，以免发生意外之事。对于并非出于自己的意愿而逃亡，或盗窃一些“饮食微物”，应当考虑其平日的辛苦劳顿，稍微惩戒一下，仍可留用。第四是关心奴婢安全。要关心奴婢的生活，“衣须令其温，食须令其饱”；奴婢的住处要经常检点，“令冬时无风寒之患”；奴婢有病应送外医治。

三、保全为先的犯罪处置策略

预防是犯罪应对的重中之重，但一旦危险发生，又不得不进行处置，科学合理的处置能有效减轻危险带来的损失。在以家庭人身、财物安全为目标的前提下，袁采论述了以下几种处置策略：

1. 逐盗而非捉盗

袁采认为，夜间发觉有盗，就直言：“有盗。”接下来并不是跳下床捉盗，而是“徐起逐之”，这样的话给盗贼留下逃跑的时间，“盗必且窜”。[①] 他告诫世人：“不可乘暗击之，恐盗之急以刀伤我，又误击自家之人。”[②]可见，他并不鼓励人们与盗贼搏斗，以免带来更大的伤害。但是，“若持烛见盗，击之犹庶几，若获盗而已受拘执，自当准法，无过殴伤”。[③] 这种情况下，击伤盗贼是不得已的事情，但盗贼已被抓获，就应该送交官府，不能对他进行过多伤害。这种理念充满人性，在人们反思那种鼓励人们与盗贼做斗争，致使盗贼从一个盗窃犯罪演变成一个抢劫，甚至杀人犯罪的情况下，无疑是值得提倡的。

2. 理智应对劫盗

群盗是中国传统社会中的顽疾。“劫盗有中夜炬火露刃，排门而入人家

---

① 《世范》，第 112 页。

② 同上。

③ 同上。

者，此尤不可不防。”[①]然而，这种“防”只能是应对。袁采提出几种策略：第一，设置岗哨。“须于诸处往来路口，委人为耳目，或有异常，则可以先知。”[②]这为应对赢得时间。第二，转移妇幼。尽管预知劫盗，“仍预置便门，遇有警急，老幼妇女且从便门走避”。[③]无论能否敌得过劫盗，妇幼的安全首先得到保障。第三，积极御敌。与劫盗对抗如能战胜则可使自身安全得到最大化保障，所以“须子弟及仆者，平时常备器械，为御敌之计”。但是，御敌之策是“可敌则敌，不可敌则避”，并不是硬拼，且“切不可令盗得我之人，执以为质，则邻保及捕盗之人不敢前”。[④]

3. 财物遭窃处置

袁采认为，在财物遭窃以后，要立即寻找，但不要胡乱猜疑。如果你及时寻找的话，偷窃的人看见风声太紧，就会把东西扔到僻静处，你就可以把失物找回去。如果东西丢失后，不是马上寻找，丢失的东西就会被小偷转移出去，就更不能找到了。丢失东西后胡乱猜疑则只能把事情弄得更糟。如果猜中了，小偷就会感到心虚，恐怕会生出其他的事情；如果猜疑不当，那样偷东西的人会反而感到高兴。何况疑心一生，你看到的被你怀疑的人的一举一动、一言一行都像偷东西的人，但是，实际上被怀疑的人并没有偷东西。有时你把这种怀疑说出去，有时没有任何根据地把被怀疑的人抓去治罪，丢失的东西却又找到了，或者是真正偷东西的人刚刚被抓住，这时，你再后悔也无济于事了。

4. 和睦邻里以增救应

袁采提出邻居间要和睦相处，平日多加抚恤，有事相互照应；不要让自家的小孩损坏邻居的花果树木，不要让自家的牛羊鸡鸭践踏、啃啄邻居的庄稼；乡里有造桥修路的公益事业，要尽力予以资助；等等。增加睦邻关系，在当下

---

① 《世范》，第113页。
② 同上。
③ 同上。
④ 同上。

的语境，即增加了社会资本，无论是应对犯罪，还是灾害事故，都是有利的。袁采对于火灾的处理，强调除了做好基础设施，更重要的策略就是和睦邻里，以获帮助。他说，“居宅不可无邻家，虑有火烛，无人救应”。[①] 有救火之人，还要有救火之物，“宅之四围，如无溪流，当为池井，虑有火烛，无水救应”。[②] 他强调，平时居家生活要“抚恤邻里有恩义”，他举了一个例子说：有士大夫平时多依仗自己的官势残虐邻里，一日有仇人来杀害他的家人，烧其屋宅。邻里不但不救助，反而互相告诫：“若救火，火熄之后，非惟无功，彼更讼我，以为盗取他家财物，则狱讼未知了期。若不救火，不过杖一百而已。”[③]邻居甘愿受杖而坐视其宅屋化为灰烬，生活用品、物具被烧毁无遗。这都是他平时暴虐邻里所导致的。

本章小结

袁采所论是从居家安全的角度，对家庭中常见的盗贼、通奸、掠卖儿童等治安问题进行预防和处置，其策略比较适合当时的社会经济条件，其防范原理与今天所采用的犯罪预防原理并没有太大的差别，有着极强的借鉴意义。在防范策略上，袁采是地主、官宦的代表人物，受宗法制度的影响。这些家庭多采用家族聚居的方式，许多防范措施在今天的社区或单位仍然适用，如社区保安队的巡逻、社区出入口控制、社区公共区域增加自然监控的设置等，只不过随着安防科技的发展，原有的一些措施被替代或强化，如用电子围栏代替了高墙、增加了侵入报警系统、增加了视频监控设备等。在防范意识上，更不会随着时代的变迁而失去意义，而且应该加强，特别是现代高科技防控设施的采用使人觉得“安全”的情况下，更不应该放松警惕。同时，我国地域发展极不平衡，在广大的农村地区，许多预防措施具有很强的生命力。

---

① 《世范》，第 116 页。

② 同上。

③ 同上。

第七章　中国传统治安思想的特征及其当代意义

中国传统治安思想是历代思想家和政治家关于治安问题表现、治安问题原因和治安对策的思想结晶,其内容丰富、特点鲜明,构成人类治安文化的一部分。传统文化是中国国情的一部分,完全弃之不顾或者否认其影响是历史虚无主义。尽管社会发展日新月异,但对传统治安文化的理解有利于对当下治安问题的理解和治安决策。

一、中国传统治安思想的特征

1.古代先贤创造了先进的治安文化

古人对治安问题的认识是较为成熟的,所提出的对策也是较为符合当时的社会经济状况,并取得了诸多成功。特别是对人为什么犯罪的思考,与许多现代犯罪学理论类似。在犯罪原因方面,先秦时期对人性的趋利避害与古典犯罪学派的功利主义思考是相似的;孔子、董仲舒、韩愈、李觏等思想家关于“上智”、“中人”、“下愚”的论述,把人的生理、心理因素作为其行为善恶的原因，与现代犯罪生物学、犯罪心理学的某些理论具有相似的逻辑；关于因贫致盗的论述与以默顿的紧张理论为代表的社会结构理论有着相似的逻辑；孔子、墨子、荀子、贾谊等人关于环境对人的影响与萨瑟兰差异交往理论为代表的学习理论有着相似的逻辑；等等。在上述理论的基础上，形成了以个人和社会两个方面为主的综合原因论。相应的，在犯罪对策方面，着重以人的社会化和经济条件的改善为主要内容，这与西方犯罪学中的社会控制理论有着相似的逻辑和内容。显然，中国古代的这些思想内容都远远早于西方现代犯罪学理论的产生。在实践层面，社会治安的基本措施更显示着人类社会的共通性。例如，家庭和社会对个人的教育，围墙、城堡等基本的物理防范手段，基层社区的邻里联防，①等等。这些基本治安举措符合人类社会最基本的规律，直至当代社会仍是社会治安最不可或缺之途径。所以，批判继承古代治安思想，这些基本的内容是核心。

2. 传统治安思想的根本目标始终是统治者及其政权安全

考察中国传统治安思想的发展历程，从殷商时期的神权治安，逐渐发展出以民本为手段、以君本为目标的皇权治安。殷商时期社会秩序的建构主要以天意、神旨为曲直，统治者借助巫术、占卜与神灵沟通、躬行天之罚，是谓神权治安思想。西周灭商后，面临着商朝灭亡的问题，即上天保护商朝，为什么商朝也灭亡了？周公把商朝灭亡的原因归咎于商王不敬上天，“惟其不敬德，乃早坠厥命”。② 周公通过对商朝灭亡的思考总结出“德”的概念，指出统治者“德”之有无是其统治是否受到天命眷顾的原因，统治者要稳固统治必须“以德配天”，“以德祈天”。这样一来，统治的稳定与否取决于统治者本身的“德”行，只要统治者合乎“德”的要求，其统治就会得到上天的支持、甚至保

① 中国古代除了先秦的什伍联防制度，还有北魏李崇创立的击鼓警盗制度，以及结合二者的宋以后的保甲制度；西方社会最具代表性的是由英格兰威斯敏斯特法固定下来的呼警制度，该法赋予成年男子拥有武器的权利和听到守夜人或受害人关于警情呼喊而追捕盗贼的制度。

② 《诗·大雅·文王》。

障，据此，周公大胆推断，“天不可信，我道惟宁王（文王）德延”。[①] 在周公眼里，周朝代商而立，并非依赖天帝的恩赐，而是依靠统治集团自身的德行的努力。他进一步提出“以德配天，明德慎罚”的治安思想，“以德配天”就是要做到“敬天”、“敬祖”和“保民”，“明德慎罚”就是先德后罚，德主罚辅。“明德”的途径主要是“礼”的实现，即明确不同阶级社会成员权利义务的规范，来建构社会秩序，违反了“礼”也就破坏了统治者所主张的社会秩序。“礼”如今日之道德规范和法律，“礼”治思想提供了中国传统治安思想的基本元素，为后世思想家阐发，成为两千多年传统社会治理之基本信条。

在“礼”的框架下，统治阶级的利益得到极大保障，民众的权利受到多重限制，后者只能无条件服从前者。当然，民众的反抗使统治阶级认识到其力量之巨大，所以，认识到适当保障民生有利于统治秩序，而这种认识为民本思想提供存在空间。统治者的开明程度决定着这种空间的大小，在这个狭小的空间内统治阶级与民众的利益有着表面上的趋同。虽然，历史上一些君王及其代理人的勤政爱民思想及举措客观上有利于民生福祉，但其改变不了其追求的终极目标——皇权永续。

3. 传统治安思想在治安策略上强调预防

中国传统社会治安思想中，预防治安问题的发生是首要战略，追求“不战而屈人之兵”的防范境界。鉴于“盗贼”的发生会带来社会秩序的破坏，历代统治者莫不追求未雨绸缪，防患于未然，控制“盗贼”在“未兆”、“未萌”、“未形”、“微”、“未乱”阶段。绝不能做一只愚蠢的青蛙，要做到见微知著，防微杜渐。管子认为，社会治理需要民行为合乎社会规范，就“正”避“邪”。要想民不做出违法的行为，则要从禁止民的“微邪”做起。“微邪”是大恶大奸行为的源头，如果得不到禁止，而想使一国社会秩序不受到破坏，是做不到的。[②]

---

① 《尚书·君奭》。

② 《管子·权修》。

但只有有远见的人才能够在祸患没有形成的时候就预防它,即“备患于未形”。[①] 老子虽以“无为”称著,但其预防的观念却是积极的,他提出要“为之于未有,治之于未乱”,告诫人们要在治安问题发生之前采取措施,这里的“为”、“治”都是一种积极的治安理念。韩非也明确指出“治民者,禁奸于未萌”,[②]只是其治安策略上选择“以刑止刑”,以达预防目的。贾谊高度评价了管子、老子的预防思想,他认为备患于未然是治安治理的上策;[③]如果做不到“绝恶于未萌”,就要“起教于微眇”,对发生的轻微违法行为,通过法律的处罚防其进一步发展,使民“日迁善远罪”,这种做法在贾谊看来是“智禁于微”,是治安防范的“次”策。[④] 董仲舒认为,重视治安预防的思想,是《春秋》中主要思想。[⑤] 葛洪以治疾喻治安,真正明白治病之道的,在于避免发生疾病;而治安治理的关键环节,在于阻遏将来的治安问题。[⑥] 作为中国传统立法的代表之作,《唐律疏议》也体现了立法者重视预防的理念,其《名例》强调“惩其未犯,而防其未然”。这使犯罪预防思想在现实的社会治理规范得到贯彻。晚唐白居易把预防思想推崇为“古先圣王之理”,它使治安主体处于主动控制地位,“制欲于未萌,除害于未兆”,而不是被动应付,这样一来,治安治理工作“静无败事,动有成功”,一切尽在掌握之中。[⑦]

预防的观念来源于对事物发展规律的认识。事物的发展有一个从小到大、从微到著的过程,“合抱之木,生于毫末;九层之台,起于累土”。[⑧] 治安问题的发生和社会秩序的紊乱是一个渐进的过程。贾谊认为,天下的“安”、

① 《管子·牧民》。
② 《韩非子·心度》。
③ 《新书·审微》。
④ 同上。
⑤ 《春秋繁露·俞序》。“绝乱塞害于将然而未形之时,《春秋》之志也。”
⑥ 《抱朴子外篇·用刑》。
⑦ 《全唐文》卷669。
⑧ 《老子》第64章。

“危”并非是“一日”之间形成的,“皆以积渐然”。① 他提醒统治者:不能因为善的行为太小就认为它没有益处,也不可因为恶的行为太小就认为它没有危害,如果“轻始而傲微,则其流必至于大乱”。② 董仲舒强调,“凡百乱之源,皆出嫌疑纤微,以渐寖稍长至于大”,③即所有的治安问题都有一个自小到大的发展过程。圣明的统治者能够辨别、并防止小的治安问题发展壮大,以达治安效果,“圣人之道,众堤防制类也”。④ 在治安问题初发阶段,治安控制容易获得成功。老子认为,只有在问题“未兆”、“微”之时,才能“易谋”、“易散”。⑤葛洪比喻道,钻燧取火时得到的火种,用一勺水就可轻易浇灭;鹄在卵中还未孵化时,用一根指头就可以将其打破。但等到火借风势成燎原大火,鹄展六羽一飞冲天,“虽智勇不能制也”。此间难易,可想而知。所以,圣明的君主“治难于其易,去恶于其微”。⑥ 如果不重视预防,治安治理实践中也容易失败,到时后悔已晚。白居易总结一些君王,“莫不欲逞于始,悔追于终,政失于前,功补于后。利害之效,可略而言”。治安问题发生后再加以治理的做法,虽然成功了,但是不如采取预防的办法,防微杜渐。如平定兵乱、惩治贪官、赈济贫寒,就不如采取优待军旅、任贤使能、轻徭薄税等措施,使兵安而不暴乱、官贤而不至于奸邪、民足衣食而不至于冻馁。⑦

重视预防的思想中也包含着对安、危辩证关系的认识。治安问题(危)的发生与治理,往往经历一个这样的过程,即从天下太平(安)逐渐到治安问题发生(危),经过治理,从治安问题(危)到天下太平(安)。其中治安问题治理的这个环节是要耗费巨大的代价,甚至可能失去自己的政权。这样一来,应

① 《汉书·贾谊传》。
② 《新书·审微》。
③ 《春秋繁露·度制》。
④ 《春秋繁露·俞序》。
⑤ 《老子》第64章。
⑥ 《抱朴子外篇·用刑》。
⑦ 《全唐文》卷669。

对治安问题的代价最高是失去政权,最低可能是零(治安问题没有发生)。后者便是历代统治者追求的最便捷治安途径,这个途径的实现是通过预防来实现。孟子言"生于忧患而死于安乐",①可以理解为以不安(忧患)致安而生,以安逸(安乐)致不安而死。诸葛亮也说"夫危生于安,亡生于存,乱生于治"。② 明太祖朱元璋总结道:"安生于危,危生于安。安而不虑则能致危,危而克虑则能致安。安危治乱,在于能谨与否耳。"③他又言:"忧患之来,常始于晏安者也。明者能灼于未形,昧者犹蔽于已著,事未形犹可图也,患已著则无及矣";④"古之贤君常忧治世,而古之贤臣亦忧治世者,世常治"。⑤ 清康熙皇帝也强调,帝王治理天下,为"图久远",要以"敬天法祖"为本,"制治于未乱,保邦于未危"。⑥ 治安预防是对着眼于未然,诸葛亮将其称为"思虑之政",他说:"君子视微知著,见始知终,祸无从起,此思虑之政也。""思虑之政,谓思近虑远也。夫人无远虑,必有近忧,故君子思不出其位。"⑦

4. 富而后教、礼刑并用是形塑社会成员的理想模式

中国传统治安思想中,对盗贼发生原因的认识中,主要是人性中对欲望追求的无节制和生存环境恶化(包括经济绝对贫困、官吏侵扰等)两个方面。因此,在对策方面,强调通过多种渠道推行以礼为主要内容的教化,使社会成员接受统治者主导的社会规范。这样一来,就会使社会成员"随心所欲而不逾矩",也就不会触犯统治阶级的利益。为了教化的实现,思想家提出了两条策略:

一是富而后教。管子言:"仓廪实而知礼节,衣食足而知荣辱。"这说明只

① 《孟子·告子下》。
② 《诸葛亮集·治国十六策·思虑第十五》。
③ 《明太祖实录》卷127。
④ 《明太祖实录》卷58。
⑤ 《明太祖实录》卷19。
⑥ 《清史稿·圣祖本纪》。
⑦ 《诸葛亮集·治国十六策·思虑第十五》。

有这样的背景下，社会成员才有接受各种伦理、规范的心理基础。儒家更加强调富而知礼的中间环节——教育，即“富而后教”。所以，历代统治者和思想家深知安民要首先要让民众吃饱穿暖。白居易对此有着精当的论述：“教之废兴，系于人之贫富也。圣王不患刑之繁，而患罪之众；不患教之废，而患人之贫。故人苟富，则教斯兴矣；罪苟寡，则刑斯省矣。是以财产不均，贫富相并，虽尧舜为主，不能息忿争而省刑狱也；衣食不充，冻馁并至，虽皋陶为士，不能止奸宄而去盗贼也。”①但是，占据主导地位的儒家思想主张重义轻利的，宋代理学甚至将义利对立起来，这也使他们主张的富民只是停留在不冻不饥的状态，而非如春秋齐国管子、汉时司马迁、北宋李觏、南宋叶适等功利主义所主张的富民，强调中产阶级对社会稳定的贡献。这样，其富而后教的主张在实践中是很打折扣的。甚至，有学者认为：“儒家文化贵义贱利的泛道德主义取向不仅窒息了中华民族的创造性和社会发展的生机，使中国无由产生现代文明；而且使其伦理体系沦为僵化的道德教条而渐失其规范力量，而流为虚渺的‘不落实的文化’。”②

二是礼刑结合。将礼的主要内容加以刑法化，对违反者施以严厉的刑罚打击。所以，礼刑结合成为中国传统治安思想的一个显著特征。唐朝白居易曾提出“刑礼道迭相为用”的论断。当然，这是他对各种治安举措功能的认识基础上提出的，即“夫刑者可以禁人之恶，不能防人之情；礼者可以防人之情，不能率人之性；道者可以率人之性，又不能禁人之恶。循环表里，迭相为用”。③ 白居易通过对唐朝中期政治形势的深刻洞察，以极为务实的态度提出了具有现实主义色彩的“刑、礼、道迭相为用”的治安思想，即“臣闻人之性情者，君之土田也，其荒也则薙之以刑，其辟也则莳之以礼，其植也则获之以道。故刑行而后礼立，礼立而后道生，始则失道而后礼，中则失礼而后刑，终则修

① 《全唐文》卷671。
② 高力克：“富民思想与义利之辩”，载《浙江学刊》1996年第1期。
③ 《全唐文》卷671。

刑以复礼，修礼以复道。故曰刑者礼之门，礼者道之根，知其门，守其根，则王化成矣”。他认为，促进社会成员对“礼”（社会规范）的遵守，不是某一种手段就可以解决，是儒、道、法融合的结果。道家的无为可以给小民宽松的生存空间，解决人的经济条件；儒家的教化则在人足衣食的基础上方得以实施并取得较好的效果；对于教化的失败者，通过刑禁来吓阻；从而实现社会成员对社会规范的遵从，也是一个“善”的人格的养成。但是，刑礼道并非是时时处处并驾齐驱、等量适用的，往往是统治阶级从自身利益出发、因时因地制宜。例如，一个朝代的开国之初，统治者多知民间疾苦，社会基础的薄弱，遂推行黄老之术，以求无为而治，随着社会经济的恢复以至繁荣，便会出现较好的治安局面，西汉文景之治、东汉光武中兴、唐朝贞观之治、清朝的康乾盛世即是明证。对刑罚的适用也是如此，《周礼·秋官·大司寇》中提出：“掌建邦之三典，以佐王刑邦国，诘四方。一曰刑新国用轻典，二曰刑平国用中典，三曰刑乱国用重典。”曹操认为治安策略要依治安形势来选择“礼”、“刑”适用，他说：“夫治定之化，以礼为首；拨乱之政，以刑为先。”①朱元璋于洪武二十八年（1395年）五月下诏禁止酷刑，其中对其曾经的法外用刑作辩护：“朕自起兵至今四十余年，亲理天下庶务，人情善恶真伪，无不涉历。其中奸顽刁诈之徒，情犯深重，灼然无疑者，特令法外加刑，意在使人知所警惧，不敢轻易犯法。然此特权时措置，顿挫奸顽，非守成之君所用长法。”②他还对皇太孙朱允炆说：“吾治乱世，刑不得不重；汝治平世，刑自当轻，所谓刑罚世轻世重也。”③可见，实践中统治者是典型的实用主义。正如西汉宣帝所言：“汉家自有制度，本以霸王道杂之，奈何纯任德教，用周政乎！且俗儒不达时宜，好是古非今，使人眩于名实，不知所守，何足委任！”④

---

① 《三国志·魏志·高柔传》。

② 《明太祖实录》卷239。

③ 《明史·刑法志》。

④ 《汉书·元帝纪》。

5. 专制制度和重刑主义使治安防控容易走向极致化

虽然注重预防，但治安治理实践中，却又一直保持着高压的刑事打击态势，既有法律上对“盗贼”处以严厉的刑罚，又有根据治安形势采取法外严刑，“重典治盗”，如汉武帝时期打击群盗的“沈命法”、隋文帝的严刑治盗、北宋仁宗嘉祐六年（1061 年）至徽宗大观二年（1108 年）间实行的“盗贼重法”①等，这些重刑主义都有一些共同的特征：

一是面临严峻的治安形势。汉武帝时酷吏流行，“而吏民益轻犯法，盗贼滋起。南阳有梅免、伯政，楚有段中、杜少，齐有徐勃，燕、赵之间有坚卢、范主之属。大群至数千人，擅自号，攻城邑，取库兵，释死罪，缚辱郡守、都尉，杀二千石，为檄告县趋具食；小群以百数，掠卤乡里者不可称数”。② 隋文帝面对“京市白日，公行掣盗，人间强盗，亦往往而有”的严峻治安形势。

二是专制的统治者利用所有资源，迷信暴力。这些时期，都是专制集权比较发达时期，皇权无所掣肘，肆意创立、更改法律，调用官方、民间所有资源，特别是通过严酷的法律来惩罚犯罪人，对官员和民众课以严苛的防盗、捕盗义务。例如，汉武帝作“沈命法”，规定非常严酷，该法对地方官吏按照品秩不同规定不同的捕盗指标，并规定：如果发生“盗贼”，而有责任的官员“不发觉”，或者“觉而勿捕满品者”，从官秩二千石的封疆大吏到小吏皆应处死。隋文帝“命盗一钱已上皆弃市，行旅皆晏起早宿，天下懔懔焉。此后又定制，行署取一钱已上，闻见不告言者，坐至死。自此四人共盗一榱桷，三人同窃一

① “重法地”之制开始于宋仁宗嘉祐年间，为加强司法镇压，始以开封诸县为重法地，后稍扩及诸州。神宗熙宁四年（1071 年），制定“盗贼重法”，对重法地内犯罪的处罚办法作了系统的规定。不仅对“盗贼”重法地实行重法，“虽非重法之地，而囊橐重法之人，以重法论”，“若复杀官吏及累杀三人，焚舍屋百间，或群行州县之内，劫掠江海船栰之中，非重法地，亦以重论。”重法地的范围不断扩大。至神宗元丰年间，河北、京东、淮南、福建等路皆用重法地法，反映北宋社会阶级矛盾的不断激化。元祐六年（1091 年）大臣范祖禹也对重法制度提出异议：“普天之下莫非王土，食土之毛谁非君民，今犹视此州县，如蛮貊异域之人，别立盗法。”“盗贼重法”制度是失败的，被废止于哲宗元符三年（1101 年）。（《宋史·刑法志》）

② 《汉书·酷吏传》。

瓜,事发即时行决”。[①] 北宋“盗贼重法”不仅把“盗贼”犯罪行为人加重处罚,如“应编配者,虽会赦,不移不赦”,与非“重法地”的“盗贼”行为人同罪不同罚,破坏司法公平;还采取株连措施,“凡劫盗罪当死者,籍其家以赏告人,妻子编置千里”。[②]

三是结果均以失败告终。这些严苛的极端做法最终以失败告终。汉武帝的“沈命法”导致地方官吏上下相瞒,“盗”情不得上达,“盗贼”之害愈演愈烈。[③] 隋文帝的严刑峻法激起了群体性事件,有数人劫持“执事”并谓之曰:我们抓你不是为了抢劫取财,而是为了冤枉人的事情。你为我们奏明皇帝,自古以来的立法中没有规定“盗一钱”就处死的,你若不为我奏明皇帝,我还会再来。隋文帝听到这件事,“停盗取一钱弃市之法”。[④] 在北宋统治者看来,“盗贼重法”的目的就是“禁奸宄而惠良民也”,[⑤]但实行的结果却是失败的,“自行法以来二十余年,不闻盗贼衰止,但闻其愈多耳”,[⑥]“法行之后,民受其弊,被害之家,以盗无必死之理,不敢告官,而邻里亦不为之擒捕,恐怨仇报复。故贼益逞,重法地分尤甚。恐养成大寇,以贻国家之患,请复行旧法”。[⑦] 一些大臣也就重法治盗的策略提出批评。仁宗时,刘敞在对“盗贼”产生原因分析的基础上指出,重法治盗是本末倒置。他认为:“衣食不足,盗之源也;政赋不均,盗之源也;教化不清,盗之源也”;“不务衣食,而务无盗,是止水而不塞源也;不务化盗,而务禁盗,是救焚而救以升仑也”;“律使窃财者刑、伤人者死,其法重矣,而盗不为止者,非不畏死也,念无以生,谓坐以待死,不若起而图生矣”。[⑧] 上述治安思想与实践说明了专制体制下重典治世的无奈,但其不

① 《隋书·刑法志》。
② 《宋史·刑法志》。
③ 《后汉书·咸宣传》。
④ 《隋书·刑法志》。
⑤ 《宋史·刑法志》。
⑥ 《续资治通鉴长编》卷468,元祐六年。
⑦ 《宋史·刑法志》。
⑧ 《全宋文》卷1288,《患盗论》。

能从根本上解决问题，如果没有相应的政治、经济措施，甚至会起到相反的作用。

当然，就重刑来讲，明太祖的重典治乱也是一例。他的重典不仅仅反映在治理官吏贪渎，还包括其重典治民。[①] 依据杨一凡先生的《明初重典考》，在洪武一朝朱元璋镇压了180多起农民起义，每次被斩杀的人数更是数以百千计。[②] 当然，朱元璋重典维持了一种高压稳定，这与他推行的严刑治贪和注重农业生产的政策是分不开的。虽然，他告诫子孙自己推行重刑的不得已，并非政权稳固后的常态，其重刑、滥刑思想对后世产生了极为严重的消极影响。

二、中国传统治安思想对当下治安治理的意义

中国传统社会治安思想是中国传统治安文化的主要内容，尽管有过对传统文化的否定和破坏，这片土地上的人们无论如何是摆脱不了这片土地上生长的文化的影响。当然，也要注意到社会发生的剧烈变化，特别是经济基础的变化。借鉴古代治安得失，是一个扬弃的过程，还是一个无奈的容忍的过程。主要体现在以下方面：

1. 教而后富，培育社会基础秩序

足民以安治安思想中“不患寡患不均”的思想已不可取，但其消除社会贫困、缩小贫富差距、加大社会保障建设力度等关注民生的内容仍有着积极的现实意义。当然，富而后教是社会生产力较为低下的农业社会背景中提出的，吃饱穿暖是一种较高的追求。这个“富”并非现代意义上的“富裕”，在当

---

① 刘乾坤：“朱元璋重典思想及实践研究”，郑州大学2010年硕士学位论文。该文否定了孟森关于朱元璋的严法重刑是用来“威吓民”而“实未尝滥及平民”的论断，并对吴晗先生在《明太祖》一书中关于明太祖恤民的观点，即明太祖“诚然过于严酷，过于残暴，可是这也有个分野，他用一条线来划分，一边是有势力有钱的，另一边是被欺侮的穷人。他的严酷和残暴，似乎专用来对付‘有’的阶级。对于‘无’的穷人，他使用另一种态度，另一种方法”。该文还举例证明对《明实录》关于明太祖恤刑记载的怀疑，以其得出“洪武时期对平民实行轻刑的结论”是值得反思的。

② 杨一凡著：《明初重典考》，湖南人民出版社1984年版，第80页。

前绝大部分社会成员温饱问题已经解决,一部分人先富起来,缺乏的是教,应该提倡的是教而后富,即注重道德建设与社会成员的人格培养。面对市场经济,传统治安思想并非一筹莫展,如教化中的愚民和思想高压固不可取,但其所推行的基本道德规范,仁、孝、诚信、友爱等体现着全人类的价值观,对社会秩序的基本维系具有不可替代的作用,尤其是作为"彭宇"事件、"小悦悦"事件发生背景的当下中国。[①] 道德是一种非常重要的非正式社会规范,它对社会秩序的形成起到基础作用。孙立平教授在《守卫底线》一书中指出,社会基础秩序的缺失是当前社会建设最为主要的问题,社会信任是建构社会基础秩序的核心要素。当前以人们之间互相信任、互相帮助等社会资本的缺乏对社会秩序的建构带来巨大的阻碍。治安秩序也是建立在社会基础秩序之中,没有良好的社会基础秩序,治安秩序无从谈起。社会信任其实是社会公德的内容,所以,这里要强调的主要是社会成员的公德意识培育和政府责任。

对于公德失范,有人称为"道德恐慌"。[②] 针对这种恐慌,在社会反应方面有人提出设立"非财物贿赂罪"、"精神欺骗罪"、"故意传播艾滋病罪"、"见危不救和见死不救罪"等加以应对。[③] 这是一种刑法"万能"的严打思维,它正在导致一种过度"犯罪化"的倾向,是值得警惕的。这里不能过度责怪人性的自私,而是要强调政府的责任,即如何从教育中培养社会成员对他人的尊重(包括城市管理者及其居民对大量的外来人口的普遍尊重),进而才能形成互信和互助的精神。当前基础教育的应试模式一定程度上忽略了社会成员的人格发展,使学生成为考试的工具,有知识无素质,"精致的利己主义者"。政府的朝令夕改使社会成员无法预期未来而没有安全感,只关注眼前利益,投机风行。政府不仅要改革教育、完善社会制度,培育、引导、保障诚信精神,还

---

① 尽管这些事件的原因并不仅仅是人们缺乏爱心,还有缺乏相关制度性的保障。

② 刘砚议:"后现代传媒语境下的'道德恐慌'",载《当代传播》2004 年第 3 期。

③ 尚晓宇:"100 多人大代表建议增加'见死不救罪'",资料来源:http://news.sohu.com/25/61/news144286125.shtml。

要提升自己的信任度,成为社会诚信的“楷模”,重建社会信任体系。“当人们彼此信任时,他们就更可能照顾到别人的偏好,并且倾向于一个具有较高生活质量的更愉快的社会。”①

2. 注重经济基础的变化,推进改革以建构和谐

经济基础的改变使原有社会控制模式难以为继。1949 年至今,中国的治安形势可以改革开放分两个阶段。从刑事案件和治安案件的立案数来看,改革开放前社会治安形势显然是好于改革开放后,所以才有了改革后不久的严打政策。改革开放前的低犯罪率得益于严密的社会治安控制,户籍城乡二元结构,人口迁移和流动的受限制,严格的思想控制,等等。之所以能够实行这些控制,是与它的经济基础相适应的,就是把绝大多数的社会成员限制在土地上,除了升学和当兵提干是脱离不了农村的。计划经济下与传统社会中的经济基础有较大的相似,传统治安思想提供着极强的参考价值,也取得了较好的效果。当然,这并不排除反对农业合作化时期的一些地方骚乱。②

改革开放后,市场经济建立和发展,社会经济基础逐渐发生了变化,非农经济比重不断提高,人口流动逐渐放开,社会成员利益多元,价值观念也发生了巨大变化。社会治安问题的原因也趋于复杂,社会原因越来越成为其主要原因,如贫富差距过大、青年失业率高、相对剥夺、利益表达机制缺乏和无效等;治安问题的表现也趋于多样,如经济犯罪增长迅速、群体性事件多发、暴力犯罪多发等;治安问题对策却因政治改革的缓慢相对滞后,如严打、严防、严控思路盛行。治安问题对策着力于治安问题原因形成之后,或治安问题发生之后,而不是从源头上解决问题。

当然,社会矛盾的解决并非是一蹴而就,要在日常的社会建设和社会管理中实现,即所谓的“善治”。在政府决策中,强调政府的公益性,严防政府为

① [美]马克·沃伦著:《民主与信任》,吴辉译,华夏出版社 2004 年版,第 118 页。

② 江业文:“1953~1957 年我国农民‘闹粮’、‘闹退社’事件的深层原因探析”,载《南华大学学报》(社会科学版)2012 年第 3 期。

了地方经济利益，发生与民争利的事件。在社会管理中，强化规范执法、文明执法和执法监督，杜绝暴力执法现象，保护执法对象合法权益。在社会再分配方面，强调劳动在分配中的比重，促进社会公平。在社会保障方面，注重弱势群体的基本生活保障。这些社会预防举措见效慢、周期长、范围广。例如，重建民众对一些地方政府和官员的信任，显然不是一天两天能够实现的。社会预防并不是说社会矛盾就不发生，而是更少发生，即使发生，也有一个可供解决的公平、透明机制。

3. 要认识到充分保障社会成员的各项正当权益是治本之策

民权治安是未来治安发展的趋势。传统治安思想从神权治安到皇权治安，其发展趋势应该是民权治安。民权治安是皇权治安到人权治安的中间过渡环节。民是与官相对应，民权治安是维护民众利益为目标的治安思想，而非以维护民众利益为手段，以维护官僚集团或皇权利益为目的。在民权治安思想下，政府是为民众和社会服务的非营利机构，不存在与民争利的情形，各级公务员也不得谋取非法利益，民众能自由、充分行使对官僚集团的监督权。民众充分行使自己的自由和权利，人人平等，以契约来组织政府，以协商来解决问题，是未来治安实现的发展趋势。在我国，以主体平等为价值追求的市场经济和主张为人民服务的无产阶级专政都为实现这一趋势提供了便利。

但是，在2000年的专制统治下形成的传统意识阻碍着这一进程。从治安管理的角度来讲，中国传统社会诸多社会管制，有其合理之处和现实意义。当代治安管理中，除了人身强制的某种程度的放松，立法和执法中并没有太大的突破，治安管理活动的开展仍是围绕影响治安问题发生的人、物、事、时、空进行。治安策略上虽强调预防的重要，但实践操作中着眼点依然是“标”，不是“本”，动辄炫耀武力、滥用警力，骨子里是严打威吓；治安防范手段方面一定程度上由高科技监控手段代替原来“人盯人”，治安防控的思路并没有改变。虽然，严峻的治安形势不是一天“炼”成的，其解决需要假以时日，但仅以严打高压来维护稳定，而不积极从造成治安问题的根源性原因出发，加快政治体制改革,注重政府的公益属性,改善民生,激发社会组织的活力,消解社会矛盾,以平和、开放的心态来构建积极的、动态的治安格局,难免会走上打不胜打的恶性循环。

4. 摒弃人治,加强法治建设,强化对执政者的监督

任官以贤的传统治安思想至今值得提倡,但没有保障官员一直“贤”下去的机制或制度,如强有力的民众监督机制,其失败的结果也将被延续。当前官吏贪腐严重、打不胜打就是明证。1949 年以来中国制定了许多法律。2008 年 3 月 8 日,时任全国人大常委会委员长吴邦国十一届全国人大一次会议上宣布:中国特色社会主义法律体系已经基本形成。至此,中国形成了以宪法为核心,以法律为主干,包括行政法规、地方性法规等规范性文件在内的,由 7 个法律部门、三个层次法律规范构成的法律体系。国家经济、政治、文化、社会生活的各个方面基本做到有法可依,为依法治国、建设社会主义法治国家、实现国家长治久安提供了有力的法制保障。但是,“徒法不足以自行”。在这个有着几千年人治传统的国度里,法治建设举步维艰。各级官吏更加习惯“人治”而缺乏法治观念,“一言堂”、个人独断专行的现象屡屡发生。只有通过严格执行各项“良法”,才能把权力装进“笼子”,建构和谐有序的社会秩序。

参考文献

一、著　作

1. 朱绍侯主编:《中国治安制度史》,河南大学出版社 1994 年版。

2. 陈鸿彝主编:《中国治安史》,中国人民公安大学出版社 2002 年版。

3. 陈智勇著:《中国古代社会治安管理史》,郑州大学出版社 2003 年版。

4. 万川主编:《中国警政史》,中华书局 2006 年版。

5. 刘泽华著:《中国政治思想史集》(第 1 卷、第 2 卷、第 3 卷),人民出版社 2008 年版。

6. 金其高著:《社会治安防控经略》,群众出版社 2004 年版。

7. 熊一新主编:《治安管理学》,中国人民公安大学出版社 2005 年版。

8. 武树臣著:《中国传统法律文化》,北京大学出版社 1994 年版。

9. 蒲坚著:《中国古代行政立法》,北京大学出版社 1990 年版。

10. 胡厚宣、胡振宇著:《殷商史》,上海人民出版社 2003 年版。

11. 瞿同祖著:《中国法律与中国社会》,中华书局 1981 年版。

12. 何勤华著:《中国法学史》,法律出版社 2000 年版。

13. 郭佑、青禾著:《窃贼的历史》,中国文史出版社 2006 年版。

14. 王绍玺著:《窃盗史》,上海文艺出版社 2008 年版。

15. 张晋藩主编:《中国法制通史》(第 1 ~ 10 卷),法律出版社 1999 年版。

16. (清)沈家本著:《历代刑法考》,邓经元、骈于骞点校,中华书局 1985 年版。

17. 朱红林著:《张家山汉简〈二年律令〉集释》,社会科学文献出版社 2005 年版。

18. 陈鹏生主编:《中国古代法律三百题》,上海古籍出版社 1991 年版。

19. 杨鸿烈著:《中国法律发达史》(上),上海书店 1990 年影印版。

20. 余英时著:《中国思想传统的现代阐释》,江苏人民出版社 2003 年版。

21. 张晋藩著:《中华法制文明的演进》,中国政法大学出版社 1999 年版。

22. 钱穆著:《中国历代政治得失》,三联书店 2005 年第 2 版。

23. 钱穆著:《国史大纲》(上、下册),商务印书馆 1996 年版。

24. 赵秀玲著:《中国乡里制度》,社会科学文献出版社 1998 年版。

25. 林语堂著:《吾土与吾民》,三联书店 1992 年版。

26. 董建辉著:《明清乡约:理论演进与实践发展》,厦门大学出版社 2008 年版。

27. 徐少锦、陈延斌著:《中国家训史》,陕西人民出版社 2003 年版。

28. 梁漱溟著:《中国文化要义》,上海人民出版社 2005 年版。

29. 王学泰著:《游民文化与中国社会(增修版)》(上、下册),同心出版社 2007 年版。

30. 闻钧天著:《中国保甲制度》,直学轩民国二十二年(1933 年)发行。

31. 李文治著:《晚明民变》,中华书局 1948 年版。

32. 李光璧著:《中国农民起义论集》,三联书店 1958 年版。

33. 刘妮玲著:《清代台湾民变研究》,台湾师范大学历史研究所 1983 年版。

34. 崔高维著:《历代农民起义史话》,中华书局 1985 年版。

35. 周力著:《揭竿而起:中国历代农民起义》,辽海出版社 1998 年版。

36. 江上苇、徐旭著:《大帝国的涅槃:中国历代农民起义与王朝更迭的断章》,中国友谊出版公司 2007 年版。

37. 杨宽著:《中国古代都城制度史》,上海人民出版社 2006 年版。

38. 余嘉锡著:《世说新语笺疏》,上海古籍出版社 1993 年版。

39. 杨湘容著:《晚清民变研究》,湘潭大学出版社 2010 年版。

40. 巫仁恕著:《激变良民——传统中国城市群众集体行动之分析》,北京大学出版社 2011 年版。

41. [日]圆仁撰:《入唐求法巡礼行记》,顾承甫、何泉达点校,上海古籍出版社 1986 年版。

42. 李洵著:《下学集》,中国社会科学出版社 1995 年版。

43. 孙达人著:《中国农民变迁论》,中国编译出版社 1996 年版。

44. 游唤民著:《先秦民本思想》,湖南师范大学出版社 1991 年版。

45. 孟祥才、傅永聚著:《中国民本思想与农民问题》,山东大学出版社 2003 年版。

46. 金耀基著:《中国民本思想史》,法律出版社 2008 年版。

47. 张分田著:《民本思想与中国古代统治思想》,南开大学出版社 2009 年版。

48. 龙井仁著:《中国民本思想嬗变与超越》,黑龙江教育出版社 2009 年版。

49. 李景林著:《教化的哲学——儒学思想的一种新诠释》,黑龙江人民出版社 2006 年版。

50. 陈嘉映著:《教化:道德观念研究》,华东师范大学出版社 2009 年版。

51. 陈多旭著:《教化与工夫:工夫论视域中的阳明心学系统》,巴蜀书社 2010 年版。

52. 刘延禄著:《中国廉政思想史》,山东人民出版社 1996 年版。

53. 王春瑜著:《中国反贪史》(上下),四川人民出版社 2007 年版。

54. 姚秀兰著:《户籍、身份与社会变迁——中国户籍制度法律史研究》,法律出版社 2004 年版。

55. 宋昌斌著:《编户齐民:户籍与赋役》,长春出版社 2004 年版。

56. 吕思勉著:《中国制度史》,上海三联书店出版社 2009 年版。

57. 吕思勉著:《中国文化思想史九种》(上、下册),上海古籍出版社 2009 年版。

58. 邓云特著:《中国救荒史》,上海书店 1984 年版。

59. 王学太著:《中国流民》,中华书局(香港)有限公司 1992 年版。

60. 萧公权著:《中国政治思想史》,新星出版社 2005 年版。

61. 吴慧著:《中国古代六大经济改革家》,上海人民出版社 1984 年版。

62. 江士杰著:《里甲制度考略》,重庆商务印书馆 1944 年版。

63. 中国史研究编辑部编:《中国封建社会经济结构研究》,中国社会科学出版社 1985 年版。

64. 池子华著:《中国近代流民》,浙江人民出版社 1996 年版。

65. 卓文同著:《户籍管理概论》,中国统计出版社 1994 年版。

66. [日]池田温著:《中国古代籍帐研究》,龚泽铣译,中华书局 1984 年版。

67. 唐文基著:《明代赋役制度史》,中国社会科学出版社 1991 年版。

68. 李春棠著:《坊墙倒塌以后——宋代城市生活长卷》,湖南出版社 1983 年版。

69.《今古文尚书全译》(第 2 版),江灏、钱宗武译注,周秉钧点校,贵州人民出版社 1992 年版。

70. 朱谦之撰:《老子校释》,中华书局 1984 年版。

71. 杨伯峻编著:《春秋左传注》,中华书局 2009 年版。

72.《战国策全译》,王守谦等译注,贵州人民出版社 1992 年版。

73. 杨伯峻著:《论语译注》,中华书局 1980 年版。

74.(清)焦循著:《孟子正义》,沈文倬点校,中华书局 1983 年版。

75.(清)孙诒让著:《墨子闲诂》,孙启治点校,中华书局 2001 年版。

76.(清)王先慎撰:《韩非子集解》,钟哲点校,中华书局 1998 年版。

77.(清)王先谦撰:《庄子集解》;刘武撰:《庄子集解内篇补正》;沈啸寰点校,中华书局 1987 年版。

78.《国语》,上海古籍出版社 1978 年版。

79.(清)孙诒让著:《周礼正义》,中华书局 1987 年点校本。

80. 蒋礼鸿著:《商君书锥指》,中华书局 1986 年版。

81. 黎翔凤撰:《管子校注》,梁运华整理,中华书局 2004 年版。

82. 彭浩、陈伟、[日]工藤元男主编:《二年律令与奏谳书:张家山汉简二四七号汉墓出土法律文献释读》,上海古籍出版社 2007 年版。

83.《史记》等二十四史和清史稿,中华书局点校本。

84. 王利器撰:《新语校注》(第 1 辑),新编诸子集成,中华书局 1986 年版。

85.(汉)贾谊撰:《新书》,阎振益、钟夏校注,中华书局 2000 年版。

86. 刘文典撰:《淮南鸿烈集解》(上、下册),冯逸、乔华点校,中华书局 1989 年版。

87. 汪荣宝著:《法言义疏》,中华书局 1987 年版。

88. 黄晖撰:《论衡校释》(全四册),中华书局 1990 年版。

89.(东汉)王符撰、(清)汪继培笺:《潜夫论笺校正》,彭铎校正,中华书局 1985 年版。

90.（三国）曹操著:《曹操集》,中华书局1959年版。

91.（三国）诸葛亮著:《诸葛亮集》,段熙仲、闻旭初编校,1960年版。

92. 杨明照撰:《抱朴子外篇校笺》（上、下册）,中华书局1991年版。

93.（南朝）刘义庆撰:《世说新语》,上海古籍出版社1982年影印本。

94.（唐）吴兢撰:《贞观政要》,（元）戈直集注,上海古籍出版社2008年版。

95.（唐）长孙无忌:《唐律疏议》,刘俊文点校,中华书局1983年版。

96.（宋）王溥著:《唐会要》,中华书局1955年版。

97.《唐六典》,中华书局1992年版。

98.（清）薛允升著:《唐明律合编》,怀效锋、李鸣点校,法律出版社1999年版。

99.《通典》、《通志》、《文献通考》等“十通”,台北新兴书局1965年版。

100.（宋）王钦若等:《册府元龟》,中华书局1960年影印本。

101.（唐）韩愈著:《韩昌黎文集校注》,马其昶校注,马占元整理,上海古籍出版社1986年版。

102.（唐）陆贽著:《陆贽集》,王素点校,中华书局2006年版。

103.（宋）王溥撰:《唐会要》,中华书局1955年版。

104.（宋）宋敏求编:《唐大诏令集》,洪丕谟等点校,学林出版社1992年版。

105.《宋刑统》,薛梅卿点校,法律出版社1999年版。

106.（宋）程颐、程颢著:《二程集》,王孝鱼点校,中华书局2004年版。

107.（宋）李觏著:《李觏集》,王国轩点校,中华书局1981年版。

108.（宋）欧阳修著:《欧阳修全集》,世界书局1936年版影印本。

109.（宋）蔡绦著:《铁围山丛谈》,冯惠民、沈锡麟点校,中华书局1983年版。

110.（宋）孟元老等:《东京梦华录都城纪胜西湖老人繁胜录梦梁录武林

旧事》，中国商业出版社 1982 年版。

111.（宋）李昉等著：《太平御览》，中华书局 1965 年影印本。

112.（宋）司马光著：《资治通鉴》，上海古籍出版社 1997 年点校本。

113.（宋）李焘著：《续资治通鉴长编》，中华书局 1979 年点校本。

114.（宋）苏轼撰著：《苏轼文集》，孔凡礼点校中华书局 1986 年版。

115.（宋）陆九渊著：《陆九渊集》，钟哲点校，中华书局 1980 年版。

116.（宋）张载著：《张载集》，章锡琛点校，中华书局 1978 年版。

117.（宋）包拯著：《包拯集》，杨国宜校注，黄山书社 1999 年版。

118.（宋）王安石著：《临川先生文集》，中华书局 1959 年版。

119.（宋）朱熹著：《朱子全书》（全 27 册），上海古籍出版社、安徽教育出版社 2002 年版。

120.（宋）叶适著：《叶适集》，刘公纯等点校，中华书局 1961 年版。

121.（宋）叶适著：《习学记言序目》，中华书局 1977 年版。

122.（宋）陈亮著：《陈亮集》，邓广铭点校，中华书局 1987 年版。

123.（宋）陆游著：《陆游集》，中华书局 1975 年版。

124.（宋）王质著：《雪山集》，丛书集成初编本，王云五主编，商务印书馆发行。

125.（宋）黄干著：《黄勉斋先生文集》，中华书局 1985 年版。

126.（宋）苏颂著：《苏魏公文集》，王同策点校，中华书局 2004 年版。

127.（明）陈邦瞻著：《宋史纪事本末》，中华书局 1977 年版。

128.（清）徐松辑著：《宋会要辑稿》（全 8 册），中华书局 1957 年版。

129.（宋）李昉著：《太平广记》，中华书局 1961 年版。

130.《大元通制条格》，台湾文海出版社，国立北平图书馆 1930 年影印本。

131. 舒炳麟著：《元典章研究》，黄山书社 1995 年版。

132.《明实录》，台湾中央研究院历史语言研究所考订 1962 年影印本。

133. 钱伯成等编:《全明文》(第 1 册),上海古籍出版社 1992 年版。

134. (明)邱浚著:《大学衍义补》,京华出版社 1999 年版。

135.《历代刑法志》,群众出版社 1988 年版。

136.《大明会典》,上海古籍出版社 1996 年影印本。

137. (明)刘基著:《诚意伯文集》(外三种),上海古籍出版社 1991 年版。

138. (明)吕坤著:《实政录》,载北京图书馆古籍珍本丛刊 48《史部·政书类》,书目文献出版社 1998 年版。

139. (明)雷梦麟著:《读律琐言》,怀效锋、李俊点校,法律出版社 2000 年版。

140. (清)谷应泰著:《明史纪事本末》,中华书局 1964 年版。

141. (明)张居正著:《张太岳集》,上海古籍出版社 1984 年版。

142. (明)王守仁著:《王阳明全集》(全 4 册),红旗出版社 1996 年版。

143. (明)海瑞著:《海瑞集》,陈义钟编校,中华书局 1962 年版。

144. (明)魏象枢著:《寒松堂全集》,中华书局 1996 年版。

145. (明)黄佐著:《南雍志》,周骏富辑,台湾明文书局 1991 年版。

146.《江苏省明清以来碑刻资料选集》,三联书店 1959 年版。

147. 李洵著:《明史食货志校注》,中华书局 1982 年版。

148. (明)陈子龙编:《明朝经世文编》,中华书局 1962 年影印本。

149.《大清会典》,台北启文出版社 1963 年影印本。

150. (清)贺长龄、魏源等编:《清朝经世文编》,中华书局 1992 年影印本。

151. (清)王夫之著:《船山全书》,岳麓书社 1988 年版。

152. (清)顾炎武著:《日知录集释》,(清)黄汝成集释,花山文艺出版社 1990 年版。

153. (清)顾炎武著:《菰中随笔》,丛书集成初编本,王云五主编,商务印书馆发行。

154. (清)唐甄著:《潜书注》,四川人民出版社 1984 年版。

155.《大清律例》,田涛、郑秦点校,法律出版社1999年版。

156.(清)李调元著:《童山文集补遗》,中华书局1985年版。

157.(清)徐栋辑著:《保甲书》,上海古籍出版社1996年影印本。

158.(清)蒋良琪著:《东华录》,林树惠、傅贵九点校,中华书局1962年版。

159.(清)赵翼著:《廿二史劄记》,凤凰出版社2008年版。

160.《大清历朝实录》,台湾华文书局1928年影印本。

161.(清)王聘珍著:《大戴礼记解诂》,王文锦点校,中华书局1983年版。

162.《礼记全译》,吕友仁、吕咏梅译注,贵州人民出版社1998年版。

163.王先谦著:《荀子集解》,中华书局1988年版。

164.郭成伟著:《社会犯罪与综合治理》,中国政法大学出版社1994年版。

165.郭成伟著:《社会控制:以礼为主导的综合治理》,中国政法大学出版社2008年版。

二、期刊论文

1.梁希哲:"试论清世宗的吏治思想",载《史学集刊》1983年第3期。

2.于鹏翔:"论康雍乾吏治思想",载《松辽学刊》(社会科学版)1992年第3期。

3.夏扬、郭世东:"试论包拯的吏治思想",载《中外法学》1999年第5期。

4.萧伯符、汪庆红:"包拯的吏治思想及现代启示",载《华东政法学院学报》1999年第6期。

5.徐忠明:"解说包公的吏治思想及法律思想",载《南京大学法律评论》2002年第2期。

6.刘红霞、李仲元:"儒家吏治思想的历史考察",载《山东行政学院学报》2010年第2期。

7. 龙昶、贺志明:“我国古代吏治思想的形成与发展”,载《湖南社会科学》2011 年第 3 期。

8. 郑欣:“魏晋南北朝时期的户籍制度”,载《郑州大学学报》(哲学社会科学版)1987 年第 1 期。

9. 阎德民、李太淼:“我国古代户籍管理制度的历史沿革”,载《安徽史学》1988 年第 4 期。

10. 盛建国:“中国古代户籍管理制度对商品经济的制约”,载《政法论丛》1994 年第 2 期。

11. 张绍谦、张萍:“敦煌古代户籍残卷研究”,载《云南教育学院学报》1994 年第 6 期。

12. 马新:“编户齐民与两汉王朝的人口控制”,载《东岳论丛》1996 年第 5 期。

13. 江立华:“我国古代的户籍制度及其特点”,载《北方工业大学学报》2001 年第 4 期。

14. 刘焕曾、王国文:“《商君书》吏治思想初探”,载《锦州师院学报》(哲学社会科学版)1988 年第 3 期。

15. 程民生:“论宋代科举户籍制”,载《文史哲》2002 年第 6 期。

16. 黄金波:“浅析中国古代户籍制度与古代王权政治”,载《黑龙江史志》2011 年第 11 期。

17. 王凌云、褚玉清:“论中国古代户籍管理制度的历史作用”,载《辽宁警专学报》2010 年第 1 期。

18. 涂明凤:“秦汉户籍制度的管理机制与功能”,载《湖北警官学院学报》2006 年第 1 期。

19. 陈锋:“中国古代的户籍制度与人口税演进”,载《江汉论坛》2007 年第 2 期。

20. 李爱琴:“十六国时期的户籍制度”,载《中山大学学报》(社会科学版)2007 年第 2 期。

21. 曹端波:“唐宋户籍制度的变革与社会转型”,载《安顺学院学报》2008 年第 4 期。

22. 杨晓华:“楚国户籍制度简论”,载《黑龙江教育学院学报》2010 年第 6 期。

23. 周燕春:“老子教化思想体系探微”,载《上饶师范学院学报》2010 年第 4 期。

24. 钟肇鹏:“孔子的教化思想”,载《江西社会科学》2000 年第 12 期。

25. 王东琥:“董仲舒道德教化思想述评”,载《郑州大学学报》(哲学社会科学版)1990 年第 2 期。

26. 史东岳:“浅论孔子富民思想的几个问题”,载《东岳论丛》1986 年第 1 期。

27. 姜国柱:“孟子的富民思想及其影响”,载《甘肃社会科学》1992 年第 4 期。

28. 黄国强:“论唐甄的富民思想”,载《中国经济史研究》1995 年第 3 期。

29. 刘雪河:“论孔子的富民思想”,载《青海师范大学学报》(哲学社会科学版)1999 年第 1 期。

30. 刘雪河:“论孟子的富民思想”,载《江海学刊》1997 年第 3 期。

31. 王廷洽:“论荀子富民富国的经济思想”,载《学术月刊》1997 年第 11 期。

32. 陈永正:“略论丘浚富民思想”,载《福建师范大学学报》(哲学社会科学版)2000 年第 2 期。

33. 杨世利:“试析王安石富国富民思想的悖论”,载《黄河科技大学学报》2001 年第 1 期。

34. 敖汀、孙丽英:“中国古代富国富民思想及其对赋税的影响”,载《哈尔滨商业大学学报》(社会科学版)2001 年第 4 期。

35. 刘雪河、涂筱辉:“墨子富民思想初探”,载《广州大学学报》(社会科学版)2003 年第 6 期。

36. 张越:“论《管子》的富民思想”,载《管子学刊》2007 年第 1 期。

37. 甄尽忠:“先秦儒家富民思想初探”,载《河南师范大学学报》(哲学社会科学版)2007 年第 4 期。

38. 柏桦、葛荃:“礼刑与富贵:中国古代刑罚的政治观”,载《政治与法律》2002 年第 4 期。

39. 程维荣:“海瑞的犯罪预防思想”,载《法学》1987 年第 5 期。

40. 崔永东:“帛书《易传》与帛书《德行》中的犯罪预防思想”,载《政法论坛》2001 第 2 期。

41. 刘春荣:“古代犯罪原因及预防思想探析”,载《绥化师专学报》2001 年第 3 期。

42. 张生:“略论朱元璋犯罪预防思想”,载《中央政法管理干部学院学报》2001 年第 5 期。

43. 杨永林:“《管子》犯罪预防思想浅析”,载《管子学刊》2003 年第 4 期。

44. 贾剑虹、王如春:“夏、商、周犯罪预防思想萌芽之考察——以先秦儒家与法家关于犯罪预防思想形成的背景为视角”,载《安徽电子信息职业技术学院学报》2005 年第 3 期。

45. 郑颖慧:“论朱熹的犯罪预防思想”,载《池州师专学报》2006 年第 2 期。

46. 赖红卫:“简论诸子百家的廉政思想”,载《成都大学学报》(教育科学版)2008 年第 11 期。

47. 杨讷:“元代农村社制研究”,载《历史研究》1965 年第 4 期。

48. 董建锋:“《论语》中的富民思想浅析”,载《中共山西省委党校学报》2006 年第 3 期。

49. 林正同:“简论中国古代富民思想”,载《中国农史》1997 年第 4 期。

50. 赵宏坤、项永琴:“试述顾炎武、王夫之和黄宗羲的倡廉思想”,载《理论学刊》2007 年第 1 期。

51. 陈宗瑜:“广义治安说:从贾谊《治安策》说起”,载《怀化师专学报》1996 年第 3 期。

52. 甄岳刚:“中国古代‘盗贼’称谓考”,载《首都师范大学学报》(社会科学版)1992 年第 6 期。

53. 郭东旭:“论北宋‘盗贼’重法”,载《河北大学学报》(哲学社会科学版)2000 年第 5 期。

54. 刘柏林:“‘盗贼’与‘寒士’”,载《黄石师院学报》1983 年第 4 期。

三、学位论文

1. 蒋传光:“中国古代社会控制模式的历史考察——个法社会学的研究”,中国政法大学 2004 年博士毕业论文。

2. 宋微:“试论秦汉‘群盗’”,东北师范大学 2010 年硕士毕业论文。

3. 陈平:“中国古代廉政思想研究”,清华大学 2004 年硕士毕业论文。

4. 贾育林:“中国古代廉政法律文化及其现代价值”,中国政法大学 2006 年博士毕业论文。

5. 安辉:“论《贞观政要》中的廉政思想及现代价值”,山东大学 2010 年硕士毕业论文。

6. 李淑芳:“周代户籍制度简论”,陕西师范大学 2006 年硕士毕业论文。

7. 姜婷婷:“宋代户籍制度探析”,西南政法大学 2008 年硕士毕业论文。

8. 游相录:“秦户籍制度研究”,西北大学 2008 年硕士毕业论文。

9. 王爱敏:“汉代户籍制度研究”,河北师范大学 2008 年硕士毕业论文。

10. 李艳芝:“明朝户籍制度研究”,山东大学 2009 年硕士毕业论文。

11. 李晨:“从出土材料看汉唐间户籍档案的变迁”,山东大学 2011 年硕士毕业论文。

12. 唐文胜:“论儒家教化思想”,安徽大学2003年硕士毕业论文。

13. 徐晓敏:“墨子教化思想特点探析”,首都师范大学2000年硕士毕业论文。

14. 李树琴:“孟子的道德教化思想探微”,南昌大学2007年硕士毕业论文。

15. 韩真:“荀子教化思想及其现代性”,长安大学2009年硕士毕业论文。

16. 郭雪翔:“论韩非‘务法不务德’的教化思想”,首都师范大学2001年硕士毕业论文。

17. 李学娟:“两汉教化研究”,山东大学2009年博士毕业论文。

18. 王庆红:“简论《伊川易传》中的道德教化思想”,中共中央党校2011年硕士毕业论文。

19. 魏娇娇:“王安石社会教化思想研究”,河南大学2009年硕士毕业论文。

20. 熊瑜:“朱熹伦理教化研究”,四川大学2003年博士毕业论文。

21. 卓晓虹:“曾国藩道德教化思想研究”,山东大学2010年硕士毕业论文。

22. 王彦峰:“先秦两汉富民思想研究”,山西财经大学2007年硕士毕业论文。

23. 贾剑虹:“先秦儒家和法家关于犯罪预防思想比较研究”,安徽大学2002年硕士毕业论文。

24. 刘洪霞:“《管子》犯罪预防思想研究”,西南政法大学2007年硕士毕业论文。

四、网络资料

1. 崔永东:“郭店楚简中的犯罪预防思想初探”,资料来源:http://www.china-review.com/sao.asp? id=24186。

2. 崔永东:“从出土法律史料看古代预防犯罪思想”,资料来源:http://www.china-review.com/sao.asp? id=24184。

3. 秦晖:“并税式改革与‘黄宗羲定律’”,资料来源:http://www.chinaelections.org/newsinfo.asp? newsid=30462。

4. 樊翠花、王鸿斌:“国外关于清末民初乡村民变问题的研究述评”,资料来源:http://www.3hresearch.com/ShowArticle.asp? ArticleID=3001。

五、报刊资料

孙红昺:“秦始皇并没有收尽天下兵器”,载《广州日报》2011年3月2日。

后　记

2006年留校工作后，我主要从事犯罪学、治安学的学习和研究。在治安学的教学中，我发现关于治安史的研究比较薄弱，其中治安思想史的研究更是缺乏。我结合相关课程，开始对一些思想家和政治家关于中国传统社会治安治理的思考进行考察，以充实课堂教学。此间，我认为中国传统社会形成了丰富的治安文化，并对当前治安实践有深刻的影响，特别是其中的治安思想，对当下治安治理仍有非常现实的意义。

2009年我有幸获得攻读法律史博士学位的机会，师从治学严谨的徐永康教授，感谢他给我的指导和帮助。其间，我的博士论文选择了中国传统治安思想为研究方向，最终完成《中国传统治安思想研究——以"盗贼"为考察对象》一文。论文选题宏大，史料浩繁，虽通过答辩，我仍觉得这个研究还很不够，特别是徐老师那句"没有有分量的观点"的评价，将激励我不断前行。

我于2012年7月出版《中国传统治安思想史》，

主要对中国古代社会几个历史时期及一些思想家、政治家治安思想进行了分析，是对中国传统治安思想进行的纵向的研究。该著作在我博士论文的准备工作的基础上完成，就本人对传统治安思想的研究而言，算是完成研究资料的部分梳理工作。

我的博士论文是沿着“问题—原因—对策”的思路对中国传统治安思想进行专题式、切面式研究，作为我对中国传统治安思想研究的第二个阶段。四年后的出版，结合了我对犯罪学、治安学之学习心得，修改、增加了部分内容，并在本著代序中将其称为中国古代犯罪学。

我将持续进行中国传统治安思想的学习和研究，除了对其内容的分析，更加注重考察其对于当下社会治安治理之意义。

本书中疏漏、错误之处，敬请批评指正。

王瑞山
2016 年 3 月 于上海

图书在版编目(CIP)数据

中国传统治安思想研究:以"盗贼"为考察对象/王瑞山著.—北京:法律出版社,2016.7
(公安学文库)
ISBN 978-7-5118-9549-3

Ⅰ.①中… Ⅱ.①王… Ⅲ.①治安管理—研究—中国 Ⅳ.①D631.4

中国版本图书馆 CIP 数据核字(2016)第115413号

中国传统治安思想研究
——以"盗贼"为考察对象

王瑞山 著

策划编辑 沈小英
责任编辑 沈小英 吴 镝
装帧设计 汪奇峰

开本 720毫米×960毫米 1/16
印张 16 **字数** 210千
版本 2016年7月第1版
印次 2016年7月第1次印刷
出版 法律出版社
编辑统筹 财经出版分社
总发行 中国法律图书有限公司
经销 新华书店
印刷 北京京华虎彩印刷有限公司
责任印制 吕亚莉

法律出版社/北京市丰台区莲花池西里7号(100073)
电子邮件/info@lawpress.com.cn
销售热线/010-63939792/9779
网址/www.lawpress.com.cn
咨询电话/010-63939796

中国法律图书有限公司/北京市丰台区莲花池西里7号(100073)
全国各地中法图分、子公司电话:
第一法律书店/010-63939781/9782
西安分公司/029-85388843
重庆公司/023-65382816/2908
上海公司/021-62071010/1636
北京分公司/010-62534456
深圳公司/0755-83072995

书号:ISBN 978-7-5118-9549-3
定价:45.00元
(如有缺页或倒装,中国法律图书有限公司负责退换)